어른의
대화 공부

옮긴이 **황가한**

서울대학교에서 불어불문학과 언론정보학을 복수전공한 후 출판사에서 편집자로 근무했고, 이화여자대학교 통역번역대학원에서 한영번역학으로 석사학위를 받았다. 옮긴 책으로 《목록》《여자를 위한 도시는 없다》《보이지 않는 여자들》《엄마는 페미니스트》《배반》 등이 있다.

서로의
차이를 넘어
품위 있게
공존하는

어른의
대화 공부

켄지 요시노,
데이비드 글래스고 지음
황가한 옮김

위즈덤하우스

론, 소피아, 루크에게

_ 켄지 요시노

앤드루, 휴고, 시어도어에게

_ 데이비드 글래스고

일러두기

- 외래어 인명과 지명은 국립국어원 표준국어대사전의 외래어 표기법 및 용례를 따랐다.
- 본문에서 언급된 도서 중 국내에 번역 출간된 것은 한국어판 제목을, 그 외의 경우에는 가제와 원제를 병기했다.
- 본문의 주는 독자의 이해를 돕기 위해 추가한 옮긴이주다. 미주는 저자의 원주다.
- 원서에서 기울임체로 강조한 단어는 고딕체로 표기했다.

이 책은 논픽션이지만 몇몇 이름과 특징은 실제와 다르게 기록했다. 그리고 멜처 다양성·포용성·소속감 연구 센터에서의 경험을 서술할 때는 우리가 각자 겪었든, 함께 겪었든 가독성을 위해 모두 '우리'로 표기했다.

난감한 대화

이 책은 우리 모두가 가진 사회 정체성에 관한 대화를 더 잘하는 법에 대해 이야기한다. 서로의 차이를 뛰어넘어 대화하는 법을 학생들에게 가르치는 것이 우리의 직업이긴 하지만 이 프로젝트의 뿌리는 대단히 사적인 것이었다.

우리는 둘 다 동성애자지만 커밍아웃하지 않은 채로 성장기를 보냈다. 당시 우리의 정체성에 대해 너무나 이야기하고 싶었으나, 가장 소중한 사람들에게조차 차마 말할 수 없었다. 그 침묵이 숨 막혀서 더 강력한 소통법, 즉 우리가 이야기하면 사람들이 반드시 경청할 만한 방법을 찾게 되었고, 그 결과 어쩌면 자연스럽게 둘 다 변호사가 되었다.

청소년기의 정적과 비교하면 법은 환상적으로 시끄러웠다. 분쟁을 해소하거나, 부상자에게 보상하거나, 수백만 명과 관련된 제도적 문제를 해결할 수 있었다. 성소수자뿐 아니라 자신의 목소리를 내기 위해 분투하는 모든 아웃사이더가 당면한 불의를 가장 확실하게 해소할 수 있는 대화의 형태 같았다.

　그러나 시간이 흐를수록 법의 한계가 드러났다. 예를 들면 법은 주거지를 구획하는 방식에 있어서 인종차별을 금지하거나 여성에게도 동일 임금을 지급하도록 강제함으로써 포용적인 사회의 토대를 마련할 수 있다. 그러나 편견은 아주 사소한 상호작용에서부터 끝없이 나타나기 때문에 법이 전부를 다루지는 못한다. 매일매일 유색인 학생들은 교실에서 편견에 부딪히고, 여성들은 성희롱 피해를 고백하며, 장애인들은 직장 상사에게 편의 시설을 요구하고, 트랜스젠더 청소년들은 가족에게 커밍아웃한다. 이러한 상호작용이 제대로 이뤄지지 않으면 심약한 사람에게는 끔찍할 수 있고, 제대로 이뤄지면 발전적일 수 있음을 우리는 경험으로 알고 있다. 중요한 것은 법이 강하건 약하건 이런 대화가 계속 발생하리라는 사실이다.

　자연스레 우리는 개인과 단체가 누구나 소속감을 느끼는 문화를 조성하도록 돕는 다양성과 포용성이라는 분야에 관심을 갖게 되었다. 여전히 우리가 변호사라는 사실이 자랑스럽고, 기본권 보장에 법이 필수적 도구라고 믿기 때문에 계속해서 법률 개혁을 주장하겠지만 법만으로 해결할 수 없는 일 또한 해결하길 원한다. 그래서 뉴욕대학교 법학전문대학원에 멜처 다양성·포용성·소속감 연구 센터를 만들었다. 정체성, 다양성, 정의에 관한 대화를 더 잘하는 법을 가르치는 것이 센터의 핵심 과제 중 하나다.

젊었을 적 우리가 사랑하던 사람들에게 커밍아웃했을 때 나눴던 대화가 아직도 하나하나 기억난다. 그런데 요즘은 우리가 반대 입장, 즉 도움을 받는 쪽이 아니라 주려고 애쓰는 쪽일 때가 많다. 이런 상호작용이 지닌 위험성을 잘 알기에 여성, 트랜스젠더, 장애인, 유색인, 그 밖에 우리를 찾아온 다양한 사람에게 좋은 지지자ally가 되려고 노력한다. 하지만 이런 우리조차 그들과의 대화에서 실패를 겪으며 그 옛날 우리의 성정체성에 대해 이야기했을 때 버벅거렸던 사람들에게 큰 동정심을 느끼게 되었다.

우리 자신이 실수에서 배웠고 다른 사람들도 마찬가지임을 보았기에 우리는 정체성 대화라는 기술이 다른 모든 기술처럼 가르치거나 배울 수 있는 것임을 확신하게 되었다. 그리고 이제 그 기술을 당신에게 전수하고 싶다. 지금부터 소개할 것은 맞는 말을 하는 법에 관한, 수년에 걸친 우리 연구의 정수다.

정체성 대화는 어렵다

정체성, 다양성, 정의에 관한 대화는 이 시대의 가장 골치 아픈 상호작용 중 하나다. 다음의 실제 대화들을 살펴보자.

▶ 백인 남자 리더가 자기 회사에서 비흑인 직원들이 흑인 동료들에게 지지를 표하려면 어떻게 해야 하는지에 관한 포럼을 개최한다. 그는 개회사에서, 뉴욕 출신 유대인인 자신도 어린 시절에 놀림당했기 때문에 흑인들의 심정을 이해할 수 있다고 말한다. 그는 자신이 공감을 표현했다고 믿지만 직원들은 그가 완전히 헛다리를 짚고 있다고 생각한다.

▶ 어린 아들과 장을 보던 여자가 피부가 빨갛고 각질이 일어난 아기와 우연히 마주친다. 그러자 아들이 외친다. "저 아기는 왜 저렇게 빨개?" 당황한 여자가 아들을 입 다물게 하고는 질질 끌고 간다. 아기 아빠는 상처받는다. 그는 여자가 아기의 병에 대해 당당하고 차분한 태도로 아들에게 설명했더라면 좋았겠다고 생각한다.

▶ 가족 모임에서 밀레니얼세대*여자가 베이비부머세대 삼촌에게 자기 친구의 외모 평가를 그만하라고 부탁한다. 그러자 삼촌이 변

---

* 미국에서 밀레니얼세대는 1981년에서 1996년 사이에 태어난 사람을, 베이비부머세대는 1946년에서 1964년 사이에 태어난 사람을 가리킨다.

명을 늘어놓는다. "그건 칭찬이었어", "다른 여자들은 관심받는 걸 좋아해", "나는 딸들을 둔 아버지야. 성차별주의자가 아니라고." 여자는 실망해서 대화를 그만둔다. 삼촌은 요즘 젊은 애들은 별일에다 예민하게 군다며 화낸다.

▶ 한 남자가 트랜스젠더 여성 급우를 가리킬 때 실수로 여성대명사 대신 남성대명사를 사용한다. 그는 자기가 시스젠더cisgender(정신적 성정체성과 생물학적 성정체성이 일치하는 사람)로서의 특권을 아직도 완전히 내려놓지 못했다며 기나긴 사과를 하고는 자신이 "최악의 인간"이라고 거듭 주장한다. 다른 급우들은 그 사과가 지나치다고 생각한다. 트랜스젠더 여성 급우는 그가 한 번만 "미안하다"라고 하고 넘어갔더라면 좋았겠다고 생각한다.

이런 정체성 대화는 비지배적 집단에 속한 사람들(여성, 유색인, 성소수자, 장애인 등)에게 오랫동안 불편함을 유발해왔다. 그들은 지배적 집단에 속한 사람들(남성, 백인, 이성애자, 시스젠더, 비장애인 등)이 이 문제에 대해 충분히 알지 못하고, 굳이 배울 생각도 없으며, 반박당하면 방어적으로 굴거나 아예 대화를 그만둬버리는 점이 불만이다. 그런데도 비지배적 집단의 구성원들은 고민을 혼자 간직하는 경우가 많다. 한 흑인 여성 동지는 이렇게 설명했다. "나는 수십 년 동안 인종에 관한 대화를 나눠왔다. (…) 모든 대화에서 나의 최우선 순위는 백인들을 불편하게 하지 말아야 한다는 것이었다. 그들이 어떻게 반응할까? 기분 나빠 할까? 나에게 보복할까?"

사회심리학자 제니퍼 리치슨Jennifer Richeson에 따르면, 최근에는 이 불편함이 '평준화'되고 있다.[1] 예전에는 한쪽에게만 부과되었던 부담이 이제는 양쪽 모두에게 부과되고 있는 것이다. 과거에는 이런 대화에서 실수했을 때 감당해야 하는 결과가 지배적 집단에 속한 다수에게는 상대적으로 가벼웠다. 예의를 어겼을 때와 비슷한 정도였다. 그러나 이제는 새로운 시대가 도래했다. 지배적 집단에 속한 사람들이 이렇게 생각하게 된 것이다. 내가 아끼는 사람에게 상처를 주면 어떡하지? 내가 캔슬*당하면 어쩌지?

SNS를 포함한 기술의 발전은 이러한 우려를 증폭했다. 이제는 사적인 대화를 휴대전화로 녹음할 수 있고, 문자메시지나 이메일을 원래 수신인 이외의 사람들에게까지 전송할 수 있다. 지나가는 말로 한 이야기가 트윗되고 리트윗되어 수백만 명이 보게 되면 뉘앙스나 문맥은 제거된 채 영구 기록으로 남을 수 있다. 연

---

* 유명인이나 기업이 사회적 물의를 일으켰을 때 그들에 대한 지지를 철회(cancel)하는 현상을 '캔슬 문화'라고 한다. 실제로는 보이콧이나 온라인상의 조리돌림을 가리킨다.

설문 작성가 존 패브로가 지적하듯, SNS는 "모든 사람에게 정치인이 되라고 강요"한다. 자신의 신념에 관한 신중한 발언을 공들여 만들어봤자 관찰자들에게 있는 대로 "물어뜯기는" 것이다.[2]

우리는 불편함의 평준화를 환영한다. 그 덕분에 사람들은 정신이 번쩍 들어서 자신이 속한 공동체 내의 불평등을 알아차리고 이의를 제기하기 때문이다. 그러나 이와 동시에 많은 사람이 혼란에 빠지거나 두려움에 움츠러들기도 한다. 결국 엄청난 자신감을 가지고 이런 대화에 참여하는 것은 주변부에 속한 이들이다. 한끝에서는 이런 종류의 대화에 정통한 진보주의자들이 언어와 매너의 복잡한 미로를 만들어가며 스스로의 미덕과 기교를 만끽한다. 반대쪽 끝에서는 우파 선동가들이 어떠한 반격도 명예 훈장으로 받아들이며 그 미로를 깔아뭉개는 것을 즐긴다.

중도파인 대다수는 한 걸음 한 걸음을 조심스럽게 내디딘다. 언론인 에밀리 요피Emily Yoffe는 이제 자기가 무슨 말을 하면 "SNS에서 두들겨 맞지 않을지" 묻는 자기 안의 "작은 목소리" 때문에 작가로서의 자유를 잃어버렸다며 개탄한다.[3] 정치학자 야샤 멍크Yascha Mounk는 제자의 "상당수"가 "자기 생각을 솔직하게 말하는 것을 불편해한다"라며 애통해한다.[4] 《뉴욕 타임스》는 이러한 자칭 진보주의자 집단을 이렇게 정의했다. "사회정의에 관심이 많"지만, 혹자의 표현에 따르면, "인종차별주의자나 트랜스젠더 차별주의자"라는 딱지가 붙을까 봐 "끊임없이 조심해야 할 필요성" 때문에 피로감을 느끼는 사람들이라고.[5] 한 명문대 총장은 (다른 모든 종류의 연설은 그러지 않는데) 다양성을 언급하는 연설만은 미리 원고를 작성한다고 고백했다. 즉흥 연설을 했다가는 사회적으로 매장될 법한 실수를 저지를까 봐 걱정되기 때문이다. 공감을 자아낼 수도 있었을 대화가 이제는 공포를 불러일으킨다. 소수집단의 지지자가 되고 싶어 했던 사람들이 가장 고통받는 이들을 지지하는 대신 불안감에 잠식되고 있다.

더는 피할 수 없다

과거 수십 년간 많은 집단이 수와 힘의 열세로 제 목소리를 내지 못했다. 이는 중요한 대화들이 발생조차 하지 못했음을 뜻한다. 그러나 이제는 인구 구성비의 변화와 주변화된 집단들의 용감하고 적극적인 활동 덕분에 어떤 전환점에 도달한 듯하다. 미국 내의 비기독교인, 유색인, 성소수자는 계속해서 증가하는 추세다.[6] 사회적 역학 관계가 변화함에 따라 많은 비권력자 집단이 한때 금지되었던 대화를 이제는 시작해도 되겠다고 느끼고 있다.

정체성 대화가 만연한 또 다른 이유는 젊은이들이 이런 대화를 시작하기 위해 투쟁도 불사하기 때문이다. 한 엔터테인먼트 회사의 수석 리더는 이렇게 설명했다. "신입 사원으로 입사한 젊은이들이 직장에서의 '구조적 인종차별주의'나 '백인우월주의'에 관한 포럼을 개최하길 원해요." 이 성역 없는 접근 방식은 나이 많은 기존 직원들을 곧잘 충격에 빠뜨린다. "와, 우리가 그 정도는 아니지 않나?" 가장 나이 많은 세대와 가장 어린 세대 사이에만 세대차가 존재하는 것은 아니다. 40대 초반의 사업가 앤디 던이 어느 Z세대* 여성에게 자기가 쓴 책의 초고를 읽고 문제가 있는 표현에 표시해달라고 부탁했더니, 그 젊은이는 채 하루가 지나기도 전에 1000개 이상의 표시를 남겼다.[7]

이런 대화가 점차 일상화되면서 비지배적 집단의 구성원들은 불의에 저항하기 위한 새로운 언어를 찾아내고 있다. 이제 그들에겐 자신의 정체성을 이해하기 위한 '논바이너리non-binary'**

---

* 1997년에서 2012년 사이에 태어난 사람.
** 논바이너리는 여성과 남성이라는 이분법적 성별 구분을 거부하는 사람이다. 신경다양성은 자폐증이나 난독증 등을 장애가 아닌 정상성의 일부로 보는 관점이다. 톤 폴리싱은 상대방이 주장하는 '메시지'가 아니라 '말투'를 꼬투리 잡는 것이고, 맨스플레인은 남자가 거들먹거리며 여자를 가르치려 드는 것이다. 미소지누아르는 여성혐오를 뜻하는 '미소지니(misogyny)'와 검은색을 뜻하는 '누아르(noir)'의 합성어로, 흑인 여성혐오를 뜻한다. 유해한 남성성은 폭력성이나 여성혐오 등 전통적으로 남성적이라고 간주되는 특성 가운데 유해한 것들을 가리킨다.

와 '신경다양성neurodiversity', 대화상의 부적절한 관행을 표현하기 위한 '톤 폴리싱tone policing'과 '맨스플레인mansplain', 해로운 편향 및 행동을 지적하기 위한 '미소지누아르misogynoir'와 '유해한 남성성 toxic masculinity'이 있다. 언어는 중요하다. 페미니스트 글로리아 스타이넘이 말했듯이, 일상적인 일로 치부되던 행위에 '성희롱'이라는 이름을 붙이기 전까지는 사회가 취할 수 있는 조치가 거의 없었다.[8] 예전에는 '무언가가 잘못되었다'는 모호한 감각에 그쳤던 경험에도 지금은 이름을 붙이고, 이의를 제기하고, 시정할 수 있다.

그 결과 정체성, 다양성, 정의에 관한 대화가 거의 모든 분야에서 일어나고 있다. 직장에서는 '특권', '무의식적 편향', '포용적 지도력'에 관한 교육을 받을 가능성이 점점 커지고 있다. 좀 더 큰 조직에서는 여기에 여성의 출세에 관한 세미나, 인종 형평성 증진을 위한 프로젝트, 성소수자의 달을 축하하는 행사가 추가될 수도 있으며, 이 모든 것은 최고다양성책임자chief diversity officer, CDO를 필두로 한 전문가 팀에 의해 시행될 것이다.

젊은 세대는 사회생활을 시작하기 한참 전부터 이런 대화를 접할 가능성이 크다. 대학은 오래전부터 정체성 관련 수업뿐 아니라 과외 프로그램도 운영해왔고, 요즘은 많은 고등학교와 초등학교도 반인종주의나 공정성, 소속감 관련 프로그램을 제공하고

있으며, 심지어 일부 어린이집에서도 미취학아동에게 다양성과 포용성을 가르치고 있기 때문이다.[9]

더 일반적인 이야기를 하자면, 아침 뉴스에 정체성에 관한 이야기가 등장하지 않았던 마지막 날이 언제였는지 기억나지 않는다. 이슬람 혐오, 미등록 이주자, 동성결혼, 캠퍼스 언론의 자유, 블랙 라이브스 매터 운동, 미투운동, 트랜스젠더 인권, 아시아인 혐오범죄, 캔슬 문화, 비판적 인종 이론critical race theory* 같은 주제들은 지난 몇십 년간 전국적·국제적 논쟁을 불러일으켰다. 안 그래도 눈이 핑핑 돌 정도로 빠른 정체성 담론의 변화는 해가 갈수록 더욱 가속화되는 듯하다. 그리고 이와 관련된 언론보도는 사람들이 평범한 사회적 상호작용을 나눌 때의 대화 내용을 결정짓는다. 이런 토론에 가끔이라도 참여하지 않고서는 스스로가 정상적인 사회 구성원이라는 기분을 느끼기 어렵다.

이 모든 것을 종합해보면, 6학년 자녀의 담임교사로부터 아이가 학교에서 인종차별적인 발언을 했다는 전화 받기, 어떻게 하면 꼰대처럼 보이지 않으면서도 성과 낮은 직원에게 건설적인 조언을 할 수 있을지 고민하기, 레즈비언 친구에게 한 말실수를 어

---

* 미국의 각종 체제를 인종의 관점에서 비판적으로 봐야 한다는 주장. 예를 들면 이론상으로는 중립적인 법률이 실제로는 백인 특권의 존재를 부인함으로써 흑인을 차별하는 결과를 낳는다는 것이다.

렵게 사과하기, 페이스북에 외국인 혐오 발언을 올린 사촌과 설전 벌이기가 전부 한 달 안에 일어나는 것도 가능하다. 따라서 사회정의의 열렬한 옹호자건 그저 배려심 깊은 사람이건 간에 이런 대화를 제대로 하려는 노력을 기울이기에 지금보다 더 알맞은 때는 없다.

포용적인 지도자를 위한 조언

안타깝게도 실제로 도움이 되는 효과적인 지침을 찾기란 쉽지 않다. 《이코노미스트》에 따르면 열두 단어로 이뤄진 가장 무서운 영어 문장은 "나는 인사부에서 나왔는데, 다양성 워크숍을 개최하러 왔다I'm from human resources and I'm here to organize a diversity workshop" 라고 한다.[10]

다양성 관리자들은 때때로 특권층에 영합하는 잘못을 저지른다. 애플의 전 다양성 관리자의 다음 발언처럼 말이다. "금발에 파란 눈을 가진 백인 남자 열두 명이 한방에 앉아 있을 때도 다양성이 있다고 할 수 있다. 왜냐하면 그들의 인생 경험과 인생관이 각자 다를 것이기 때문이다."[11] 또는 다양성 관리자가 참가자들에게, 그들의 말과 행동 가운데 무엇이 편견덩어리라는 딱지를 가

저다줄지 모른다며 공포심을 부추기는 경우도 있다. 일례로 다양성 및 포용성 분야 일각에서 영향력 있는 어떤 교재는 "객관성", "문자언어에 대한 숭배", "시급하다는 인식"이 유해한 "백인우월주의 문화"의 일면이라고 경고한다.[12]

오냐오냐하는 방식과 야단치는 방식은 모두 다양성 교육이 체계적이지 않다는 불편한 인식을 바탕으로 한다. 수많은 사례 중에 하나만 언급하자면, 우리가 자작나무에 크리스털이 주렁주렁 달린 뉴에이지풍 리조트에서 열린 임원 수련회에 초청받았을 때의 일이다. 주최자가 우리의 강연을 몇 시간 뒤로 미뤘는데, 그 이유는 '말 체험'이 예상보다 오래 걸렸기 때문이었다. 이 체험에서 임원들은 말 앞에서 연설해야 했다. 말이 그들의 이야기를 듣고 히힝 울거나 뒷걸음치거나 발로 땅을 구르면 애니멀 커뮤니케이터가 이 반응을 해석해서 해당 임원이 포용적 지도력을 보였는지 아닌지를 알려줬다. 우리는 잠시 판단을 유보하고 말 요법이 어떤 질환과 관련해서는 인정받는 치료법임을 상기했다.[13] 그러나 체험을 마치고 돌아온 임원들은 우울해 보였다. 어땠냐고 묻자 한 명이 대답했다. "정말 별로였어요. 내가 말하는 도중에 말이 똥을 싸자 애니멀 커뮤니케이터는 '걱정 마세요. 당신이 포용적인 지도자가 아니라는 뜻이 아니에요. 그냥 말이 똥을 싸야 했을 뿐이죠'라고 말하지 뭡니까."

히힝은 절대로 단순한 히힝이 아니다. 그러나 말똥은 그냥 말똥일 때도 있다.

대화의 질을 즉시 높여줄 일곱 가지 규칙

우리는 당신을 도울 수 있다.

우리 센터는 다양성과 포용성에 대한 접근법을 학문적으로 연구하고 있지만, 중요한 점은 우리가 상아탑 안에 갇혀서 전략을 고안하지 않았다는 사실이다. 우리는 전문 지식을 공유해달라고 요청한 여러 단체와 함께 전략을 개발하고 시험했다. 우리는 따로 또 같이, 다양한 배경을 가진 수만 명이 서로의 차이를 뛰어넘어 더 의미 있고 효과적인 대화를 나눌 수 있게끔 지도했다. 때로는 강의나 워크숍 같은 전통적인 교육법을 사용하기도 했고, 때로는 브로드웨이 연출가 셸리 윌리엄스Schele Williams가 개발한, 연극 기반의 사례 연구 같은 혁신적인 방법을 사용하기도 했다. 우리의 접근법은 학문을 바탕으로 한 체계성과 경험을 바탕으로 한 실용성을 모두 갖추었다.

우리는 스스로 소수자에 속하기 때문에 다양성과 포용성이라는 문제를 약간 독특한 관점에서 본다고 생각하는데, 이것을 '중간 다리 관점'이라 부르도록 하자. 우리는 한편으로는 운동가의 가치관을 지닌 대단히 진보적인 학생 단체와 협력하는 동시에, 다른 한편으로는 보다 나아지려고 애쓰는 조직, 서비스 전문 업체, 정부 기관, 재단, 스포츠 팀, 교육기관의 수석 리더들과도 교류한다. X세대* 아시아계 미국인 게이와 밀레니얼세대 백인 게이라는 사회 정체성 때문에 자연스럽게 중간 다리 역할을 하게 되는 것이다. 우리는 양쪽 진영이 모두 우리에게 이야기를 건넨다는 사실에 감사한다. 여성, 유색인, 성소수자 이외에도 많은 사람이 우리를 자신의 지지자로 여긴다. 예를 들어 지배적 집단의 구성원들은 "추가 지나치게 저쪽으로 기운 것 아닌가" 하는 두려움을 우리에게 솔직하게 토로한다.

지금까지 보고 들은 것을 바탕으로 판단할 때 우리는 상대적 권력자가 정체성 대화에 참여하는 방법을 개선하는 것이 가장 시급하다고 생각한다. 우리는 '정체성'을 인종, 민족, 성별, 성적 지향, 성정체성, 장애, 종교, 사회경제적 지위, 나이 같은 주요 인구학적 분류를 모두 포함할 정도로 폭넓게 정의한다. '대화'도 대면 대화뿐 아니라 문자 보내기, 이메일 쓰기, SNS에 포스팅하기까지 모두 포함하는 넓은 의미로 정의한다.

---

* 1965년에서 1979년 사이에 태어난 사람.

우리가 상정한 청중도 비슷하게 범위가 넓다. '상대적 권력자'란 직장 상사나 학교 선생님처럼 어떤 조직 내에서 더 높은 권위를 가진 사람만 의미하지 않는다. 그들은 선의를 가진 동시에, 사회 정체성을 기준으로 봤을 때 더 유리한 쪽에서 대화에 참여하는 사람들이다. 예를 들면 성별에 관한 대화에서는 남성을, 인종에 관한 대화에서는 백인을, 장애에 관한 대화에서는 비장애인을 가리킨다. 우리는 '지지자'라는 용어를 그런 사람을 가리키는 약칭으로 자주 사용할 것이다. 이론적으로는 지지자가 상대방보다더 큰 힘을 가지고 있으므로, 만약 지지자들이 대화의 기술을 개선할 수 있다면 그 효과는 사회를 변화시킬 것이다.

우리가 상대적 권력자를 바라보는 시야는 생각만큼 좁지 않다. 사람은 누구나 강점과 약점이 모두 든 바구니를 가지고 있으므로, 경우에 따라 지지자일 때도 있고 반대로 다른 지지자들 덕에 이득을 볼 때도 있다. 백인 여성은 인종 문제에서 유색인 남성의 지지자가 될 수 있으며, 유색인 남성은 성별 문제에서 백인 여성의 지지자가 될 수 있는 것이다. 더 일반적으로 말하면, 우리의 조언은 주로 지지자를 향한 것이지만, 정체성 대화에 참여하는 모든 사람에게 도움이 되리라고 믿는다. 특히 비지배적 집단에 속한 사람이 대화할 때 경험해온 권력관계에 이름을 붙이고 지지자들에게 기대하는 바를 명시하는 데 도움이 되길 바란다.

우리는 이 책을 일곱 가지 원칙을 중심으로 구성했다. 첫 번째는 "대화의 네 가지 함정을 주의해라"(첫 번째 원칙)다. 여기서 네 가지 함정이란 '회피', '굴절', '부인', '공격'이다. 이 네 가지 함정에 빠지지 않으려면 감정적인 안정감을 느낄 수 있도록 "탄력성을 길러라"(두 번째 원칙). 그리고 이런 대화에 열린 마음으로 접근할 수 있도록 "호기심을 키워라"(세 번째 원칙).

이 기본적인 원칙들을 숙지한 뒤에는 흔하지만 어려운 대화 유형 두 가지, 즉 부동의와 사과를 탐구한다. 견해차가 계속 좁혀지지 않을 때는 "존중하는 태도로 부동의해라"(네 번째 원칙). 그리고 상대방에게 보상해야 할 때는 "진심으로 사과해라"(다섯 번째 원칙).

이 다섯 가지 원칙만 지켜도 분명 대화 상대에게 피해를 덜 줄 거라고 믿지만, 우리는 거기에서 한 발짝 더 나아가라고 종용한다. 의료윤리의 4원칙에서는 악행 금지("해하지 마라")와 선행("선한 행동을 해라")을 구분하는데,[14] 지지 또한 '해하지 않기'와 '선행 베풀기'라는 두 가지 형태를 띤다. 이 마지막 원칙 두 개는 지지자들이 세상에 나가 자신이 속한 사회적 무리, 교육기관, 직장, 지역 공동체에서 긍정적 변화를 이끄는 데 도움을 주기 위한 것이다. 우리는 당신에게, 편견에 찬 사람들이 원하는 방식으로 그들을 도움으로써 "백금률을 실천해라"(여섯 번째 원칙)라고 촉구한다.

그리고 비포용적 행위를 하는 사람들이 자신의 실수를 극복하고 성장할 수 있도록 "발원자에게 관용을 베풀어라"(일곱 번째 원칙)라고 권장한다.

이 원칙들이 모든 대화에서 긍정적인 결과를 보장하지는 않는다. 어떤 대화든 적절한 접근법은 항상 '그때그때 다르다'. 그러나 이 일곱 가지 지침을 잘 따른다면 대화의 질이 즉각 개선되리라고 확신한다.

우리의 약속

본문에 들어가기 전에 우리는 당신에게 세 가지를 약속하겠다.

첫째, 우리는 실용성을 견지할 것이다. 우리는 당신이 보자마자 바로 실천에 옮길 수 있는 전략을 제공하고 싶다. 방금 언급한 일곱 가지 원칙은 상호 보완적이기도 하지만 따로따로 사용해도 충분한 효과가 있다. 당신은 그것을, 그때그때 필요한 도구를 꺼내 쓰는 휴대용 만능 키트처럼 사용할 수 있을 것이다. 더 간결하게 만들지 못한 것은 우리의 실수지만 부디 당신이 이 책을 금방 다 읽을 수 있길 바란다.

둘째, 당신에게 수치심을 주지 않을 것이다. 모든 훌륭한 코치가 그렇듯이 우리는 때때로 당신이 듣고 싶지 않은 말을 할 것이다. 그러나 우리는 더 잘하도록 몰아붙이는 것과 꾸짖는 것을 명확하게 구분한다. 우리는 어린 시절의 대부분을 배타적인 종교적·문화적·사회운동적 공동체에서 보냈다. 그 공동체에는 엄격한 도덕률이 있었고 거기에 미달하는 사람은 혹독하게 비난당했다. 우리는 그런 접근법이 아이들의 성장에 좋지 않음을 깨달았다. 이 분야에서 우리가 가장 존경하는 사람들은 공감과 냉정을 겸비한 사람, 가장 따뜻한 마음과 가장 날카로운 지성을 모두 갖춘 사람이다. 우리는 이 책에서, 우리의 직업에서, 우리의 삶에서 그 정신을 따르려고 노력한다.

마지막으로 우리는 당신이 행동에 나서도록 이끌 것이다. 이것이 가장 중요하다. 우선은 부적절한 말을 뱉을지 모른다는 두려움을 극복하게끔 돕는 것이 1차 목표지만, 거기서 더 나아가 캔슬 피하기 요령보다는 더 높은 것을 목표로 하고 있다. 이 책을 끝마칠 때쯤에는 당신이 정체성 대화를 환영하게 되는 것이 우리의 바람이다. 그렇게 되면 당신은 정체성 대화를 피하는 대신 정의의 원동력으로 보게 될 것이다.

지금 시대는 역사의 전환점을 맞이하고 있다. 한쪽에서는 비권력자 집단들이 과거에는 참을 수밖에 없었던 행동에 반기를 드는 일이 늘어나고 지지자들 또한 그들의 의견에 찬동을 표한다.

백인들이 블랙 라이브스 매터나 스톱 아시안 헤이트 집회에 나가고, 남자들이 여성 행진에 참가하며, 이성애자들이 퀴어 축제 때 자기 집 창문에서 무지개 깃발을 들어 올린다. 또 반대쪽에서는 포용 반대자들이 오랫동안 법률로 보장되어온 권리를 무효화하고 불평등을 확립하기 위해 운집한다. 우리 사회가 포용적 미래를 향해 전진하느냐, 불공정한 과거를 향해 퇴보하느냐는 우리 모두에게 달렸다.

우리는 당신이 보다 더 포용적인 사회로 나아가는 데 이바지하고 싶지만 어디서부터 시작해야 할지 몰라서 이 책을 읽고 있으리라고 추측한다. 결국 어떻게 해야 '가부장제를 해체'하거나 '구조적 인종주의를 타파'할 수 있을까? 우리의 대답은, 처음부터 뭔가 큰 규모로 시작할 것이 아니라 가족, 친구, 동네, SNS, 학교, 직장 같은 작은 영역에서부터 시작하라는 것이다. 예를 들면 이 세계의 불평등에 대해 이야기하는 사람의 말에 귀를 기울이고 그들의 지지자로서 목소리를 높여라. 예의를 지킨다는 의미에서가 아니라 옳은 것을 위해 목소리를 높인다는 의미에서 맞는 말을 해라.

우리는 침묵이 말을 찾아내고, 말이 대화가 되고, 대화가 삶을 바꿀 수 있음을 반복해서 보아왔다. 당신도 어딘가에서는 시작해야 한다. 우리에게는 그 장소가 여기다.

차례

첫 번째 원칙

대화의 네 가지 함정을 주의해라

1st Keypoint

많은 사람이 정체성 대화가 '불편'하다고 한다. 그들은 대화가 갑작스레 끊기거나 자신이 실수하는 상황을 피하고자 아예 입을 닫는다. 반대로 지나칠 정도로 강하게 자신의 생각을 고집하기도 한다. 이처럼 정체성 대화를 가로막거나 지지부진하게 하는 '네 가지 함정'이 존재한다. 그리고 각 함정에는 그에 알맞은 해결책이 있다.

당신이 매년 같은 휴일에 파티를 여는 백인이라고 가정해보자. 그런데 당신의 절친 아미르가 끈질기게 초대를 거절한다. 처음 몇 년 동안은 스케줄이 안 맞아서 그러겠거니 했지만, 점차 어떤 문제가 있는 것은 아닌지 걱정된다. 아미르가 일대일로 만나는 데는 적극적이기 때문이다. 당신이 함께 저녁 식사를 하다가 그 이야기를 꺼내자, 놀랍게도 아미르는 자신을 제외한 손님이 전부 백인이라서 그 파티에 참석하는 게 어색하다고 말한다. "내가 너의 몇 안 되는 유색인 친구 중 한 명이라는 사실을 뼈저리게 느끼기 때문이야. 그냥 내가 그 자리에 안 어울리는 것 같아."

만약 당신이 우리 의뢰인들과 비슷하다면 아미르의 말에 다음 네 가지 반응 중 하나를 보일 것이다.

- 입을 다물거나, 전화 걸 데가 생각났다며 자리를 피한다.

- 누구도 배제할 의도는 없었다고 하거나, 최근 재미있게 보고 있는 드라마로 화제를 바꿈으로써 말을 돌린다.
- 예전에 당신의 파티에 참석했던 비백인 친구를 언급하거나, 참석자가 전원 백인이었던 다른 모임에서 아미르가 편안해 보였음을 고려할 때 정말로 어색했는지 의심함으로써 부인한다.
- 왜 모든 것을 인종 문제로 만드냐고 묻거나, 백인 손님이 없는 파티를 개최하는 아미르야말로 위선자라고 공격한다.

이 목록이 익숙해 보인다고 절망하지 마라. 당신만 그런 것이 아니다. 인종 대화의 전문가들은 백인들의 반응이 얼마나 천편일률적인지를 보면서 그들이 "똑같은 대본의 대사를 외우"거나 "똑같은 악보의 선율을 배우는" 건 아닌지 궁금해한다.[1] 우리는 그런 대본이 모든 종류의 정체성 대화에 존재하며 그 대본을 읽는 사람이 백인만은 아니라고 생각한다. 이런 행동은 사람이 방어적인 태도를 취할 때 보이는 정상적인 반응이다. 심지어 우리도 매번 이런 패턴에 빠지곤 한다.

좋게 생각하면 이 패턴은 바람직하지 않은 반응을 쉽게 찾아내서 더 고치기 쉽게 만든다. 우리는 사람들을 코칭할 때 회피, 굴절, 부인, 공격이라는 네 가지 함정을 쉽게 기억하도록 '회굴부공'이라는 준말을 사용하곤 한다. 당신이 '회굴부공'에 대한 의존도를 낮출 수 있다면 더 나은 대화로 가는 길에 이미 한 걸음을 내디뎠다고 할 수 있다.

회피: 입을 다물거나 진심을 숨기거나

폭스 뉴스 채널의 전 진행자 에릭 볼링Eric Bolling은 BBC 〈뉴스나이트〉의 생방송 인터뷰 도중에 한 번도 아니고 두 번씩이나 스튜디오 밖으로 나가버렸다.[2] 당시 그들은 메이저리그가, 흑인 유권자들의 투표를 방해하는 조지아주 선거법에 항의하는 의미로, 2021년 올스타게임 개최지를 조지아주 애틀랜타에서 콜로라도주 덴버로 옮긴 사건에 대해 이야기하고 있었다. 볼링은 메이저리그가 흑인들을 위해 이런 결정을 내렸지만, 실제로는 조지아주의 흑인 소유 사업장에 손실을 입힘으로써 되레 그들에게 상처를 줄 거라고 주장했다.

볼링의 토론 상대였던 정치 전략가 아이샤 무디밀스Aisha Moodie-Mills는 전혀 동의하지 않았다. "나는 공화당원이, 특히 백인 남자가 흑인 지역사회의 경제 사정에 신경 쓴다고 말하고 돌아다닐 때 어처구니가 없어요." 그러자 볼링이 "난 그만할게요"라고 외치며 자리에서 일어나 씩씩대면서 화면 밖으로 걸어 나갔다.

잠시 후 사회자 에밀리 메이틀리스의 요청으로 돌아온 그는 거듭 사과를 요구했다. 무디밀스가 거절하자 볼링은 또다시 "난 그만 할게요"라며 나갔고, 이번에는 영영 돌아오지 않았다.

볼링은 가장 흔한 부정적 반응, 즉 회피를 보여줬다. 사람들은 정체성에 관한 모든 종류의 대화를 기피한다. 한 비장애인 남자는 다양성 컨설턴트인 다이앤 굿맨Diane Goodman에게 자기는 모든 장애인을 피한다고 털어놓았다. "장애의 정도 차이를 인정하는 것과 무례한 것, 도와주려는 것과 우쭐대는 것 사이에서 균형을 유지하는" 방법을 알 수 없다는 이유에서였다.[3] 우리가 만난 한 수석 리더는 자기가 발견한 세대차의 완벽한 해법을 이렇게 설명했다. "나는 밀레니얼세대를 이해할 수가 없어요. 그들에게 어떤 식으로 말해야 할지 모르겠다는 말입니다. 그래서 그들을 아예 피해버리죠." 우리 학생 한 명은 최근 가족 모임에서 트랜스젠더의 권리를 놓고 친척들과 토론하게 되었다. "몇 초 뒤에 보니 손님 절반이 부엌으로 달아나고 없더라고요."

당신은 때때로 대꾸하는 것 자체가 혐오스러운 말을 정당화해주는 듯해서 아예 자리를 피할 때가 있을 것이다. 볼링도 그렇게 항의하는 의미에서 퇴장했는지 모른다. 무디밀스가 그가 백인이라는 이유로 위선자라고 비난했기 때문이다. 그러나 정체성 대화에서는 원래 부당하다고 생각되는 발언을 계속 마주치게 되어 있다. 그렇다고 해서 매번 피한다면 결국에는 절연될 것이고, 상대방은 아무 말도 못 해서 더욱 불만스러운 상태로 남을 것이다.

두 번째 회피 전략은 침묵이다. 세계적 제약 회사가 우리에게 리더급을 위한 다양성 워크숍을 의뢰했을 때 그 프로그램 중에는 소그룹 토론이 포함되어 있었다. 그런데 사전 통화 중에 그쪽 담당자가, 참가자들이 토론 시간 내내 아무 말 없이 서로를 빤히 쳐다보기만 하면 어떻게 해야 하냐고 물었다. 이들은 (에둘러서 표현하면) 충분히 고위직이라, 하고 싶은 말이 있는데 참을 타입은 아니었다. 담당자가 한숨을 쉬었다. "맞아요. 다른 모든 주제에 대해서는 말이 많죠."

침묵은 상대적으로 안전해 보일 수 있다. 그러나 비지배적 집단의 구성원들이 침묵은 책임 방기나 다름없다고 지적하는 일이 점점 늘어나고 있으며 그 지적은 타당하다. 작가 서발라 놀런 Savala Nolan은 유색인들이 백인들의 침묵을 "듣고" "느끼며", 그것을 "나는 당신 편이 아니다. 또는 나는 내 의견을 밝힘으로써 겪게 될 불편을 감수할 만큼 관심이 있지는 않다"라는 의미로 해석한다고 주장한다.[4] 최근 시너고그 synagogue(유대교회당) 훼손과 나치주의자들의 혐오 연설 등 반유대주의적 행위가 급증했을 때,[5] 다른 사회정의 문제에 대해서는 거침없이 발언하다가도 이 문제만큼은 외면하는 사람들을 향해 많은 유대인이 불만을 토로했다.

"지원 활동의 부재 (⋯) 그리고 유대인들의 고난에 대한 압도적인 침묵이 슬프고 오싹하다"라고 운동가 알렉산드라 츠네타Alexandra Tsuneta는 개탄했다.[6]

다행스럽게도 그런 침묵이 옹호할 수 없는 것임을 깨달은 지배적 집단의 구성원이 증가하고 있다. 조직행동학자 로빈 일리Robin Ely와 데이비드 토머스David Thomas는 2020년 논문에서, 블랙 라이브스 매터 운동이 한창일 때 세계적인 서비스 전문 기업의 백인 경영자가 완전히 할 말을 잃었던 일화를 소개했다. 그는 마음을 다잡고 결국 입을 열었는데, 그 이유는 "자신이 최근의 인종차별적 사건들에 대해 아무 말도 하지 않는다면 그 침묵이 그가 중립이라는 증거가 아니라 백인우월주의자들과 한패라는 증거로 해석되리라는 것"을 깨달았기 때문이다.[7]

마지막으로 가장 모호한 형태의 회피는 당신의 진짜 생각을 말하지 않는 것이다. 정체성 대화에서 이 접근법은 대개 진실이 아니라 '듣기 좋은' 말만 하는 것을 의미한다. 특히 페이스북에서 유명해진 밈, 즉 한 아이가 한쪽 다리에 금속 의족을 차고 거실에 서서 미소 짓고 있는 이미지를 떠올려봐라. 거기에는 이런 캡션이 달려 있다. "나는 장애를 보지 못했다. 그저 아이의 아름다운 미소를 보았을 뿐이다!" 우리는 지지자들이 왜 이 밈을 공유하는지 이해한다. 다수집단에 속한 사람들은 대개 공통점은 강조하고 차이점은 무시하는 것이 친절한 태도라고 생각한다. 따라서 그들은 이 밈이, 장애아가 비장애아만큼 아름답다는 메시지를 보낸다고 믿는다. 그러나 많은 장애인이 듣는 메시지는 다르다. 그들은 장애가 교양인은 못 본 척하는 부끄러운 것으로 취급된다고 받아들인다. 장애인 인권운동가 칼리 핀들리Carly Findlay는 이렇게 설명한다. "당신이 '나에게는 당신의 장애가 보이지 않는다'라고 말하는 것은 나의 존재 자체를 부정하는 것이다."[8] 그것은 "나는 당신을 게이라고 생각하지 않는다"라는 말이 게이들에게 상처를 주고, "나에게는 당신의 피부색이 보이지 않는다"라는 말이 유색인들의 존재를 부정하는 것과 같다. 분명 이 소수집단들은 당신이 자신을 단지 장애인으로만, 게이로만, 유색인으로만 보지 않길 원하지만, 그렇다고 해서 그들의 정체성이 아예 안 보이는 척하는 것은 과잉 교정이다.

이런 형태의 회피에는 당신의 진짜 의견을 다른 사람의 의견인 양 말하는 것이 포함된다. 예를 들면 "나는 다른 사람들이 이렇게 주장하리라고 생각한다"라거나, "나보다 훨씬 보수적인 내 친구는 아마 이렇게 말할 것이다"라며 회피하는 것이다. 또는 단지 당장의 토론을 위해 반대 의견을 택한 척할 수도 있다. 비슷한 상황에 대해 작가 멀리사 퍼벨로Melissa Fabello는 이렇게 꼬집는다. 페미니스트가 남녀 임금격차에 대한 글을 인터넷에 올리면 남자들은 "'그 통계는 틀렸다', '여자들은 쉬는 시간이 많다', '여자들은 그냥 STEM(과학, 기술, 공학, 수학)을 싫어한다'라고 말할 것이다. 전부 자기 의견이 아니라 '반대 의견을 가진 사람들'의 의견인 척하면서".[9] 이 행동은 자기 의견이 아닌 것을 자기 의견인 척하는 것이 아니라, 자신의 진짜 의견을 남의 의견인 척 내놓는 것이다. 그러나 둘 중 어느 경우건 당신의 대화 상대는 아마 당신이 자기 의견을 솔직하게 말하고 있지 않음을 눈치챌 것이다.

우리는 당신에게 모든 정체성 대화에 물불 안 가리고 뛰어들어서 무슨 일이 있어도 달아나지 말라고 제안하는 것이 아니다. 회피처럼 보이는 모든 행동이 실제로 회피인 것도 아니다. 때로는 후회할 말을 내뱉기 전에 당신이 들은 이야기를 정리하고, 그 주제에 대해 더 배우고, 무슨 말을 해야 할지 생각할 필요가 있다. 이렇게 보다 온화한 형태의 거리 두기를 우리는 '갓길로 빠지기'라고 부른다. 나중에 올바른 마음가짐으로 돌아오기 위해 잠시 대화를 중지하는 것이다. 회피가 반사적이라면, 갓길로 빠지기는 반추적이다. 아예 관여하기 싫어서 구석에 숨는 것은 회피지만, 최고의 상태로 돌아오기 위해 잠시 대화에서 빠지는 것은 회피가 아니다.

굴절: 너에 대한 대화에서 나에 대한 대화로

굴절은 실제로도, 비유적으로도 대화에서 벗어나는 것이 아니다. 그 대신 화제를 당신에게 더 편안한 주제로 바꾸는 것이다.

말투로 굴절하기

우리 학생인 빅토리아는 동문들이 속한 성소수자 비영리단체의 운영위원회에서 일했다. 그런데 일부 동문이, 이 단체의 직원이 대부분 백인이라서 유색인 성소수자의 관심사를 무시한다고 페이스북 그룹에서 대놓고 비판했다. 그러자 운영위원회는 비판할 때 좀 더 정중하게 말하지 않으면 페이스북 그룹에서 퇴출시키겠다고 협박하는 새로운 지침으로 응수했다. 빅토리아는 이 지침을 비난했다. 과거에 백인들이 무례하게 발언했을 때는 운영위원회가 예의를 갖추라고 요구하지 않았으므로, 이 새로운 정책은 "반인종주의에 대한 톤 폴리싱"처럼 보인다고 지적했다. 그러자 운영위원회는 그가 예의 없다며 나무랐다. "당신은 예의범절도 모릅니까?"라고 묻는 사람도 있었다.

톤 폴리싱은 상대방이 말하는 내용에서 말하는 방식으로 화제를 돌리는 것이다. 비지배적 집단의 구성원들에게는 익숙한 불만이다. 작가 레일라 사드에 따르면, 톤 폴리싱은 "유색인들이 인종차별에 대해 (진정으로) 느끼는 감정은 완전히 배제한 채" 인종차별에 대해 이야기하라고 강요한다.[10] 역설적이게도 빅토리아는 톤 폴리싱에 반대한다는 이유로 톤 폴리싱을 당했다.

장애인 인권운동가 대니엘라는 자신이 근무하는 대학에서 더 미묘한 형태의 톤 폴리싱을 경험했다. 그는 코로나19 팬데믹 동안 학교 수업이 원격으로 전환되는 것을 달콤쌉쌀한 심정으로 바라보았다. 한편으로는 대면 수업이 원격수업으로 매끄럽게 바뀌는 데 감탄했지만, 다른 한편으로는 자신들이 수년 전부터 요구했던 강의 녹화 및 자막 달기 같은 정책을 그토록 신속하게 채택하는 것을 보고 상심했다. 학교 당국이 예전에는 그런 변화가 불가능하다고 말했기 때문이다.

대니엘라는 학교가 앞으로는 장애인을 위한 정책을 더 적극적으로 채택하겠다는 확약을 받기 위해 총장을 만나러 갔으나, 대화 초기에 그토록 "쉽게" 원격수업으로 전환되는 것을 보면서 마음이 아팠다고 말하는 실수를 저질렀다. '쉽게'라는 대니엘라의 표현에 화난 총장은 대화가 끝날 때까지 그 표현만 붙들고 늘어져서는 이런 개혁이 얼마나 규모가 크고 힘든 일인지 아냐고 일장 연설을 늘어놓았다. 대니엘라가 하려는 말의 핵심에 초점을 맞추는 대신 그가 표현한 방식에만 집착했던 것이다.

말투는 확실히 중요하다. 그러나 불의에 화났을 때는 정말 차분한 사람도 목소리를 높이거나 과열된 표현을 선택할 수 있고, 또 그걸 받아들이는 입장에서는 상대방의 말투에 정말로 상처받을 수 있다. 우리도 가끔 그럴 때가 있다. 그러나 상대방이 흠잡을 데 없이 침착하지 않다는 이유로 꾸짖다 보면 '상대방의 관심사에 대한 대화'였어야 할 것이 '당신의 감정에 대한 대화'로 변질되고 만다.

초점 이동을 통해 굴절하기

한 남자가 애틀랜타 지역의 마사지 숍 세 군데에서 끔찍한 총기 난사 사건을 저질렀다. 그가 살해한 여덟 명 가운데 여섯 명은 아시아계 여성이었다.[11] 언론은 블랙 라이브스 매터 운동으로 공적 담론의 중심이 된 흑인 혐오와 아시아인 혐오를 비교하며[12] 이 사건의 인종적 측면에 초점을 맞췄다.[13]

사건 직후 온라인상의 시민권 토론방은 사람들로 북적였다. 낸시라는 백인 여성은 이 사건의 젠더적 측면을 무시하는 언론을 비판하면서 피해자가 대부분 여성이라는 점을 지적했다. 그러자 한 동지가 '교차성' 이야기를 꺼내줘서 고맙다는 답글을 달았다. 교차성이란 법학자 킴벌리 크렌쇼Kimberlé Crenshaw가 만든 용어로, 두 가지 이상의 주변화된 집단에 속하는 사람만이 겪는 독특한 경험을 일컫는다.[14] 이 사건의 피해자들이 속했던 주변화된 집단은 '아시아인'과 '여성'이었다.

그런데 사실 낸시는 논의의 관점을 '인종'에서 '인종과 젠더'로 확장하고 싶었던 것이 아니다. 단지 '인종'에서 '젠더'로 바꾸고 싶었을 뿐이다. 그는 범인이 여성에게 적의를 보인 것이지 아시아인에게 보인 것이 아니라고 주장했다. 다른 동지들이 처음에는 부드럽게, 나중에는 좀 덜 부드럽게, 그의 말은 "이것은 인종 범죄이지 젠더 범죄가 아니다"라는 언론의 단순화된 관점을 "이것은 젠더 범죄이지 인종 범죄가 아니다"라는 또 다른 단순화된 관점으로 바꾼 것일 뿐이라고 지적했다. 그들은 이 사건이 젠더 범죄이자 인종 범죄라고 주장했다.

그러나 낸시는 거기에서 멈추지 않았다. 역사적으로 여자들은 "성별 이외의 모든 억압"을 외면했을 때만 (투표권을 얻는 등의) 정치적 이득을 얻었다며 자신의 주장을 옹호했다. 유색인 여성들과 그 지지자들은 그의 주장을 맹비난했다. 결국 관리자는 대화를 중단시키고 다음 대화는 오프라인에서 계속하라고 말했다.

초점을 한 집단에서 다른 집단으로 옮기려던 낸시의 고집은 '초점 이동'의 한 예다.[15] 물론 지금 나누고 있는 논의가 근본적으로 잘못되었다면 초점은 바뀌어야 하는 것이 맞다. 그러나 사람들은 단지 자신에게 불편한 주제를 피하기 위해 초점을 바꾸는 경우가 많다.《미국의사협회저널》이 운영하는 팟캐스트의 〈의사들이 알아야 할 구조적 인종차별, 그것은 무엇인가?〉라는 에피소드에서 의사 미치 캐츠Mitch Katz는 주거, 교육, 보건에서 나타나는 인종 간 격차의 예를 소개했다. 그런데 사회자 에드 리빙스턴Ed Livingston은 그것이 "인종차별" 때문이 아니라 "사회경제적 현상" 이라고 맞받아쳤다.[16] 물론 리빙스턴은 그런 의견을 가질 자유가 있다. 그러나 '구조적 인종차별'을 주제로 한 방송의 진행자가 그런 저항을 보이는 것은 이해하기 힘들다. 아마도 본인의 사적인 불편함이 결정적 역할을 한 듯했다. "개인적으로 지금 이 이야기에서는 인종차별을 빼놓고 논의하는 것이 좋을 것 같습니다. 나를 비롯한 많은 사람이 우리가 인종차별주의자라는 암시에 불쾌감을 느낄 것이기 때문입니다."

초점은 다른 집단으로 '넘길' 수도 있지만, 넓히거나 좁힐 수도 있다. '초점 확대'는 "흑인의 목숨도 소중하다"라는 표어에 누군가 "모든 목숨이 소중하다"라고 대꾸할 때 일어난다. 그 사람은 논의를 다른 집단으로 넘긴 게 아니라 전 인류로 확대했다. 한 의사는 병원 직원들을 대상으로 블랙 라이브스 매터 운동에 대해 이야기하기 위한 행사를 개최했을 때 초점 확대를 경험했다. 행사가 끝난 후에 한 백인 여자가 다가오더니 흑인에 대해서만이 아니라 여성, 성소수자, 장애인을 포함한 모든 주변화된 집단에 대해 이야기했어야 했다고 주장했던 것이다.

이와 반대로 '초점 축소'는 더 넓은 주제를 좁은 주제로 바꾸는 것을 가리킨다. 예전에 한 백인 남성 동지가 자신은 '특권'에 관한 대화를 싫어한다고 말한 적이 있었다. 그 표현의 의미가 너무 광범위하다는 이유에서였다. 그는 정체성 대화가 인종이라는 주제, 특히 흑인들에게 집중해야 한다고 생각했다.

초점 이동(넘기기, 확대, 축소)의 결과는 상대방이 꺼낸 화제가 무엇이든 간에 주의를 다른 곳으로 돌리는 것이다. 비지배적 집단은 지금 이대로도 발언 기회를 얻는 데 충분히 어려움을 겪고 있다. 원래 주제에 머무는 것은 당신이 줄 수 있는 최소한의 도움이다. 만약 어떤 주제가 부적절한 관심을 받고 있다고 생각한다면, 상대방의 주제에서 벗어나는 것이 아니라 (다음 기회에) 다른 주제에 대한 새로운 대화를 시작하는 것이 더 나은 전략이다. 만약 낸시가 인종이라는 주제에 대해 이야기해야 하는 절박한 사람들의 말을 막지 않은 채로 성차별에 대한 논의를 시작했다면 더 생산적인 대화가 이어졌을 것이다.

자기 자신에게로 굴절하기

몇 년 전 법대에서 한 학생이 수업이 끝난 후에 교수에게 다가갔다. 교수가 강의 중에 '불법체류자'라는 표현을 반복적으로 사용했기 때문이다. 학생이 그 용어의 사용을 재고해달라고 부탁하자, 교수는 해당 사건에서 실제로 그 용어가 사용되었다며 자신을 변호했다. 학생은 그 사건은 오래전에 벌어진 일이고 지금은 그 용어가 비인간적이라고 인식된다며 '미등록 이주자'라는 용어를 사용하는 것이 어떠냐고 제안했다.

그 순간 교수는 민권운동가로 유명한 자신을 이런 문제로 비판하는 것이 불쾌하다고 말했다. 학생은 바로 그러한 교수의 명성 때문에 자신이 마음 편히 이 이야기를 꺼낸 것이라고 대답했다. 그러나 점차 교수가 자신의 명성에 대한 공격(으로 받아들인 것)을 그냥 넘기지 못한다는 사실이 분명해졌다. 학생은 포기하고 강의실을 나갔다.

이 굴절에서 화자(교수)는 자신이 좋은 사람이라고 호소함으로써 주의를 자기 잘못에 대한 지적에서 다른 곳으로 돌린다. 그것은 자기 자신에게로 굴절하는 여러 방법 중 하나다. 그중에서 가장 무서운 형태인 "나랑 제일 친한 친구가 흑인이다"는 이제 완전히 조롱당하지만, "나는 인종이 다양한 동네에서 자랐다" 또는 "나는 다른 인종의 배우자와 결혼했다" 등은 여전히 널리 사용되고 있다.[17]

자기 자신에게로 굴절하는 또 다른 형태는 자신이 얼마나 좋은 사람인지가 아니라 얼마나 힘들게 살았는지를 언급하는 것이다. 경영학자 L. 테일러 필립스L. Taylor Phillips와 사회심리학자 브라이언 라워리Brian Lowery는 백인들이 자신의 특권을 마주했을 때 어떻게 반응하는지 보기 위한 독창적인 실험을 진행했다.[18] 한 집단에는 그냥 그들의 어린 시절을 묘사해보라고 하고, 또 다른 집단에는 다음 문구를 보여준 후에 어린 시절을 묘사해보라고 한 것이었다. "백인 미국인은 흑인 미국인이 누리지 못하는 많은 특권을 누린다. 백인 미국인은 교육, 주거, 보건, 구직 등의 분야에서 흑인 미국인보다 유리하다." 이 문구를 읽은 집단은 읽지 않은 집단보다 자신의 어린 시절을 불우하게 묘사했다.

확실한 것은, 무작위로 나뉜 두 집단의 어린 시절이 그리 다르지 않았다는 사실이다. 그래서 연구자들은 피험자들이 자신의 특권을 상기시키는 문구에 위협을 느꼈다고 추론했다. 문구를 읽지 않은 피험자들은 어린 시절을 자유롭게 묘사할 수 있었지만, 문구를 읽은 피험자들은 죄책감을 느끼지 않기 위해 자신의 고난을 주장할 필요가 있었다. 이 '고생 효과'는 사회경제적 지위라는 조건에서도 똑같이 나타났다. 명문대 학생들에게 계급적 특권을 상기시켰더니, 다들 자신의 역경을 늘어놓았다.[19]

이 형태의 굴절 뒤에 숨은 동기가 "나는 당신의 어려움에 대해 생각할 필요가 없다. 왜냐하면 나도 힘들기 때문이다" 유의 자기중심성일 때도 있지만, 공통점을 찾으려던 시도가 잘못된 경우일 수도 있다. 우리의 라틴계 동지인 시오마라는 라틴계가 아닌 사람들이 그의 이름을 제대로 발음하는 법을 배우려 들지 않아서 자기가 싫어하는 영어식 별명인 '자라'를 사용할 수밖에 없다고 슬프게 말했다. 그러자 백인 여성인 수전이 이렇게 대꾸했다. "당신이 어떤 기분인지 알겠어요. 나도 수지라고 불리는 게 싫거든요." 수전을 제외한 모두가 그 순간 움찔했다. 우리는 수전의 의도가 시오마라를 덜 외롭게 만드는 것이었음을 안다. 그러나 흔하고 발음하기 쉬운 이름을 별명으로 줄여 부르는 것은 다른 문화에 동화되기 위해 자신의 문화적 정체성을 숨길 수밖에 없는 것과는 다르다. 수전은 무리한 비교를 하지 않으면서도 충분히 시오마라에게 공감을 표현할 수 있었을 것이다.

다음으로는 '좋은 의도' 변명이 있다. TV 토크쇼 〈더 뷰〉의 생방송에서 방송인 켈리 오즈번은 도널드 트럼프의 이민정책에 대해 이렇게 말했다.[20] "도널드 트럼프, 이 나라에서 라틴계를 전부 쫓아내면 당신 화장실은 누가 청소하나요?" 그러자 당시 패널이었던 라틴계 배우 로지 퍼레즈가 반박했다. "라틴계만 화장실을 청소하는 건 아니에요." 그러자 오즈번은 곧바로 자신의 의도를 언급했다. "나는 그런 뜻이 아니었어요. 왜들 이래요. 아니, 나는 절대 그런 뜻으로 말할 의도가 없었어요."

물론 의도는 중요하다. 법에서는 살인과 과실치사처럼 의도에 따라 판결이 달라지는 경우가 많다. 그러나 "나는 그런 뜻이 아니었다", "나는 좋은 뜻으로 한 말이다", "나는 좋은 의도로 말했다"와 같은 전면 부정은 주의를 실제 피해가 아닌 다른 곳으로 돌린다. 그리고 본의 아니게 누군가를 물리적으로 다치게 하는 것이 가능하듯, 본의 아니게 해로운 고정관념을 들먹이는 것도 얼마든지 가능하다.

부인: 반사적으로 즉시 묵살하기

여자의 말은 남자의 말보다 자주 끊기는가? 우리는 이 질문에 대한 답을 누구나 알 것이라고 생각했다. 대부분이 남자인 변호사 50명과 그 문제를 논의하기 전까지는 말이다. 우리는 전면이 유리로 된 벽 너머로 도시의 스카이라인이 내다보이는 대리석 방에서 연수 중이었는데, 참가자들의 눈높이에 맞추기 위해 미국 대법관들의 구술이 얼마나 자주 끊기는지를 살펴본 연구를 인용했다.[21] 이 연구에 따르면 해당 기간에 여성 판사는 전체 대법관의 22퍼센트에 불과했는데, 말 끊김에서는 전체의 54퍼센트를 차지했다.[22]

우리는 우선 참가자들에게 여자의 말이 남자의 말보다 많이 끊기는 것을 목격한 적이 있냐고 물었다. 놀랍게도 자신의 목격담을 말하겠다고 제일 먼저 손을 든 세 명은 남자였다. 그들은 하나같이 그런 행동을 본 적이 없다고 선언했다. "이곳의 환경은 치열하고 활기가 넘칩니다"라고 그중 한 명이 주장했다. "모두가 서로의 말을 끊지요. 우리는 기회균등주의를 배격합니다." 그들은 연구 결과에 이의를 제기하진 않았지만, 자신들의 회사에는 그러한 역학 관계가 존재하지 않는다고 단언했다.

마침내 한 여자가 입을 뗐다. 그러자 한 남자가 일부러 그의 말을 끊으면서 여자의 말을 끊는 것에 대한 농담을 던졌다. 그러자 두 여자가 눈물을 보였고, 나머지 여자들은 얼굴을 찡그렸다. 우리는 이 회사에서 우리가 해야 할 일이 생각보다 훨씬 많음을 깨달았다.

이 회사의 남자들은 대화의 세 번째 함정인 '부인'에 빠져 있었다. 부인은 정체성 대화를 공개적인 적대의 영역으로 가져간다. 당신은 부인할 때 정체성이라는 화제를 마침내 입에 올리지만, 유감스럽게도 오로지 상대방의 말을 일축하기 위해 그렇게 하는 것이다.

부인하는 사람들은 상대방의 말이 왈가왈부할 필요도 없이 무조건 틀렸다고, '객관적' 관점에서 선언하는 경우가 많다. 언론인 메긴 켈리는 산타클로스의 인종이 다양해야 한다는 주장을 묵살하면서 이렇게 말했다. "산타클로스는 백인이죠. (…) 백인이니까 백인이라고 하는 겁니다."[23] 이 말이 이상한 첫 번째 이유는 산타클로스가 허구의 인물이기 때문이다. 그리고 두 번째 이유는 심지어 산타클로스의 실제 모델인 성 니콜라우스조차 오늘날의 튀르키예 출신이라 산타클로스의 현재 모습과는 전혀 닮지 않았을 확률이 크기 때문이다.[24]

또 다른 종류의 부인은 사실보다는 감정과 관계된다. 가장 충격적이었던 사례에서는 화자가 상대방의 감정이 진짜가 아니라고 부인하기도 했다. 심야 코미디 프로그램 〈더 데일리 쇼〉의 진행자가 존 스튜어트에서 트레버 노아로 바뀐다고 발표되자 비판자들은 노아의 옛 트윗이 반유대주의적이고 성차별적이라고 지적했다. 그는 한 트윗에서는 "래퍼가 아무리 성공해서 억만장자가 되더라도 그 옆에는 항상 두 배로 부자인 유대인이 있다"라고 농담했고, 또 다른 트윗에서는 여자 하키를 "레즈비언 포르노"에 비유하며 "뚱뚱한 년들"을 조롱했다.[25] 동료 코미디언 짐 노턴은 노아의 역성을 들면서 비판자들의 반응이 가짜라고 단언했다. "그들의 분노는 거짓이고 그들의 동기는 투명하다. 그들은 노아의 트윗을 흥분제로 이용하고 있을 뿐이다."[26] (반면에 노아 본인은 사뭇 다른 태도를 취했는데, 그 농담들은 자신의 "코미디언으로서의 진화"를 반영하지 않은 것들이라며 이해를 구했다.[27]) 〈심슨 가족〉의 창작자 맷 그레이닝도 노턴과 비슷한 반응을 보였다. 비판자들은

〈심슨 가족〉의 인도계 캐릭터인 아푸가 모욕적이라고 꼬집었다. 그가 편의점을 운영하고, 중매결혼을 통해 여덟 명의 자녀를 두었으며, 강한 인도 악센트를 가진 데다가 심지어 성우가 백인이라는 점 때문이었다. 실제로 인도계 미국인 코미디언 하리 콘다볼루는 아푸 때문에 괴롭힘당한 어린 시절 일화를 나누기도 했다. 그러나 그레이닝은 심드렁했다. "나는 지금 우리 문화에서 상처받은 척하는 것이 유행이라고 생각한다."[28]

이보다 더 흔한 것은, 상대방의 감정이 진짜임을 인정하면서도 부당하다고 주장하는 경우다. 그들은 상대방이 "과민하다", "유난스럽다", "유머 감각이 없다", "예민보스"라고 비난한다. 코미디언이자 배우인 케빈 하트가 아카데미상 시상식 사회자라는 선망받는 일을 맡게 되었을 때 그가 과거에 했던 동성애 혐오 발언에 대한 논란이 재점화되었다. 하트는 트위터에서 누군가를 "뚱뚱한 호모 새끼"나 "에이즈 예방 광고판"이라고 불렀고, 게이 아들을 갖는 것이 자신의 "가장 큰 두려움" 중 하나라고 말했다. 몇 년 뒤에 해명을 요구받자 그는 "사람들이 대수롭지 않은 일을 대수롭게 만들기 좋아한다"라는 점에서 시대가 더 "예민"해졌기 때문에 더는 그런 말을 하지 않을 거라고 대꾸했다.[29] 하트가 공식적으로 사과하길 거부했으므로, 아카데미는 그에게 사회자 사퇴를 요구했다.

우리는 시대가 전보다 더 예민해졌다는 하트의 말이 옳다고 생각한다. 단지 그 예민함을 부정적으로 생각하지 않을 뿐이다. 만약 당신이 수십 년 전 TV 프로그램이나 영화를 본다면 가족 드라마로 명명된 것조차 노골적인 인종차별, 성차별, 동성애 혐오, 트랜스젠더 혐오로 가득한 데 깜짝 놀랄 것이다. 그런 폐해 때문에 사회가 과잉 교정되어서 지나치게 예민해졌다고 생각할 수는 있다. 그러나 그런 부동의는 신중하게 표현해주길 바란다. 우리는 그것을 네 번째 원칙("존중하는 태도로 부동의해라")에서 다룰 것이다. 존중을 바탕으로 한 부동의와 달리, 부인은 반추적이지 않고 반사적이다. 부인하는 사람은 자신이 틀렸을 가능성은 깡그리 무시한 채 상대방의 관점을 즉시 거부한다.

공격: 전투적이고 사적인 감정의 폭주

수년에 걸친 준비와 제작 끝에 가수 시아는 "여러분이 기다리던 소식!"을 트위터에 발표했다. 해당 트윗의 링크를 클릭하면 10대 자폐 소녀의 이야기를 그린, 그의 영화감독 데뷔작 〈뮤직 바이 시아〉의 예고편을 볼 수 있었다.

그런데 시아의 예상과 달리, 장애인 인권운동가들은 맹렬한

54
어른의 대화 공부

비난을 퍼부었다. 그들은 시아가 자폐인 역할에 비자폐인을 기용한 데 경악했다. 한 운동가는 "장애에 대한 작품을 장애인 없이 만드는 것은 장애인 차별이자 무시다"라고, 또 다른 운동가는 "그 정도의 유명인이 자신의 영향력을, 장애인과 신경다양인의 이야기에서 당사자를 배제하는 데 사용한다는 것은 대단히 수치스러운 일이다"라고 지적했다.

몇 년 동안 고생한 감독이 영화를 보지도 않고 비난하는 사람들에게 방어적으로 구는 것은 이해할 만하다. 그러나 시아는 완전히 폭발해버렸다. 한 자폐인 배우가 자신이 그 역할을 연기할 수도 있었을 텐데 자폐인 배우를 섭외하려는 '시도가 전혀 없었다'고 하자, 시아는 "씨발, 지랄하네. 당신은 그 자리에 있지도 않았고 영화도 안 봤으면서 뭘 안다고 떠들어"라고 대꾸하고는 "당신이 형편없는 배우인가 보지"라고 덧붙였다. 또 캐스팅과 관련해 조사하거나 자폐인 단체에 자문을 구한 적이 있냐는 질문에는 이렇게 대답했다. "씨발, 조사하는 데만 3년 걸렸다." 대화를 마무리하면서 시아가 마지막으로 한 말에는 그의 감정이 적절히 요약되어 있었다. "빌어먹을 씨발, 왜 영화를 보지도 않고 욕하냐? 열받네."[30]

시아의 폭주는 정체성 대화의 마지막 함정이자 가장 난폭한 행위인 공격을 나타낸다. 이 행동은 해당 주제에 대한 논의에 참여하되 자신이 들은 말에 반박한다는 점에서 부인과 비슷하지만, 훨씬 더 전투적이고 사적이라는 점에서 다르다.

작가 이제오마 올루오는 캐나다에는 인종차별이 없다고 주장하는 백인 남성 캐나다인과 트위터에서 설전을 벌였을 때 시아보다 더 지독한 폭주를 견뎌야 했다.[31] 사내는 처음에는 호의적으로, 미국의 인종차별을 피해 캐나다로 오라고 그를 초대했다. 그런데 이것이 트위터에서 오간 대화다 보니 몇몇 유색인 캐나다인들이 끼어들어서 캐나다의 인종차별 사례를 늘어놓았다. 그런데도 사내는 원래 주장을 고수했지만, 올루오가 "인종차별이 존재하지 않는다면서 유색인 캐나다인들의 실제 경험을 과소평가하고 부인하는 모순"을 지적하자, 그가 자신을 인종차별주의자로 몰았다고 비난하며 저속한 욕을 퍼부었다. 심지어 그 뒤부터는 온라인상에서 그를 스토킹하고 괴롭히기까지 했다.

온라인 공간은 원래 지독하기로 악명 높지만, 그런 나쁜 행동이 인터넷에서만 일어나는 것은 아니다. 배우 로런스 폭스는 BBC의 시사 프로그램에서 해리 왕자와 그의 아내 메건 마클에 대해 이야기하다가 공격 태세에 들어갔다.[32] 마클은 해리 왕자와 약혼한 순간부터 영국 타블로이드 신문들의 열띤 보도의 대상이었다. 혼혈인 마클은 과거 연인 관계, 복장, 먹는 음식, 심지어 앉아 있을 때 다리를 꼬는 자세에 대해서까지 맹렬하게 비난받았다.[33] 많은 분석가는, 윌리엄 왕자의 아내 케이트 미들턴의 경우와 비교했을 때, 언론이 마클을 다루는 방식에 이중 잣대가 있다고 보았다.[34]

왕실을 떠나겠다는 해리 왕자와 마클의 선언에 대해 폭스는 왕족 지위가 가져다주는 혜택은 일부 유지한 채로 왕실을 떠나는 것은 양쪽의 장점만 취하려는 것이라고 주장했다. 그러자 객석에 있던 흑인 여성이자 우연히도 인종학자였던 레이철 보일Rachel Boyle이 논평했다. "여기서 문제는 단지 해리의 아내가 되는 데 동의했다는 이유로 언론이 메건을 만신창이로 만들었다는 사실이에요. 이것이 무엇인지 이 자리에서 확실히 밝힙시다. 이름을 정확히 불러줍시다. 이것은 인종차별입니다."

폭스는 우선 언론보도가 인종차별적이라는 것부터 부인했다. "그것은 인종차별이 아니에요. 그냥 그렇게 막…… 아무튼 인종차별이 아니에요." 보일이 반박했다. "그것은 명확히 인종차별이에요." 폭스는 고집을 부리다가 점점 화냈다. "그렇지 않아요. 우리 영국은 유럽에서 가장 포용적이고 아름다운 나라입니다. (…) 아무한테나 인종차별 혐의를 씌우기는 쉽죠. 하도 많이 봐서 이제는 정말 지겨워지려고 하네요."

그런데 이 대화는, 폭스에게 관련 지식이 없지 않냐고 보일이 은근히 암시했을 때 운명적인 전환을 맞이했다. "당신의 발언에서 우려스러운 점은 당신이 이런 경험이 전혀 없는 백인 남성, 즉 특권층이라는 사실이에요." 보일이 "백인 남성 특권층"이라는 말을 꺼내자마자 대부분이 백인인 관객들이 동시에 탄식을 내뱉었다. 그러자 그 반응에서 힘을 얻은 양 폭스가 노발대발하기 시작했다. "오, 맙소사." 그는 눈알을 뒤룩뒤룩 굴리더니 고개를 푹 숙이며 혀를 찼다. "내가 원해서 이렇게 태어난 게 아니에요. 바꾸고 싶어도 바꿀 수 없어요. 그러니 나를 '백인 남성 특권층'이라고 부르는 것은 인종차별입니다. 당신은 지금 인종차별을 저지르고 있는 거예요."

우리는 당신에게 시아나, 올루오가 "친절한 캐나다인"이라고 부른 사내나, 폭스처럼 행동하지 않을 정도의 자제심은 있으리라고 생각한다. 그러나 수동공격적행동이나 빈정거림처럼 더 미묘한 공격도 있다. 대부분의 사람은 때때로 이 과소평가된 형태의 공격을 가한다.

이제 우리는 회피, 굴절, 부인, 공격(회굴부공)이 항상 나쁜 의도에서 나오는 것은 아님을 인정하면서 이 장을 끝맺으려 한다. 이 행동들 자체는 대개 무의식적이고 본래 아주 인간적인 것이다. 정체성 대화는 위협적으로 느껴진다. 그것이 당신의 근본적인 믿음과 진실성에 의문을 제기하는 것처럼 보이기 때문이다. 따라서 당신이 방을 나가버리거나 화제를 바꾸거나 다른 사람의 말에 반박하거나 공격 태세로 전환하는 등의 투쟁 도피 반응*을 보이는 것은 아주 자연스러운 일이다. 다양성과 포용성을 연구하는 학자인 우리도 이렇게 몸에 밴 행동을 극복하기란 어렵다.

그러나 지지자가 되기 위해서는 반사적 반응을 반추적 반응으로 바꾸려고 노력해야 한다. 당신이 당신의 자아감에 있어서 대단히 중요한, 편견의 경험이나 정의라는 주제를 놓고 누군가와 대화하려고 하는데, 상대방이 '회굴부공'을 통해 자신의 불편함을 해소하는 데만 관심이 있다면 얼마나 실망스럽겠는가. 이 행동을 한 번만 마주치는 것이 아니라 반복해서 마주친다면 그 좌절감은 점점 더 강화될 것이다.[35]

상대방의 행동이 부당하게 느껴질 때는 반사적 반응을 반추적 반응으로 바꾸는 것이 대단히 어려울 수 있다. 어쩌면 상대방이 시아의 비판자들처럼 당신이 힘들게 수행한 작업을 무시했을지 모른다. (그리고 당신은 상처 줄 의도가 없었으므로) 그들의 말투가 무례하게 들렸을 수도 있고, 그들이 지나치게 예민해 보였을 수

---

* 유사시 인간의 신체가 보이는 생리적 흥분 상태, 즉 투쟁하거나 도피하기 위한 반응.

도 있다. 또는 단순히 그들이 틀렸을 수도 있다. 설사 그렇더라도 이 모든 상황에서 우리는 당신에게, 대뜸 도망치거나 자신을 정당화하는 대신 스스로 이상적이라고 생각하는 방식으로 행동해보라고 권하고 싶다. 상대방이 썩 바람직하지 않게 행동하는 이유는 과거에 상처받거나 오해받은 적이 있어서인지 모른다. 그 악순환을 거듭할지 끊어낼지는 이제 당신에게 달렸다. 애초에 이 대화를 왜 시작했는지를 떠올려라. 지지자가 필요한 사람들을 돕기 위해서이지 않았는가.

당신이 곧장 '회굴부공'에 들어가지 않고 한숨 돌리며 생각한들 여전히 똑같은 결론에 다다르거나 토씨 하나까지 똑같은 말을 하게 되는 경우도 있을 것이다. 그래도 이번에는 더 깊은 숙고와 존중의 결과라는 점이 다르다. 그 경지에 도달하려면 대화에 참여하는 게 아니라 반응하게 하는 감정의 폭발을 자제해야 한다. 차차 알게 되겠지만, 당신이 개발해야 할 가장 기본적인 기술은 탄력성이다.

- 정체성 대화를 더 잘하려면 대화의 네 가지 함정, 즉 회피, 굴절, 부인, 공격(회굴부공)에 빠지지 않도록 주의하는 데서 시작해라.

- **회피**란 물리적으로 그 자리를 벗어나거나, 침묵을 지키거나, 본심을 숨기는 것을 가리킨다.

- **굴절**이란 상대방의 말투나, 다른 비권력자 집단이나, 당신의 진보적 경력 또는 고난 또는 좋은 의도 등으로 화제를 돌리는 것을 가리킨다.

- **부인**이란 사실이나 상대방 감정의 진실성 또는 정당성을 거부함으로써 그 사람의 말을 반사적으로 무조건 일축하는 것을 가리킨다.

- **공격**이란 모욕, 비꼼, 눈알 굴리기, 수동공격적행동 같은 전투적이고 사적인 비난을 가리킨다.

두 번째 원칙

탄력성을 길러라

2nd Keypoint

정체성 대화의 네 가지 함정에 빠지지 않고, 설사 빠지더라도 금방 빠져나와 회복하기 위해서는 '탄력성'이 필요하다. 정체성 대화에서의 탄력성이란 곧 변화다. 자신이 더 성장할 수 있다고 믿고, 상대방의 평가에 갇히지 않으며, 필요하다면 편안하게 도움을 요청하는 일이 모두 정체성 대화의 탄력성을 높인다.

켄지가 자녀들이 다니는 학교의 학부모회에 평소처럼 참석했을 때의 일이다. 열성적인 학부모 20여 명이 학교 카페테리아에서 서로 마주 볼 수 있도록 커다란 정사각형 모양으로 탁자를 늘어놓고는 다닥다닥 붙어 앉아 있었다. 그들은 이 학교를 포함한 몇몇 학교에서의 흑인 차별과 관련된 설문조사 결과에 대해 이야기를 나누었다. 거기에 나오는 사례들은 참혹했다. 다른 학생들이 흑인 학생들을 깜둥이라고 부르거나, 너희는 소수집단우대정책 덕분에 입학한 줄 알라고 면박했다는 사례가 포함되어 있었다. 충격받은 켄지는 속으로 그 순간을 실존적 위기라고 명명하고는 소리 내어 혼잣말을 내뱉었다. 왜 이 학부모회의 흑인 부모 중에는 여기에 대해 이야기하는 사람이 없냐고.

그는 금방 대답을 들을 수 있었다. 흑인 여성인 얼리샤가 언성을 높이지 않으면서도 아주 권위 있는 목소리로 이렇게 말했기

65
탄력성을 길러라

때문이다. "지금이 당신의 특권을 확인해볼 순간인 것 같네요, 켄지. 당신에게는 새로운 일일지 모르죠. 당신 자식들은 깜둥이라고 불리지 않으니까. 하지만 내 자식들은 그렇게 불려요. 내가 목소리를 높이지 않는 이유는 이것이 매일 겪는 일이기 때문이에요." 나머지 부모들은 각자 자기 자리에서 불편하게 꼼지락대며 켄지의 대답을 기다렸다. 켄지가 다양성과 포용성을 연구하는 센터의 소장임을 고려했을 때 당신은 그가 열린 마음으로 우아하게 대응했으리라고 추측했을 것이다. 유감스럽게도 틀렸다. 그의 첫 반응은 스스로도 놀랄 만큼 불같은 노여움이었다. 그의 내적 독백은 이런 식이었다. 감히 나한테 특권을 확인해보라고 하다니! 나는 동성애가 불법이던 시절에 게이로 자랐다고. 내가 평생 자식을 못 가질 거라는 얘기를 하도 많이 들어서, 아이들이 이 학교에 다니는 건 고사하고 나한테 자식이 있다는 사실조차 평생에 걸친 투쟁의 기적적인 결과란 말이야. 당신이나 자기 특권을 확인해보지 그래! 물론 이 말을 실제로 입 밖에 내진 않았지만, 어쨌든 그는 토론에서 물러났다.

데이비드도 비슷한 감정 기복을 경험했다. 어느 날 그는 엔터테인먼트 업계의 다양성과 포용성을 높여야 한다고 오랫동안 주장해온 유색인 중역 몇 명과 화상통화를 하고 있었다. 대부분 백인으로 구성된 제작자들과 중요한 회의를 앞둔 그들을 돕기 위해서였다. 그 회의에서 어떤 어조로 말하는 것이 좋을지 상의하고 있을 때 데이비드가 이렇게 말했다. "그 제작자들은 성격 좋으신 여러분과 이런 논의를 한다는 것 자체가 기쁠 겁니다." 그러자 몇 사람이 시선을 내리깔거나 눈살을 찌푸렸고, 그중 한 명인 패멀라가 데이비드를 비난했다. "데이비드, 우리는 성실함과 실적 때문에 이 업계에서 존경받는 것이지 '성격이 좋아서' 존경받는 게 아니에요."

이번에도 당신은 다양성과 포용성을 연구하는 학자라면 그런 비판을 손쉽게 받아넘겼으리라고 예상했을 것이다. 그러나 데이비드의 즉각적인 반응은 자기 연민이었다. 그는 생각했다. 내 말은 그런 뜻이 아닌데! 나를 오해하고 있어! 이 자기 연민은 곧 죄책감으로 바뀌었다. 이 회의의 유일한 백인이자 가장 젊은 사람으로서 그가 업계 최고의 영예를 달성한 유색인 중진들의 어조를 어떡해서든 칭찬했어야 했기 때문이다. 이 사람들이 나를 어떻게 보겠어? 그는 속으로 생각했다. 내가 오만하고 자기들을 깔본다고, 심지어 인종차별주의자라고 생각할지도 몰라. 이번에도 지지자인 척하더니 결국 자신들을 실망시키는 백인이었다고 생각하겠지.

+ + +

정체성, 다양성, 정의에 관한 대화는 격렬한 감정 반응을 불러일

<u>으킨다.</u> 당신의 특권을 확인해보라는 말을 들은 적이 있거나 편견을 지적당한 적이 있는 사람이라면 이 말이 무슨 뜻인지 알 것이다. 그러나 평범한 수다조차 어떤 경우엔 굉장한 심리적 불편함을 유발한다. 언론인 조앤 리프먼은 어느 날 비행기 옆자리에 앉은 사업가에게 자신이 여성 콘퍼런스에서 연설할 예정이라고 말했다. 그러자 그때까지 친절한 분위기에서 대화를 나눴던 사업가의 얼굴이 갑자기 굳어졌다. "미안해요! 미안해요, 내가 남자라서." 최근 다양성 훈련에 참여한 적이 있다는 그의 말에 따르면, 진행자가 남자 참석자들을 말로 "두들겨 팼다"는 것이었다. 마치 "교장실에 불려 가"거나 "교실 구석에 혼자 앉아 있"는 것 같은 기분이었다고 했다. 결국 그와 리프먼은 비행이 끝날 때까지 어색한 침묵을 지켰다.[1]

지금 여기서 무슨 일이 일어난 것일까? 왜 다 큰 성인이 대화 상대가 여성 콘퍼런스를 언급했다는 이유만으로 불같이 화내는 걸까? 가장 그럴듯한 추측은 그가 그 말을 개인적인 공격으로 받아들였다는 것이다. 모든 정체성 대화는, 학교에서의 차별에 관한 것이든 원주민들의 가난에 관한 것이든 미투운동에 관한 것이든, (리프먼 같은) 어떤 사람들은 사회 정체성 때문에 부당한 고난을 겪는 반면 (옆자리의 사업가 같은) 어떤 사람들은 그렇지 않음을 시사한다. 따라서 정체성 대화는 당신이 어떤 집단의 고통을 태

평하게 무시하거나, 그로 인한 혜택을 누려왔다고 비난하는 것처럼 들릴 수 있다.

정체성 대화가 대단히 고통스러울 수 있는 만큼, 이런 대화에서 비지배적 집단이 지금껏 무시당하고, 조롱당하고, 톤 폴리싱을 당하고, 보복당함으로써 감정적 동요를 겪어왔음을 기억하는 것은 중요하다. 만약 당신이 '내가 왜 이렇게 불편하지?'라는 생각이 든다면 '나는 지금까지 왜 편안했지?'라는 질문을 던져보는 것은 어떨까. 그러면 이런 결론에 도달할지 모른다. '내가 지금까지 편안했던 이유는 상대방 혼자서 모든 불편을 감당해왔기 때문이구나.'

강렬한 불편함을 느꼈을 때 즉시 취할 수 있는 행동은 '갓길로 빠지기'다. 갓길로 빠지기란 첫 번째 원칙("대화의 네 가지 함정을 주의해라")에서 설명했던 것으로, 대화에서 벗어나 잠시 휴식을 취하는 것을 말한다. 다만 갓길은 이런 대화에서 최악의 결과를 맞이하는 상황은 피하게 해주겠지만, 장기적으로 감정적 중심을 유지하는 데는 큰 도움이 되지 못한다. 감정적 탄력성을 키우는 데 필요한 전략을 구체적으로 세우지 않는다면 고통이 다가올 기미만 보여도 곧장 '회굴부공'으로 돌아갈지 모른다.

성장형 사고방식을 가져라

동화《마법의 아직The Magical Yet》에는 자전거 타는 법을 익히지 못해서 포기하는 아이가 등장한다.[2] 아이는 샐쭉한 얼굴을 하고 자전거길을 따라 걸어가다가 수풀 속에서 '아직'이라는 이름의 빛나는 분홍 구슬을 발견한다. 아직의 도움으로, 아이는 실수해도 우직하게 노력하는 법을 배운다. 그것이 악기 연주건, 외국어 배우기건, 스케이트보드 타기건 간에 상관없이. "네가 아무리 자라도(나이를 먹어도) 아직의 마법을 늘 믿을 수 있다는 사실은 절대 잊지 않을 거야."

《마법의 아직》은 '고착형 사고방식'에서 '성장형 사고방식'으로 바뀌어야 한다는, 심리학자 캐럴 드웩Carol Dweck의 유명한 이론을 따른다.[3] 고착형 사고방식을 가진 사람들은 자신의 기본적인 자질(지능, 성격, 재능, 도덕성)이 변치 않는다고 믿는다. 따라서 그들이 지금 뭔가에 뛰어나지 않다면 영원히 그럴 것이므로 포기하는 게 옳다. 하지만 성장형 사고방식을 가진 사람들은 노력으로 자질을 개발할 수 있다고 믿는다. 드웩은 인간관계부터 스포츠, 경영 리더십에 이르는 다양한 분야에서 성장형 사고방식이 더 큰 성공으로 이어진다는 것을 보여준다. 성장형 사고방식은 사람들이 문제가 생길 때마다 그것을 자신의 능력 및 도덕적 가치에 대한 평가로 간주하는 것을 방지한다.

이 간단하면서도 중요한 개념은 기업부터 유치원까지 온갖 기관에서 사람들이 실수를 극복하고 기량을 연마하도록 도와왔다. 그러나 뉴욕대학교 동료 교수인 사회심리학자 돌리 축Dolly Chugh이 지적하듯, 정체성 대화에는 확실히 이 개념이 빠져 있다. 그의 설명에 따르면, 사람들이 정체성 대화에서 고착형 사고방식이라는 수렁에 빠지는 이유는 실수의 대가가 대단히 크게 느껴지기 때문이다.[4] 만약 당신이 악기를 배우다가 실수한다면 아마 충격받지 않을 것이다. 그러나 정체성 대화에서 실수한다면 당신은 인종차별주의자, 성차별주의자 또는 동성애 혐오자가 된다. 당신이 한 행동이 당신이 누구인지를 말해주게 되는 것이다. 이 위협은 너무나도 커서 당신이 겁먹는 것도 당연하다. 그리고 그 공포 탓에 배우려는 시도조차 안 하게 된다. 우리가 학기 첫 수업에서 학생들에게 이렇게 말한다고 상상해봐라. "이번 학기의 유일한 요구 사항은 어떠한 실수도 하지 말라는 것입니다."

당신이 스스로 '그런대로 좋은' 사람이라고 생각하는 성장형 사고방식을 갖는 대신 좋은 사람 또는 나쁜 사람, 이 둘 중의 하나라고만 생각하는 고착형 사고방식을 버리지 못한다면, 축의 주장처럼, 발전하지 못할 것이다.[5] 자신이 좋은 사람이라는 생각을 고집한다면, 당신의 불완전함이 드러나는 실수를 저질렀을 때 엄청난 불편함을 보일 가능성이 크다. 반대로 다른 사람들처럼 실수하는 '그런대로 좋은' 사람임을 인정한다면, 실수하더라도 자기 인격에 대한 판결문으로 여길 가능성이 적고 오히려 배울 수 있는 기회라고 생각할 수도 있다.

고착형 사고방식이 정체성 대화를 탈선시킨다는 사실을 증명하는 사회과학 연구는 많다. 드웩과 동료들은 일련의 실험에서, 편견은 고칠 수 없다는 고착형 사고방식을 가진 피험자들이 편견은 노력으로 바꿀 수 있다고 믿는 피험자들보다 타 인종과의 상호작용이나 편견에 관심이 덜하다는 사실을 발견했다.[6] 한 실험에서 그들은 백인 피험자를 방 안에 앉혀놓고 잠시 후에 흑인 또는 백인 파트너와 대화하게 될 거라고 알려줬다. 고착형 사고방식을 가진 피험자들은 흑인 파트너가 들어올 거라는 말을 듣자, 자신의 의자를 상대방의 의자에서 멀리 떨어진 곳으로 옮겼고 대화를 빨리 끝내고 싶다는 의사를 피력했다. 또 다른 실험에서 고착형 사고방식을 가진 백인 피험자들은 상대방이 흑인이었을 때 눈을 덜 맞췄고, 덜 웃었으며, 심장이 더 빨리 뛰었다. 변수를 인종에 대한 태도로 바꿨을 때도 결과는 마찬가지였다.

고착형 사고방식은 더 은밀한 방식으로 장애물이 될 수도 있다. 또 다른 실험에서 드웩과 동료들은 시험을 망친 대학생들에게 다른 학생들의 답안지를 볼 수 있는 기회를 주었다. 고착형 사고방식을 가진 학생들은 자기보다 점수가 낮은 학생들의 답안지를 보는 경향이 강했다. 그들은 자신이 더 잘할 수 있다고 생각하지 않았기 때문에 마음의 불편을 더는 쪽을 택했다. 그러나 성장형 사고방식을 가진 학생들은 자기보다 점수가 높은 학생들의 답안지를 보는 경향이 강했다. 그들은 자기가 발전할 수 있음을 알았기 때문에 그 방법을 열심히 탐구했다.[7] 정체성 대화에서 숨길 수 없는 고착형 사고방식의 증거는 자기보다 편견이 강한 또는 실수를 잘하는 사람과 자신을 비교하려는 욕구다. 반대로 성장형 사고방식을 가진 사람은 가장 포용적인 행동을 보이는 사람과 자신을 비교한다. 그러니 다음번에 당신이 가족 식사에서 분위기를 망쳤을 때는 다음과 같이 자기보다 못한 사람과 자신을 비교하지 않도록 조심해라. "적어도 나는 이디스 이모만큼 심하지는 않잖아!" 그 대신 닮고 싶은 사람을 떠올리려고 노력해라. "넬 이모라면 이럴 때 뭐라고 해서 분위기를 바꿨을까?"

당신이 고착형 사고방식에 빠졌을 경우 우리는 두 가지 방법을 추천한다.[8] 첫 번째는 수풀 속에서 '마법의 아직'을 불러내 부정적인 자기 대화에 '아직'을 집어넣는 것이다. 즉 "나는 인종에 대한 이야기를 잘하지 못해"가 아니라 "나는 아직 인종에 대한 이야기를 잘하지 못해"라고 말하는 것이다. 이는 교육자들이 실제로 많이 사용하는 방법이다. 일례로 켄지의 자녀들은 학교에서

"나는 수학을 잘하지 못해"라고 말하면 안 된다. 선생님이 "나는 아직 수학을 잘하지 못해"라고 말하게 시키기 때문이다.

두 번째 방법은 자기 비교다. "젊은 동료들은 나보다 쉽게 정신 건강에 대해 이야기한다"라고 말하는 대신 "나는 지금 1년 전보다 쉽게 정신 건강에 대해 이야기한다"라고 말하는 것이다. 이 제안이, 자기보다 나은 사람과 비교하라는 제안과 배치된다는 사실은 알고 있다. 다만 첫 번째 방법과 두 번째 방법 중 하나만 옳은 것이 아니니, 당신에게 맞는 쪽을 골라라. 만약 롤 모델과 자신을 비교하는 것이 더 고무적이라면 그렇게 해라. 반대로 그것 때문에 스트레스받거나 의기소침해진다면 자기 자신과 비교해라. 어떤 방법을 사용하건 목표는, 체념하고 싶은 마음을 더 솔직하고 공감적인 사고방식으로 바꾸는 것이다.

인권변호사 하이 펠드블룸Chai Feldblum은 우리 센터를 방문했을 때 이 사고방식 전환과 관련된 고생담을 들려줬다. 펠드블룸은 미국 법조계의 상징적 인물이자 장애인법의 주 입안자다. 그런 그조차 한때 정체성 대화에서 혹여나 실수할까 봐 얼마나 두려워했는지 털어놓았다. "(과거에는 실수할 때마다) 스스로를 질책하기만 했어요."9 그러나 세월이 흐르는 동안 그는 실수에 의해 정의되는 대신 실수로부터 성장하는 법을 배웠다.

펠드블룸은 본의 아니게 장애인에게 상처 주는 말을 한 상황을 상상해보라고 했다. "장애인 문화에 익숙지 않은 사람은 자신이 한 말에 상대방이 기분 나빴으리라는 것을 모를 수 있습니다." 그리고 그 실수에 대한 대처법으로 '아, 나는 그걸 한 번도 배운 적이 없구나' 또는 '거기에 대해 한 번도 생각해보지 않았구나'와 같은 자기 대화를 추천했다. '나는 끔찍한 인간이야'에서 '나는 그걸 한 번도 배운 적이 없구나'로의 사고방식 전환은 구원이라는 선물을 준다. 그리고 펠드블룸이 지적했듯, 중요한 것은 이 자기 대화가 다음번에는 다르게 행동할 기회를 준다는 사실이다. 그것을 배운 적이 없다면 지금 배우면 된다.

자기 가치를 확인해라

〈SNL〉에는 1990년대에 시작된, 스튜어트 스몰리라는 인물이 진행하는 자립 자조自助에 관한 가짜 토크쇼 코너가 있었다. 코너가 시작되면 "스튜어트 스몰리는 다정한 조언자이자 여러 12단계 프로그램*의 일원이지만 자격증을 가진 상담사는 아니다"라

---

* 알코올, 도박 등의 중독을 치료하기 위한 프로그램. 지지집단의 도움을 받아 12단계 지침을 따름으로써 중독을 극복한다.

는 해설이 나오고, 카디건 차림에 완벽하게 세팅된 탈색 금발을
한 중년 남자 스몰리가 등장한다. 스몰리는 거울에 비친 자기 모
습을 바라보면서 깊이 심호흡하고는 다음과 같이 경건하게 읊조
리는 것으로 매번 코너를 시작한다. "나는 오늘 방송을 잘할 거야.
그리고 사람들을 도울 거야. 왜냐하면 나는 충분히 좋은 사람인
데다가, 충분히 똑똑한 사람이니까. 그리고 빌어먹을, 사람들은
나를 좋아해!"

　스몰리의 주문은 너무 오글거려서 웃음을 자아낸다. 그러나
요즘은 마지막에 웃는 자가 스몰리일지 모른다. 그의 방법이 정
말 효과가 있음을 사회과학이 증명하고 있기 때문이다.[10] 자기 가
치 확인은 중병에 걸렸을 때, 학교 성적을 올리고 싶을 때, 특정
사회집단에 대한 편견을 줄일 때 사용되고 있다. 심리학자 제프
리 코언Geoffrey Cohen과 데이비드 셔먼David Sherman은 이 방법이 사
람들에게 "정신적 휴식"을 취하게 하고 "일상생활에 만연한 평범
한 스트레스 요인을 큰 그림 안에서 보게" 해준다고 설명한다. 그
결과 사람들은 "회피, 억제, 합리화에 정신에너지를 소비하는 대
신 건설적인 방식으로 위협에 대처"할 수 있다.[11]

　사회심리학자 로버트 리빙스턴Robert Livingston은 이 연구 결과
들을 정체성 대화에 그대로 적용한다. 그는 정체성 대화가 일어
나리라고 예상된다면 자기 가치를 확인해줄 만한 세 가지를 적

어보라고 제안한다.[12] 이 세 가지는 대화 주제와 꼭 관련이 없어도 된다. 요점은 당신이 직면한 특정 위협을 중화하는 것이 아니라 당신의 전반적인 자존감을 안정시키는 것이다. 자기 가치 확인은 가장 중요한 인간관계, 최근의 업무적 성취 또는 당신이 높이 평가하는 개인적 특징(유머 감각이나 인심)에 관한 것일 수 있다. 리빙스턴은 자기 위협이 내포된 상황에 처하기 전에 자기 가치를 확인하는 것의 장점을 증명하는 연구 결과가 많다고 강조한다. 한마디로 "더 차분하고 행복한 사람이 더 관대한 사람이다".[13] 정체성 대화에서 때때로 느낄 수 있는, 파멸이 임박했다는 불안감은 높은 자존감으로 들떠 있을 때 약해진다.

우리가 당신을 훈련시키는 마라톤 코치라면 당신에게 적절한 음식이라는 연료를 공급할 것이다. 마찬가지로 우리는 당신을 정체성 대화로 밀어 넣기 전에 정신적 연료를 건네주려 한다. 물론 준비할 기회가 매번 있지는 않을 것이다. 그러나 격통을 겪으면서도 인생에서 가장 중요한 것을 상기함으로써 감정적 폭풍을 진정시키려고 시도해볼 수는 있다. '이 대화가 반드시 부드럽게 이어지도록 하기'가 인생에서 가장 중요한 것 중 하나는 아닐 것 아닌가.

피드백을 부풀리지 마라

당신이 인사고과를 위해 상사와 마주 앉아 있다고 가정해보자. 상사에게서 "당신은 협업 능력을 더 키워야 합니다"라는 말을 듣는다면 어떤 기분일까? 피드백 전문가 더글러스 스톤과 실라 힌은 당신이 아마 부풀려서 받아들일 거라고 말한다. 당신은 그 말을 이렇게 해석할 것이다. "당신은 끔찍한 직원이라서 영원히 승진하지 못할 겁니다." 여기에 대한 해독제 중 하나는 앞서 언급한 성장형 사고방식이고, 또 하나는 스톤과 힌이 "피드백을 '실제 크기'로 듣기"라고 부르는 것이다. 그것은 "상대방의 말을 더 똑똑히 들을 수 있도록, 마음속에서 재생 중인 불길한 배경음악 소리를 줄일 방법을 찾는 것"을 의미한다.[14]

수치화된 정식 평가에 정체성 대화가 포함되는 경우는 (다행스럽게도) 거의 없다. 그러나 인성과 행동에 대한 피드백에는 항상 포함된다. 그것은 '특권'에 대한 언급일 수도 있고, '인종차별주의자' 또는 '성차별주의자' 또는 '동성애 혐오자'라는 혐의일 수도 있고, 어떤 행동이 공격적이거나 해로웠다는 암시일 수도 있다. 당신은 당신이 들은 말과 상대방이 한 말이 동일한지 확인함으로써 정체성과 관련된 피드백을 부풀리지 말고 받아들여야 한다.

특권에 대한 오해

흔한 예를 들자면, 누군가가 당신이 가진 '백인 특권' 또는 '남성 특권' 또는 그 밖의 특권을 언급했다고 가정해보자. 이때 당신은 '특권'이라는 단어를 어떻게 해석할까? 당신이 우리 의뢰인들과 비슷하다면 아마 인생을 쉽게 살았다는 의미로 해석할 것이다. 언론인 레니 에도로지Reni Eddo-Lodge에 따르면 이 단어는 "돈을 흥청망청 쓰면서 편하고 사치스럽게 살아온 삶"을 연상시킬 수 있다.[15] 드라마 〈석세션〉이나 〈다운튼 애비〉의 더럽게 부유한 등장인물들처럼 말이다. 빌 게이츠와 멀린다 게이츠의 딸인 제니퍼 게이츠의 "나는 태어났을 때부터 특권이라는 엄청난 상황 안에 놓여 있었다"라는 말에서 '특권'은 바로 그런 의미다.[16]

당신은 당신이 특정 사회집단에 속한다는 이유만으로 파란불뿐인 고속도로 같은 인생을 살았으리라는 발상에 손사래를 칠지 모른다. 우리는 이해한다. 우리도 그렇고, 다른 많은 사람도 그렇기 때문이다. 우리가 어떤 IT 회사 직원들을 상대로 설문조사를 했을 때 한 응답자는 자신이 백인 남성이라는 이유만으로 직장에서 "아무 문제도 없을 거라고 사람들이 생각한다"라며 불평했다. "그게 얼마나 말도 안 되는 소리인가?" 우파 정치평론가 맷 월시는 이 주장을 밀어붙이기 위해 더 극단적인 예를 든다. "켄터키주 클레이군의 트레일러에 사는 백인 아이를 상상해보라. 그가 사는 곳은 미국에서 가장 가난한 동네 중 하나로, 삶의 질이 가장 낮고 자살률, 마약 과용률, 학교 자퇴율이 가장 높은 동네 중 하나일 것이다. 그의 '백인 특권'은 대체 언제 시작되는 건가?"[17]

그러나 사람들이 당신의 특권을 언급할 때는 대개 당신의 인생이 탄탄대로였다고 지적하는 것이 아니다. 그보다는 당신이 삶의 특정 측면에서 특권을 가졌다는 뜻이다. 예를 들어 부유한 가정에서 자랐다면 계급 특권이 있을 것이고, 현재 살고 있는 나라의 국민이라면 시민권 특권이 있을 것이며, 이성애자라면 성적 지향 특권이 있을 것이고, 남의 도움 없이 돌아다닐 수 있다면 비장애 특권이 있을 것이다.

특권은 다차원적이기 때문에 백인 특권과 남성 특권을 모두 가진 사람이 동시에 심각한 약점을 가졌을 수도 있다. 우리는 트레일러에 사는 백인 아이가 전체적으로 봤을 때 특권층은 절대 아니라는 월시의 말에 동의한다. 그러나 적어도 그가 가진 어려움에 인종은 포함되지 않는다. 따라서 월시의 질문에 정확히 대답하자면, 그 백인 아이는 비슷한 트레일러에 사는 흑인 아이와 비교했을 때 인종 특권을 가지고 있다.

누군가가 당신의 특권을 언급할 때 당신이 인생에서 어떠한 노력도 하지 않았다는 뜻으로 받아들이는 것 또한 비슷한 유의 오해다. 대학생 탤 포트갱Tal Fortgang은 《타임》에 실린 수필 〈내가 나의 백인 남성 특권에 대해 절대 사과하지 않는 이유〉에서 자신에게 "네 특권을 확인해봐라"라고 말한 사람들을 비난했다. 그는 그들이 "내가 개인적으로 성취한 모든 것, 내가 평생 해온 모든 노력을 격하하고 내가 수확한 모든 결실을 내가 뿌린 씨가 아니라 내가 태어나기도 전에 그것을 마련해놓은 백인 남성의 수호성인 덕으로 돌렸다"라고 주장했다.[18]

이러한 반응도 포트갱이 피드백을 실제 크기로 듣지 못했음을 의미한다. 누군가가 당신의 특권을 언급했을 때 당신이 성취한 '모든 것' 또는 당신의 '모든' 노력이 특권 덕택이라고 치부하는 경우는 거의 없다. 당신의 재능과 노력 덕도 있지만 당신과 똑같이 노력한 다른 사람은 갖지 못한, 보이지 않는 힘의 도움 또한 받았다는 뜻이다.

몇몇 작가와 학자는 특권을 순풍에 비유한다.[19] 당신이 비행기를 타고 동에서 서로 날아갔다가 다시 돌아온다고 가정해보자. 제트기류가 순풍 역할을 하기 때문에 동쪽으로 날아갈 때가, 역풍을 맞으며 서쪽으로 날아갈 때보다 빠를 것이다. 그 결과 당신은 어떠한 차이도 느끼지 못한 채, 동쪽으로 갈 때 목적지에 더 빨리 도착할 것이다. 사회 정체성과 인생 경험은 이와 유사한 순풍을 제공함으로써 안정적 주거, 좋은 교육, 직장에서의 승진과 같은 인생의 목적지에 더 쉽게 도달할 수 있게 해준다. 그 과정에서 노력이 필요하지 않다는 뜻이 아니다. 단지, 내내 역풍을 맞으며 날았을 경우보다 적은 노력이 필요하다는 뜻이다.

편견에 대한 오해

이런 오해가 특권에 관한 대화에서만 발생하는 것은 아니다. 두 번째로 흔하면서도 중요한 혼동은 편견을 가졌다고 비난당할 때 일어난다. 자칭 "피부색이 옅은 유대계 흑인"인 언론인 셀레스트 헤들리는 한때 흑인 주민의 비율이 대단히 높은 디트로이트에서 두 블록 떨어진 전통적인 백인 동네에 살았다.[20] 어느 날 나이 지긋한 백인 이웃이 헤들리에게, 자신이 휴가 가고 없는 동안 우편물을 대신 보관해달라고 부탁했다. 그는 디트로이트 쪽을 가리키며 "저자들이 내가 집에 없다는 걸 몰랐으면 좋겠거든"이라고 말했다. 헤들리가 대꾸했다. "우편물은 기꺼이 맡아드릴게요. 하지만 저도 사실 흑인이라 엄밀히 말하면 저자들 중 한 명이에요." 그러자 이웃이 즉시 반박했다. "아니, 아니, 나는 인종차별주의자가 아니야!" 헤들리는 밝은 목소리로 그의 말을 정정했다. "당신은 인종차별주의자가 맞아요. 그래도 우편물은 챙겨드릴 테니 걱정 마세요. 휴가 잘 다녀오세요."

많은 사람에게는 '당신은 인종차별주의자다'와 '휴가 잘 다녀와라'가 연달아 나오는 것이 어색하게 들릴 것이다. 미국의 상원의원 존 케네디는 이렇게 말했다. "인종차별주의자라고 불리는 것은 큰 상처다. 나는 그것이 미국인에게 최악의 욕 중 하나라고 생각한다."[21] 그러나 헤들리는 분명 상대방이 KKK에 가입한 백인우월주의자라는 뜻으로 '인종차별주의자'라는 단어를 사용하진 않았다. 그는 이웃과의 대화에 대해 "누군가가 당신에게 편견이 있다고 말할 때 가장 올바른 대답은 '그렇다, 당신 말이 맞다. 나는 편견이 있다'이다. 왜냐하면 편견은 누구에게나 있기 때문이다. 예외는 없다"라고 설명했다.[22]

이런 주장을 하는 사람이 헤들리만은 아니다. 이제오마 올루오는 이렇게 말한다. "백인우월주의 사회에서 사는 백인은 인종차별주의자다. 가부장제 속에서 사는 남성은 성차별주의자다. 장애가 없는 사람은 장애인 차별주의자다. 자본주의 사회에서 사는 가난하지 않은 사람은 계급 차별주의자다."[23] 올루오는 모든 백인이 횃불을 휘두르는 KKK 단원이고 모든 남자가 맹렬한 여성혐오주의자라고 말하는 것일까? 아니다. 그저 편향된 사회에서 사는 사람의 신념과 행동에 편견이 스며들지 않는 것은 불가능하다고 지적하고 있을 뿐이다. 매일 대기 중의 스모그를 들이마신 사람의 폐가 깨끗하다면 의학적 기적이듯, 만약 당신이 심리학자 베벌리 대니얼 테이텀Beverly Daniel Tatum이 문화적 "스모그"라고 부르는 것을 내재화하지 않았다면 그 또한 기적이다.[24] 이러한 관점에서 볼 때, 자기주장이 강한 여자는 '오만하다'고 인식하지만, 똑같이 자기주장이 강한 남자는 '당당하다'고 인식하는 사람은 성차별주의자다. 여성을 향한 적대감은 없어도 상관없다.

많은 사람이 이러한 관점을 낯설어한다. 만약 당신도 마찬가지라면 "나는 당신이 인종차별주의자라고 생각한다"라는 말을 "나는 당신이, 대부분의 사람과는 달리, 인종차별주의자라고 생각한다"로 해석하겠지만, 실제로는 "나는 당신이, 대부분의 사람처럼, 인종차별주의자라고 생각한다"라는 뜻일지 모른다. 이 오해 때문에 정체성 대화는 슬로모션으로 본 교통사고처럼 진행된다.

세대차에서 발생하는 오해

이와 같은 혼란은 세대 간 대화에서 점점 더 많이 발견된다. 나이 든 사람들이 의식적 또는 개인적 편견을 가리킬 때 사용하는 용어들을 젊은 사람들은 무의식적 또는 구조적 편견을 가리킬 때 사용하기 때문이다. 다양성과 포용성의 열렬한 옹호자인 50대 초반의 우리 친구 론다는 자신이 대표로 있는 창작 예술 단체에 최근 입사한 사원들에게서 회사를 변화시켜달라고 종용하는 편지를 받았다. 그 편지에는 '백인우월주의'나 '인종 폭력' 같은, 상사에 의한 갑질을 비난하는 듯한 용어들이 포함되어 있었다. 론다는 직원들이 그렇게 강한 어휘를 사용한 데 당황해서 우리에게 어떻게 생각하냐고 물었다. 우리는 그와 비슷한 대화를 많이 보았기 때문에 그런 용어들이 여러 의미로 해석될 수 있고, 거기에는 다른 모든 사람처럼 리더들에게도 무의식적 편견이 있을 수 있다는 의미도 포함된다고 조언했다.

그 후 론다는 당연히 직원들과 직접 대화를 나눴고, 그들이 편지를 쓴 의도가 처음에 두려워했던 만큼 적대적이지 않았음을 알게 되었다. 그들은 리더들을 비난한 것이 아니라, 예전 직장에서 상처받았기 때문에, 여기는 다를 거라는 확답을 원한 것이었다. 론다와 직원들은 실현 가능한 변화와 불가능한 변화에 관한 생산적인 토론을 나눴다. 론다는 그들에게 포용적인 근무 환경을 만들어주는 것이 자신의 일이며, 그 책임을 확실히 이행하는 데 필요한 대화는 얼마든지 환영한다고 밝혔다.

우리는 론다가 이 상황을 현명하게 해결했다고 생각한다. 그는 직원들의 피드백에 대한 가장 극단적이고 사적인 해석이 옳다고 단정하는 대신, 직원들과 직접 대화해서 그들의 의도를 확실히 파악했다. 이런 대화에서는 상대방이 당신 개인 때문이 아니라 지금까지 누적된 경험 때문에 특정 어휘를 선택하는 경우가 종종 있는데, 다양성 컨설턴트 릴리 정Lily Zheng은 그것을 탄산음료 캔 흔들기에 비유한다.[25] 당신은 사소해 보이는 사건 직후에 캔이 폭발해서 놀랐을지 모르지만, 사실은 압력을 한계점까지 높여온 과거 사건들을 보지 못했을 뿐이다. 론다처럼 '상대방이 실제로 한 말'과 '당신의 해석' 간의 차이에 유의한다면 많은 고민을 줄일 수 있다. 피드백을 실제 크기로 듣는다면 그것을 소화하고 받아들일 여유가 생길 것이다.

불편한 감정에 이름을 붙이고 변환해라

애니메이션 〈인사이드 아웃〉은 라일리라는 소녀의 감정생활을 말 그대로 가시화한다. 소녀의 머릿속 조종실에는 의인화된 다섯 가지 감정, 즉 기쁨, 슬픔, 까칠, 소심, 버럭이 살고 있는데, 영화는 그 각각이 어떻게 주도권을 잡고 라일리의 행동을 지시하는지를 창의적으로 묘사한다. '밖'에서는 이 생생한 감정들이 보이지 않지만 '안'에서 실질적인 결정을 내리는 것은 바로 그들이다.

〈인사이드 아웃〉이 엄청나게 히트하자 교육자들은 아이들이 자기 감정을 인식하도록 돕는 데 이 영화를 사용하기 시작했다. 다른 사람들만 라일리의 감정을 인식하지 못하는 것이 아니라 라일리도 자기 머릿속의 작은 캐릭터들을 보지 못하기 때문이다. 수많은 안내서와 유튜브 영상이 라일리뿐 아니라 우리도, 우리가 느끼는 감정에 이름을 붙일 수 있다면 훨씬 좋을 거라고 주장한다.

심리학자들은 이 주장이 학문적으로도 타당하다고 인정한다. 자신을 힘들게 하는 감정이 무엇인지 아는 것만으로 그 감정의 해로운 효과를 줄일 수 있다.[26] 연구자들도 정확한 이유는 알지 못한다. 어쩌면 감정에 이름을 붙이는 행위가 주의를 분산해서 감정의 강도를 약하게 하는지도 모른다. 불확실성이 주는 고통을 줄이는 것일 수도 있다. 또는 뇌의 다른 부분을 활성화함으로써 뇌의 경고 시스템을 무력화한다는 설명도 있다. 이유가 무엇이든 간에, 심리학자 마크 쇼언Marc Schoen은 "자신이 느끼는 불편의 정체를 알고 말로 표현하면 그와 관련된 공포를 줄일 수 있다"라고 설명한다.[27]

따라서 정체성 대화 중에 불편함이 덮쳐 올 때는 잠시 멈추고 당신이 지금 어떤 감정을 왜 느끼는지 자문해라. 우리의 경험에 따르면 가장 지배적인 감정은 공포, 분노, 죄책감, 좌절감이다.

공포 다루기

우리는 이 네 가지 감정 가운데 공포가 가장 흔하다고 생각한다. 대학생을 대상으로 한 실험에서 연구자들은 '은밀한 인종차별주의자' 테스트에 참가한 피험자들에게 그들의 점수를 (이름 및 전공과 함께) 모두가 볼 수 있는 교내 게시판에 공개할 예정이라고 말했다.[28] 그러면서 점수를 발표하기 전에 피험자들이 빠져나갈 수 있는 구멍을 제안했다. 만약 그들이 점수 공개를 원치 않는다면 살아 있는 애벌레가 우글우글하는 양동이 속에 손을 넣고 1분 동안만 참으면 되었다. 다른 그룹에는 덜 징그러운 대안을 제시했다. 얼음처럼 차가운 물이 들어 있는 '통증 기계'에 손을 넣고 참을 수 없을 때까지 버티는 것이었다. 연구자들은 일부 피험자의 점수를, 심각한 인종차별주의자임을 가리키는 97점으로 조작했다. 그 결과 피험자 중 약 3분의 1은 애벌레를 택했고, 다수는 통증 기계를 택했다. (우리였다면 켄지는 애벌레를 택했을 것이고 데이비드는 통증 기계를 택했을 것이다.)

이 연구는 정체성 대화에 팽배한 공포, 즉 자신이 편향적인 사람으로 알려질지 모른다는 공포를 잘 보여준다. 게다가 여기에 자신이 캔슬될지 모른다는 공포까지 더해진다. 한 학부모는 《뉴욕 포스트》와의 익명 인터뷰에서, 자식이 다니는 학교의 '깨어 있는' 교과과정에 공개적으로 반대하는 것에 대한 공포를 이렇게 설명했다. "다들 공개적으로 발언하는 것을 죽도록 두려워한다. 심지어 친구에게 말하는 것도 두려워한다. 은행에서 일하는 중년 백인 남자가 감히 무슨 말을 하겠는가? 다음 날 바로 해고당할 텐데."[29]

조앤 리프먼은 마찬가지 이유로 많은 남성이 남녀 갈등에 관한 "대화에 기꺼이 참여하고 싶지만" 자신이 "뭔가 부적절한 말을 할까 봐 두려워서" 그러지 못한다고 설명한다. 한 연구에 따르면, 남성의 74퍼센트는 이러한 두려움 때문에 여성에 대한 지지 표현을 자제한다고 한다.[30] 우리는 미투운동 초기에 다양한 기관의 동지들에게서 다음과 같은 제보를 받았다. 남자 리더들이 자기가 실수로 불쾌한 말을 내뱉었다가 성희롱했다는 소리를 들을까 봐 더는 업무 외적으로 여자 직원들에게 멘토링을 하거나 친하게 지내지 않는다는 것이었다.

분노와 죄책감 다루기

당신의 머릿속을 들여다봤더니 조종간을 잡고 있는 게 공포가 아니었다고 가정해보자. 그렇다면 그것은 분노일 수 있다. 오해받았다는 분노, 선의가 부정당했다는 분노, 또는 중상모략을 당했다는 분노. 테네시주의 한 대학 강사인 백인 여성 주디 모어록Judy Morelock은 시험문제를 놓고 흑인 학생인 케일라 파커Kayla Parker와 의견이 충돌했을 때 불같이 화냈다.[31] 파커는 그 문제가 흑인의 역사를 지웠다고 주장했고 모어록은 자신이 "유색인을 위해 평생 싸워온" 진보주의자라는 이야기로 화제를 돌리려 했다. 그래도 파커가 주장을 굽히지 않자 모어록은 페이스북에 그를 협박하는 게시물을 올렸다. 그 결과 학교 당국은 파커를 수업에서 제외하고 모어록을 해고했다. 그리고 그해 가을 모어록은 슈퍼마켓에서 우연히 만난 파커를 폭행했다. 처음에는 시험문제에 대한 대화로 시작되었던 것이 마지막에는 교수가 경찰에 구금되며 막을 내렸다.

분노를 뒤집어 보면 그 이면에는 죄책감이 있는 경우가 많다. 분노는 당신에 대한 비난이 부당하다고 믿을 때 나타난다. 반대로 죄책감은 비난의 정당성을 인정하고 스스로를 탓할 때 나타난다. 다양성 전문가 버네이 마이어스가 예로 든, 한 로펌에서 벌어졌던 사건을 살펴보자.[32] 파트너 변호사가 특허부 소속의 아시아인 과학자 타이에게 긴급 사안으로 고객에게 연락하라고 지시했다. 타이는 당황했다. 그는 변호사가 아니었기 때문이다. 한참 고민한 끝에 그는 파트너 변호사가 자신을 아시아인 변호사 제이슨과 혼동했음을 깨달았다. 타이는 제이슨에게 이 사실을 전달했다. 제이슨은 지시 사항 확인차 파트너 변호사에게 전화한 김에 그가 타이와 자신을 혼동했다는 사실을 언급했고 파트너 변호사는 곧바로 사과했다. 그러나 진짜 문제는 나중에 발생했다. 파트너 변호사가 회의 때 제이슨을 무시하거나 사건을 배당하지 않기 시작한 것이었다. 아마도 자신의 실수에 대한 죄책감을 철회하기로 한 모양이었다. 이러한 대응은 상황을 더 악화시켰다. 이제는 제이슨이 회사에서의 자신의 미래를 걱정하게 되었기 때문이다.

좌절감 다루기

마지막으로, 당신이 느끼는 감정이 공포도 분노도 죄책감도 아니라면 좌절감일지 모른다. 우리는 예전에 세계적인 엔터테인먼트 회사의 멘토링 프로그램 기획을 도왔던 적이 있다. 그때 멘토는 대부분 백인, 멘티는 대부분 흑인으로 배정되었다. 첫 모임이 끝난 후 흑인 멘티 중 일부는 멘토들이 너무 말이 많다며, 그들이 "마이크를 넘길" 필요가 있다고 했다. 그래서 두 번째 모임 때 백인 멘토들은 일부러 말을 아꼈다. 그러자 이번에는 멘티들이, 멘토들이 성의가 없다고 규탄했다. 한 멘티는 "침묵은 폭력"이라고까지 말했다. 그 결과 많은 멘토가 이렇게 상충하는 요구를 다 수용할 수는 없다며 좌절감을 표현했다. 몇몇은 아예 프로그램에서 빠지겠다고 으름장을 놓기도 했다.

이 짤막한 일화만 보아도 불편이라는 모호한 의미의 단어 안에 굉장히 다양한 감정이 포함된다는 사실이 여실히 드러난다. 따라서 당신이 지금 느끼는 감정이 무엇인지 파악하는 것만으로도 어마어마한 수확을 거둘 수 있다. 바로 이 '감정에 이름 붙이기'를 어떻게 해야 하는지, 심리학자 크리스틴 네프Kristin Neff가 예를 들어 보여준다. "나는 내가 상처받았고, 모욕당했고, 화났음을 안다. 나는 지금부터 심호흡하고 잠시 멈췄다가 비난을 퍼붓기 시작할 것이다."[33] 만약 당신이 잠시 멈춰서 감정에 이름을 붙이지 않는다면 (네프의 표현대로) 감정의 "이야기 속에서 길을 잃을" 것이다.[34] 반대로, 이름을 붙인다면 감정을 길들일 수 있다. 당신의 감정이 당신 대신 대화하는 것이 아니라 당신이 대화하고 있다고 느낄 것이다.

감정	첫 반응	변환된 반응
공포	"나는 교과과정에 대해 아무런 이야기도 하지 않을 것이다. 내가 무슨 말을 하면 사람들이 나를 편견쟁이로 간주하고 캔슬할 테니까."	"나는 상대방을 존중하면서 내 의견을 이야기할 것이다. 만약 사람들이 나를 비판하더라도 감당할 수 있다."
분노	"나를 무능한 인종차별주의자라고 비난하다니, 발칙한 학생이다! 당장 멈추게 해야겠다."	"내가 겪어보지 못한 경험을 바탕으로 내 의견에 이의를 제기하는 똑똑하고 열정적인 제자가 있다는 것은 참 감사한 일이다."
죄책감	"단지 아시아인이라는 이유만으로 두 사람을 헷갈리다니, 나는 끔찍한 인간이다."	"실수는 누구나 저지르는 것이다. 나는 우선 사과하고 그들의 이름을 외워서 다음번에는 더 잘하려고 노력할 것이다."
좌절감	"진퇴양난이다. 내가 말하면 '마이크를 넘기라'고 하고 말을 안 하면 '침묵은 폭력'이라고 하니 말이다."	"내가 말을 너무 많이 할 때도 있고 너무 적게 할 때도 있다는 이야기는 모순이 아니다. 모든 사람을 만족시킬 수는 없지만 더 나은 균형을 찾을 수는 있다."

위 표에서 첫 반응과 변환된 반응의 차이는 불편을, 어떻게든 피해야 할 것이 아니라 배움의 기회로 인식한다는 점임을 주목해라. 사람들은 육아, 운동, 외국어 배우기 같은 활동이 불편을 수반

함을 알면서도 한다. 왜냐하면 의미 있는 관계, 건강 개선, 성취감 같은 보상이 따르기 때문이다. 정체성 대화가 주는 불편도 이와 다르지 않다. 여기에도 새로운 능력, 더 높은 목적의식, 더 깊은 인간관계 같은 기쁨이 있다.

흥분해서 감정을 변환하지 못하더라도 걱정하지 마라. 갓길로 빠진다는 선택이 있음을 기억해라. 도로로 복귀하기 전, 쉬는 시간을 이용해 감정에 이름을 붙이고 변환할 수 있다. 이름 붙이기와 변환하기를 연습하는 동안 그것을 더 빨리, 자연스럽게 하는 능력도 저절로 개발될 것이다.

우리는 '마이크를 넘기라'는 말과 '침묵은 폭력'이라는 말을 들었던, 엔터테인먼트 회사의 백인 멘토들에게서 이 변환의 힘을 목격했다. 우리가 감정에 이름을 붙여보라는 말밖에 하지 않았는데도 그들은 스스로 자신들의 감정을 변환했다. 한 멘토가 말했다. "절망적이라고 말하면서도 그 말이 우스꽝스럽다고 생각했습니다. (⋯) 그것은 하루는 너무 덥고 하루는 너무 추워서 적절한 실내 기온을 정할 수 없다고 말하는 것과 같습니다. 그래요, 말하기와 듣기 사이의 이상적 균형을 찾기란 어렵지만 나는 회사에서 항상 어려운 일을 해내온걸요."

'원 이론'에 따라 적절한 도움을 구해라

임상심리학자 수전 실크Susan Silk가 유방암에 걸렸을 때 한 동료가 수술 후에 문병을 오겠다고 고집을 부렸다. 실크가 손님을 원치 않는다고 하자, 그 동료는 이렇게 대답했다. "이건 당신만 관련된 문제가 아니에요." 실크는 당연히 어안이 벙벙했다. '내 유방암이 내 문제가 아니라고? 그러면 당신 문제인가?'[35]

그 경험을 돌이켜보며 실크와 (그의 친구이자 중재인인) 배리 골드먼Barry Goldman은 '원 이론'을 만들었다. 그것은 위기에 처한 사람을 돕는 이라면 누구나 활용할 수 있는 이론이다. 원리는 간단하다. 동심원을 여러 개 그려라. 그리고 제일 가운데 원에 피해를 겪고 있는 사람의 이름을 적어라. 두 번째 원에는 배우자나 애인, 가족, 친한 친구처럼 그와 가장 가까운 사람들의 이름을 적어라. 세 번째 원에는 그보다 한 단계 먼 사람들의 이름을 적어라. 이때 원은 위기에 처한 사람을 둘러싼 이들의 생태계를 묘사하는 데 필요한 개수만큼 그려라.

원 이론의 기본 규칙은 '위안은 안쪽으로, 해소는 바깥쪽으로' 다. 가운데 원에 있는 사람에게는 '바깥쪽'밖에 없다. 따라서 그들은 자신의 부정적 감정을 누구에게나 '해소'할 수 있다. (이 특권은, 위기의 중심에 있음으로써 얻을 수 있는 몇 안 되는 혜택 중 하나라고 주

창자들은 쓸쓸하게 언급한다.) 반면에 가운데 원에 있지 않은 사람들은 조심해야 한다. 위안은 안쪽을 향하게 하고 불만, 공포, 분노는 바깥쪽을 향하게 해야 한다. 실크의 동료는 두 번째 원에 속했으므로 문병할 수 없는 데 대한 분노를 '안쪽을 향해 해소하지' 말았어야 했다. 결정적으로 이 시스템은 그 동료가 혼자 힘으로 극복하도록 방치하지 않는다. 그는 이를테면 친구들에게 자신의 감정을 해소할 수도 있었을 것이다.

우리는 원 이론의 '바깥쪽을 향해 해소하기' 규칙이 정체성 대화에서도 유용함을 발견했다. 어떤 사람과 그가 겪고 있는 어려움에 대해 이야기를 나눌 때는 그를 가운데 원에 놓고 당신을 두 번째 원에 놓아라. 그러면 당신은 당신보다 바깥쪽 원에 있는 사람들에게만 부정적 감정을 표현할 수 있다.

탄력성을 길러라

많은 사람이 이 지침을 위반한다. 유색인이 좌절하는 흔한 경우 중 하나는 타 인종과의 상호작용 시에 백인들이 우는 것이다. 그들은 자신의 행동이 정작 관심이 필요한 사람에게서 관심을 뺏는 결과를 낳는다는 것을 깨닫지 못한다. 때로는 책임을 회피하기 위해 그러기도 한다. 아랍계 오스트레일리아인 작가 루비 하마드는 이렇게 말한다. "내 인생을 되돌아보면 한 가지 패턴이 떠오른다. 백인 여자가 나에게 했던 부정적인 말이나 행동에 대해 내가 이야기하려고 하면, 그들은 곧잘 눈물을 흘리며 부인하거나 내가 자기한테 상처를 주고 있다며 분개하곤 한다."[36] 이 수법은 백인 여자를 피해자로, 하마드를 가해자로 만든다. "그 결과 나는 자신감을 상실하고 스스로를 의심하게 되어서 아무도 내 말을 들어주지 않는다는 절망감에 벌컥 화내거나(이 자체가 백인 여자의 주장을 증명하게 된다), 곧바로 한 발짝 물러서 사과하고 나에게 상처 준 당사자를 위로하곤 한다."

작가 아디바 자이기르다르Adiba Jaigirdar는 대학 졸업 직후에 여자 친구 셋과 페미니즘 토론 모임을 만들었을 때 비슷한 경험을 했다.[37] 모임에서 유일한 유색인이자 무슬림이었던 그는 자주 대화에서 소외되는 느낌을 받았다. 한번은 한 친구가 무슬림 여성을 반페미니스트로 묘사한 기사를 공유했다. 자이기르다르가 반박하려 하자 나머지 셋은 그를 무시했다. 비슷한 경험이 반복되면서 자이기르다르는 그 모임을 관두었다.

몇 달 후 자이기르다르는 그중 한 명인 내털리에게 '자신의 경험과 목소리가 무시당한다'고 느꼈다고 말했다. 그러자 내털리는 당시에 자기가 이런 문제를 눈치채지 못했던 것을 울면서 자책했다. 자기 자신을 가리켜 "나쁜 친구"이자 "나쁜 페미니스트"라고 비판했다. 자이기르다르는 이렇게 술회했다. "우리가 함께한 나머지 시간은 내가 겪은 인종차별과 이슬람 혐오에 대해 이야기하는 대신 그를 위로하고 달래는 데 쓰였다." 대화를 끝낼 때 자이기르다르는 "처음보다 기분이 더 나빠져" 있었다.

물론 눈물은 지지자가 가슴 아픈 이야기를 듣고 연대감을 느낄 때도 흘릴 수 있다. 우리 둘 다 이렇게 울어본 적이 있다. 그러나 이 경우에도 불필요하게 대화 내용으로부터 주의를 분산시킬 수 있다. 사서 제니퍼 루브리엘Jennifer Loubriel은 백인과 유색인이 섞인 모임에서 경찰의 가혹 행위에 대해 이야기한 경험을 이렇게 기억했다.[38] 루브리엘에 따르면, 유색인 참석자 대부분이 그 주제에 대해 이야기하는 것을 "매우 힘들어했다". "한편으로는 힘들지만 한편으로는 치유되는 대화였다." 그때 한 백인 여자가 울기 시작했다. 그는 경찰의 가혹 행위에 직접적으로 영향받은 적은 없지만 "이 모든 것을 받아들이는 게 힘들다"라고 말했다. "그때 대화의 흐름이 바뀌었다. 참석자 중 절반이 그를 위로하러 갔다. 나를 포함한 나머지 절반은 눈을 뒤룩뒤룩 굴리면서 팔짱을 끼고 그들의 대화를 철저히 무시했다."

우리는 이 문제를 아주 조심스럽게 다루고 싶다. 눈물을 터뜨리는 것이 계산된 행동인 경우는 드물기 때문이다. 또 상처받은 사람에게 냉담한 침묵으로 응대해야 한다고 주장하는 것도 아니다. 하지만 설사 그렇더라도 지지자들은 대화의 초점이 어디에 있는지를 기억해야 한다. 만약 당신의 눈물이, 다른 사람에게 돌아가야 마땅한 관심을 뺏고 있다면, 다양성 컨설턴트이자 다문화 교육학자인 로빈 디앤절로Robin DiAngelo의 제안처럼, 당신 혼자 감정을 추스를 수 있다고 밝히는 것이 현명한 처사인 듯싶다.[39]

나보다 적은 특권을 가진 사람이 편견과 차별의 경험을 이야기할 때는 경청하기가 어려울 수도, 부정적 감정이 쌓일 수도 있다. 이때 당신은 자신의 감정이 상대방에게 악영향을 미칠까 봐 슈퍼히어로가 되어서 홀로 이 문제를 해결해야겠다고 결심할지 모른다. 그러나 우리는 그 방법은 추천하지 않는다.

다른 사람에게 도움을 구하면 고통이 해소될 뿐 아니라 더 좋은 지지자가 될 수 있다. 백인 지지자들에 관한 한 연구에 따르면, 지지자들은 자기 인생에서 중요한 사람들에게 '사회적 지지'를 많이 얻을수록 인종 정의 활동에 깊이 관여하는 것으로 나타났다.[40] 그러니 슈퍼히어로 망토는 저리 치우고 도움을 요청해라.

당신의 감정을 처리하는 데 필요한 도움을 받는 동시에 이 일이 힘들어질 때마다 서로에게 용기를 북돋아줄 수 있는 공동체를 얻게 될 것이다.

+ + +

당신은 아마 켄지의 분노와 데이비드의 죄책감이 결국 어떻게 되었는지 궁금할 것이다.

　우리는 남들에게 했던 조언을 스스로 실천하기로 했다. 켄지는 원 이론에 따라 친구에게 불만을 토로했다. 그러자 친구는 켄지가 자신의 특권에서 고생으로 화제를 전환함으로써 첫 번째 원칙("대화의 네 가지 함정을 주의해라")에서 언급되었던 '고생 효과'의 함정에 빠졌음을 넌지시 지적했다. 그래서 켄지는 얼리샤의 피드백을 실제 크기로 들을 수 있었다. 얼리샤가 그가 인생의 모든 방면에서 특권층이었다고 말한 적이 없음을 상기한 것이다. 단지 켄지의 자녀가 흑인이 아니기 때문에 이 맥락에서는 특권을 가진다고 암시했을 뿐이다. 켄지는 자신의 감정에 분노라는 이름을 붙였고 얼리샤와의 상호작용을 다른 관점에서 바라보게끔 그것을 변환했다. "내 인식의 허점을 상기시켜주는 동지가 학교에 있다는 사실이 기쁘다. 학교에서 아시아인 또는 성소수자 혐오 사건이 발생한다면 얼리샤도 내가 본인의 허점을 상기시켜주길 원할 것이다."

데이비드도 유색인 중역들과의 상호작용 이후 며칠 동안 자기관찰을 수행했다. 그리고 자기가 고착형 사고방식에 빠져서 모든 말실수를 자신의 품성 탓으로 돌리고 있음을 깨달았다. 그는 자신도 다른 모든 사람처럼 배우는 중임을 상기했다. 또한 인생에서 정말로 중요한 것, 즉 가족, 친구들, 애초에 그를 다양성 및 포용성 분야에서 일하게 한 가치들을 상기했다. 그리고 원 이론에 따라, 이런 대화에서 죄책감을 느끼는 것은 자연스러운 일임을 확언해달라고 남편에게 부탁했다. 그는 필요한 모든 위안을 얻었다.

필요한 도움을 얻고 나자 우리는 더 이상 감정에 매몰되지 않고 이번 일의 중심이 우리가 아니라 친구들과 동지들임을 알 수 있었다. 켄지는 자신이 얼리샤의 발언 요청에 제대로 대답하지 않은 것을 사과했고 더 나은 지지자가 되겠노라고 맹세했다. 데이비드는 이미 그 자리에서 사과했지만 앞으로 자신이 더 나은 지지자가 되었음을 행동으로 보여주겠다고 다짐했다. 물론 우리가 정체성 대화에서 느끼는 감정이 마술처럼 확 바뀌지는 않았고 여전히 공포, 분노, 죄책감, 좌절감이 울컥 치솟곤 한다. 요는 회피하지 않는 것이다. 이 사례들에서 우리는 우리를 비난한 사람

들과 생산적이고 풍요로운 대화를 여러 번 나눴고, 감정적 탄력
성 덕분에 좌절하지 않고 계속 나아갔다.

- 정체성 대화에서 발생하는 감정적 불편을 해결하기 위한 전략이 필요하다. '갓길로 빠지기'는 좋은 시작이지만 그것만으로는 충분하지 않을 때가 많다.
- 실수를 자신의 품성에 대한 판결문이 아닌 배움의 기회로 간주하는 성장형 사고방식을 채택해라.
- 인간관계, 핵심 가치, 성취 등 인생에서 정말로 중요한 것이 무엇인지 스스로 상기함으로써 자기 가치를 확인해라.
- 당신의 특권이나 편견에 대한 상대방의 주장이 당신 생각만큼 극단적이지도, 개인적이지도 않다는 사실을 떠올림으로써 피드백을 실제 크기로 들어라. 누군가가 당신이 인종차별주의자라든가 성차별주의자라든가, 아니면 또 다른 어떤 편견을 가진 사람이라고 말한다면, 미묘하거나 무의식적인 형태의 편견을 가리키는 것은 아닌지 생각해봐라.
- 감정의 포로가 되지 않게끔 공포, 분노, 죄책감, 좌절감 같은 특정 감정에 이름을 붙이고 다른 것으로 변환하려고 노력해라.
- '원 이론'에 따라 도움을 구해라. 부정적 감정은 대화 상대가 아닌 바깥쪽으로만 해소해라.

> **세 번째 원칙**

호기심을
키워라

탄력성은 곧 '호기심'으로 이어진다. 정체성 대화를 능숙하게 하기 위해선 관련 주제들에 관심을 품고 공부해야 한다. 물론 모두 전문가가 될 필요는 없으며, 그럴 수도 없다. 전략적으로 필요한 만큼 공부하고, 대신 꾸준히 공부해라. 때로는 상대방에게 조언을 구하고 말하기보다는 듣는 것이 정체성 대화의 질을 높인다.

《옥스퍼드 영어 사전》에 '맨스플레인'이 등재되고 얼마 후 '데이트 전문가'이자 작가인 스티브 샌타가티Steve Santagati는 이 단어의 뜻을 몸소 보여줬다.[1] 당시 뉴욕 거리를 걷는 배우 쇼샤나 로버츠에게 남자들이 끊임없이 캣콜링하는 모습을 보여주는 영상이 화제였는데, CNN은 이에 대한 이야기를 나누기 위해 샌타가티와 코미디언 어맨다 실스Amanda Seales를 화상으로 연결했다.

앵커 프레드리카 휫필드Fredricka Whitfield가 실스에게 이 영상을 어떻게 생각하냐고 물었다. "저는 매일 이렇게 살아요"라고 실스가 대답했다. "남자들은 자기가 나랑 자고 싶다고 말하는 것이 칭찬이라고 생각해요. 하지만 평화롭게 걷고 싶은 나를 성적 대상화하는 행동일 뿐이죠." 그러자 계속해서 고개를 내젓던 샌타가티가 그의 말을 끊으려 했다. 이에 아랑곳하지 않고 실스가 말을 이어갔다. "제 눈에도 당신이 고개를 흔드는 게 보여요. 하지만 당신은 이 문제의 전문가가 아니에요. 당신은 거리를 걷고 있는 여자가 아니기 때문이죠. 그러니까 당신은 몰라요."

"당신보다는 내가 전문가죠"라고 샌타가티가 쏘아붙였다. "저는 남자이기 때문에 남자들이 어떻게 생각하는지 압니다." 그가 말을 이었다. "저 남자들이 전부 미남이었다면 당신은 개의치 않았을 거예요. 당신의 자존감과 자존심이 올라갔을 테니까. 예쁘다는 말보다 여자들이 듣기 좋아하는 말은 없어요." 그러고 나서 샌타가티는 그 영상의 진위를 의심했다. "저 영상은 바이럴광고이기 때문에 의심스럽네요. 저 남자들이 광고 회사가 심어놓은 배우가 아닌지 어떻게 알죠?"

실스가 대답했다. "상관없어요. 설사 저들이 배우이더라도 실제 뉴욕의 모습이 저렇기 때문이죠." 이어서 샌타가티의 낚시성 발언을 지적했다. "재밌는 사실은 당신이 남자들의 생각을 잘 안다고 주장하면서 실제로는 여자들의 생각에 대해 말했다는 거예요." 그러자 샌타가티가 받아쳤다. "제 말이 틀렸나요? 틀렸으면 틀렸다고 해요." 실스가 대꾸했다. "당신 말은 틀렸어요." 그러나 샌타가티는 물러서지 않고 캣콜링이 '칭찬'이라고 우겼다.

바로 이때 실스가 샌타가티를 비난했다. "당신은 여자들이 '우리는 이걸 싫어한다'고 말할 때 있는 그대로 기꺼이 받아들여야 해요. 우리가 그래도 되느니 안 되느니 왈가왈부하지 말고. 우리가 이걸 싫어한다고 하고 예를 들어서 보여주면 당신이 해야 할 말은······ '어떻게 해야 여자들의 마음을 더 편하게 할 수 있는지 대화해보자' 같은 거예요." 실스가 더 자세히 설명하려 하자 샌타가티가 말을 끊었다. "아니, 그런 일은 일어나지 않을 겁니다." 잠시 후 횟필드가 다행스럽게도 대화를 마무리 지었다.

+ + +

당신은 이미 정체성 대화가 강렬한 감정 반응을 불러일으킬 수 있음을 보았다. 우리는 우선 탄력성 증진을 위한 도구를 제안했다. 부정적 감정이 넘칠 때는 다른 기술을 배우기 어렵기 때문이다. 그러나 탄력성만으로는 부족하다. 샌타가티는 대화 내내 두려움, 분노, 죄책감이나 좌절감을 느끼는 것 같진 않았다. 민망한 행동을 계속하는 동안에도 시종일관 명랑하고 쾌활해 보였다. 그는 자기 견해를, 마치 의견이 아니라 사실인 것처럼 분명히 발언했다. 자기 생각과 다른 의견은 아예 들으려 하지도 않았다. 그리고 이 문제를 직접 경험한 사람들이 자신보다 더 잘 알 거라는 사실도 인정하지 않았다.

　물론 이것은 극단적 사례고 당신은 이렇게 생각하고 싶을지 모른다. 나는 절대 저러지 않을 테니까 괜찮아. 그러나 비지배적 집단의 구성원들은 샌타가티처럼 행동하는 사람을 늘 만난다. 그들이 가진 가장 흔한 불만은 해당 주제를 잘 모르는, 자신의 인식에 허점이 있을 가능성을 부인하는, 비지배적 집단에 속한 사람들의 관점을 진지하게 받아들이지 않는 지지자들에 관한 것이다. 사실은 거의 모든 지지자가 자신감은 좀 줄이고 호기심은 좀 늘리는 편이 훨씬 이로울 것이다.

대화에 앞서 지식을 쌓아라

친구들과 트리비얼 퍼슈트Trivial Pursuit 게임*을 할 때 당신이 뽑는 문제가 남들보다 어려운 것 같은가? 미식축구 시즌 일정이 공개될 때 당신이 좋아하는 팀의 일정이 다른 팀들보다 불리해 보이는가? 어린 시절을 돌아보면 부모님이 당신보다 형제자매의 응석을 더 받아준 것 같은가?

만약 이 질문들에 대한 대답이 "예"라면 당신은 혼자가 아니다. 심리학자 샤이 다비다이Shai Davidai와 토머스 길로비치Thomas Gilovich에 따르면 인간에게는 '순풍/역풍 불균형'이라는 것이 존재

---

* 상식 퀴즈를 맞히는 게임.

한다.[2] 사람들이 자신의 순풍(유리한 점)보다 역풍(불리한 점)을 더 잘 알아차린다는 뜻이다. 이는 두 사람이 진행한 실험에서 잘 드러났는데, 피험자들이 일대일로 상식 대결을 펼쳤을 때 양쪽에게 비슷한 수준의 문제가 주어졌을 경우에도, 상대방의 문제가 더 쉽다고 기억할 확률이 높았다. 미식축구 팬이 시즌 일정을 보며 자기 팀에게 불리한 점에 주목할 확률은 유리한 점에 주목할 확률의 두 배였다. 또 성인들은 어린 시절 부모님이 자신을 편애했을 때보다 형제자매를 편애했을 때를 더 잘 기억했다. 다비다이와 길로비치는 이렇게 결론지었다. "순풍과 행운은 딱히 주의를 기울이지 않은 상태에서도 누리거나 무시할 수 있다. 하지만 역풍과 장애물은 극복해야 하기 때문에 주의를 집중해야 한다."

지식의 기울어진 운동장

이렇게 사람들이 알아차리는 것 사이에 불균형이 존재하기 때문에 비특권층은, 특권층이라면 대개 배울 필요가 없는 지식을 지닌 상태로 정체성 대화에 임한다. 당신의 대화 상대가 휠체어를 타는 지체장애인이라고 가정해보자. 그들은 자기 동네의 어느 곳에 연석이 끊겨 있고 경사로가 있는지, 어느 곳이 지나가기 힘들거나 불가능한지 알 것이다. 휠체어 사용자들이 평소에 어떤 편견을 접하는지, 그런 편견에 맞설 때 어떤 전략이 효과적인

지(또는 효과적이지 않은지), 공공시설을 비장애인들과 똑같이 이용하기 위해 필요한 장치가 무엇인지 알 것이다. 그리고 지배적 집단의 구성원들과 좋은 관계를 유지해야 하기 때문에 그들의 예상, 추측, 편견, 가치관을 잘 알 것이다. 반대로 당신이 지체장애인이 아니라면 장애인 문화에 대단히 관심이 많지 않은 이상 이런 주제들에 대해 잘 알지 못할 것이다.

이러한 이유로 비특권층은, 특권층이 보지 못하는 일상적 상호작용의 정체성적 측면을 인식하곤 한다. 코로나19 팬데믹으로 봉쇄령이 내려진 동안 몇몇 기업의 임원 비서들은 인터넷 연결이 뚝뚝 끊기는 비좁은 아파트에서 화상회의에 참여했다. 많은 비서가 창피해서 자기 집의 모습을 가상 배경으로 가렸다. 그러나 일부 임원은 그렇게 섬세하지 못했다. 그들은 바하마 같은 이국적인 장소나 자신의 별장, 즉 웅장한 저택이 등 뒤로 보이는 곳에서 접속했다. 대부분의 임원에게 이 회의는 별일이 아니었다. 그러나 많은 비서에게는 계급 불평등을 여실히 보여준 사건이었다. 한 인사부장은 "임원들은 자신이 이런 행동을 했을 때 비서의 기분이 어떤지 모른다"라고 토로했다.

대학생을 대상으로 연구한 학자들은 부유층 학생과 서민층 학생 사이에도 비슷한 차이가 있음을 발견했다.[3] "집안 최초로 대학교에 진학한 학생들은 표면적으로는 일상적이고 평범해 보이는 상황에서도 명백한 계급 차를 인식했다." 서민층 학생들은 자기가 도서관에서 공부할 때 부유층 학생들은 카페에서 공부한다는 것을 알아차렸다. 또 사용하는 노트북에서, 운전하는 자동차에서, 입는 옷에서, 가게 직원들을 대하는 태도에서 계급 차를 눈치챘다. 그러나 부유층 학생들은 전혀 알지 못했다. 연구자들에따르면 부유층 학생들은 "서민층 학생들은 알아봤던 계급의 상징을 알아차리지 못했고, 서민층 학생들이 겪고 있을지 모를 상황에 대해 거의 또는 전혀 알지 못했다." 일부 연구자는 "그들은 캠퍼스에서 어떠한 사회적 계급 차도 보지 못했다"라고 보고하기도 했다. 그래서 오히려 반대로 이런 차이에 민감한 부유층 학생은 "일부러 다양한 계급의 친구를 사귀었다".

우리는 당신 자신이 순풍을 경험하는 분야에 대해 왜 알지 못하냐고 당신을 비난하는 것이 아니다. 사회에서 보다 많은 권력을 가진 사람은 보다 적은 권력을 가진 집단에 대해 잘 알아야 할 필요가 없다. 즉 그것을 배우게 만들 인센티브가 없다. 그러나 지금 당신에게는 새로운 인센티브가 생겼다. 바로 '좋은 지지자 되기'다. 그리고 좋은 지지자는 호기심을 보인다.

공부하되 잘못된 정보를 조심해라
우선은 관련 주제를 공부하는 것에서부터 시작할 수 있다. 상상만으로는 타인의 경험을 절대 완전히 이해할 수 없기 때문에 상당한 지식 차가 늘 존재하겠지만 책, 신문 기사, 팟캐스트, 다큐멘터리, 다른 지지자들과의 대화를 통해 많은 지식을 얻을 수 있다. 배우기 위해 노력한 만큼 지식의 구멍이 메워져서 예전보다 박식한 상태로 대화를 시작할 수 있을 것이다. 또한 대화 중간에 놀라는 일이나, 단지 낯설다는 이유만으로 어떤 견해를 무시하는 일이 줄어들 것이다.

그러기 위한 첫 단계로, 일반인을 대상으로 특정 정체성에 대한 교육을 제공하는 주류 단체를 찾아라. 시크교에 대한 대화를 할 예정인가? 문제없다. 시크교연합Sikh Coalition은 온라인으로 시크교에 대한 소개를 제공하는데, 여기에는 시크교의 역사, 주요 교리와 관행, 시크교도가 자주 접하는 편견이 포함되어 있다.[4] 간성(인터섹스)*에 대한 대화는 어떠한가? 이 경우에도 간성평등운동Intersex Campaign for Equality에서 지지자들을 위한 신문 기사, 추천 도서, 지침을 모아 놓은 사이트를 운영 중이다.[5]

동시에 잘못된 정보에 현혹되지 않도록 주의해라. 트랜스젠더의 권익이나 학교폭력예방교육 같은 주제에 대한 토론에서 성소수자 반대파는 자신들의 주장에 대한 근거로 미국소아의협회

---

* 염색체나 호르몬 등의 이상으로 남성과 여성의 신체적 특징이 혼재하는 사람.

American College of Pediatricians의 발언을 때때로 인용하곤 한다.[6] 처음 그 인용문을 접했을 때 우리는 그토록 공신력 있어 보이는 단체가 성소수자에 대해 그토록 강력한 반대 입장을 취한다는 데 놀랐다. 아니나 다를까, 검색해보니 그것은 주류 단체인 미국소아과학회American Academy Of Pediatrics의 동성 부모 지지에 항의하기 위해 분리되어 나온 작은 분파였다.[7] 의문은 해결되었다.

이 정도 조사는 일견 노동집약적으로 보이기도 한다. 실제로 한 회사 사장이 자기 머리카락을 마구 잡아당기면서 이렇게 물은 적이 있다. "나는 엄청나게 바쁜데, 정말 이 모든 책을 다 읽어야 하나요?" 이 질문에 대한 답변은 친절한 버전과 엄격한 버전이 있다. 친절한 버전은, 필수적인 정보, 가령 "토지 인정**이란 무엇인가?", "신경다양성은 무엇을 의미하는가?", "범성애자(팬섹슈얼)***와 양성애자(바이섹슈얼)는 다른 것인가?"와 같은 질문에 대한 답은 대개 마우스 클릭 한 번으로 찾을 수 있다는 것이다. 이제오마 올루오의 충고는 간결하면서도 함축적이다. "어차피 해야 할 일인데 구글 검색 정도면 거저먹기 아닌가."[8] 이에 반해 엄

** 캐나다, 미국, 오스트레일리아, 뉴질랜드 등에서 그들이 지금 사용하고 있는 땅이 본래 원주민들의 땅임을 인정하는 선언.

*** 모든 젠더를 사랑하는 사람. 성별의 이분법을 거부한다는 점에서 양성애자와 다르다.

격한 버전은, 정체성 대화를 더 잘하고 싶다면 책을 읽거나, 다큐멘터리를 보거나, 팟캐스트를 들어야 한다는 것이다. 누군가가 외국어를 배우고 싶긴 하지만 그것을 읽거나 듣기는 싫다고 말하는 것을 상상해봐라.

상대방에게 물어보되 세심하게 해라

어쩌면 당신은 우리가 상담할 상대에서 '편견의 대상'을 뺐다는 사실을 눈치챘을지도 모르겠다. 이 부분에서는 신중해야 한다. 우선 편견의 피해자가 일반적인 생각처럼 항상 전문가인 것은 아니다. 어떤 사람이 특정 정체성을 가졌다고 해서 그 정체성과 조금이라도 관련된 모든 문제에 정통할 수는 없다. 미국의 한 대학에 재직 중인 인도인 철학자 우마 나라얀Uma Narayan은 자신의 난처한 상황을 이렇게 설명한다. "내가 교수로 재임한 기간이 그리 길지 않은데도 인도 소설, 인도 영화 속 여성의 역할, 남인도의 여신 숭배 의식 등을 공부하는 학생들에게 늘 상담 요청을 받는다. 이 중에서 내 전공 분야와 약간이라도 관련된 것은 하나도 없다."[9] 주변화된 집단에 속하는 학생들은 그들의 정체성과 관련된 문제가 강의실에서 거론될 때마다 '대변인'이 되라는 압박을 느낀다. 그들은 '이민자의 관점', '무슬림의 관점', '트랜스젠더의 관점'을 제시해달라는 요구를 받는다. 첫 번째 원칙("대화의 네 가지 함정을 주의해라")에서 우리는 상대방의 정체성이 안 보이는 척해서는 안 된다고 경고했다. 반대로 이런 상황에서는 그들의 개별성을 무시하는 과잉 교정을 하지 않도록 조심해야 한다. 한 사람의 경험이 모두의 경험이 될 수는 없다.

질문 내용을 상대방의 전문 분야로 한정하더라도 여전히 과도한 부담을 줄 수 있다. 한 흑인 동지는 블랙 라이브스 매터 운동이 한창이던 2020년 여름에 백인들과 나눴던 대화를 "400년간의 혼수상태에서 깨어난 친구 마흔 명이 현재 상황을 설명해달라고 요구하는 것"에 비유했다. 자신이 그런 봉사 활동을 참을 수 없다는 사실을 깨달은 사람도 있다. 흑인 작가 데이먼 영은 동네를 산책할 때마다 백인 이웃들이 불러 세워서 "지금 이 나라에서 일어나고 있는 모든 일에 대해 자기가 어떻게 생각하는지" 이야기하거나 인종차별과 관련해 "백인들이 무엇을 할 수 있는지" 상의하려 한다고 토로했다. 영은 자신의 경험을 두고 이렇게 농담했다. "온종일 와일 E. 코요테*보다 더 영리한 계략을 세우고 더 빨리, 더 오래 달린 다음 집에 돌아온 로드 러너가 자기 동네에 사는 진보적 코요테들에게 코요테 우월주의에 대해 설명하고 싶을 것 같

---

* 와일 E. 코요테와 로드 러너는 루니 툰 애니메이션에 등장하는 캐릭터다. 톰과 제리의 관계와 비슷하다.

진 않다."[10]

트레버 노아가 진행하는 심야 코미디 프로그램 〈더 데일리 쇼〉는 이 문제의 해결책으로 '블랙렉사'를 제안했다.[11] 그들이 만든 풍자적 광고 속 해설자가 묻는다. "인종 문제에 대한 질문으로 당신의 바쁜 하루를 방해하는 백인 친구들이 지겹습니까?" 그러고는 아마존 알렉사의 패러디인 블랙렉사를 소개한다. 이 광고는 블랙렉사가 "이해가 안 가네. 왜 '모든 목숨이 소중하다'고 말하면 안 되니?"라든가 "시위에 참가하고 싶지만 구호 외치는 법을 모르겠어"와 같은 백인 고객들의 질문에 대답하는 모습을 보여준다. 해설자는 이 장치가 "의도는 선하지만 짜증 날 정도로 백인스러운 친구들을 돕는 모든 감정노동을 대신"할 거라고 짓궂게 설명한다. 그러나 광고가 끝날 때쯤엔 블랙렉사도 지치고 만다. "다른 일을 찾아봐야겠어."

좋은 선생님을 찾아라

늘 그렇듯 누군가에게 그의 정체성에 대한 모든 것을 가르쳐달라고 부탁하지 말라는 우리의 지침은 말 그대로 절대적인 규칙이 아니라 지침일 뿐이다. 남을 가르치는 것을 불편해하기는커녕 오히려 기뻐하는 사람도 있다. 따라서 개인의 역할과 성격, 당신과 상대방의 관계, 당신이 찾는 지식의 종류 같은 요소를 고려해야 할 것이다.

때로는 상대방이 자신의 경험과 당신의 경험 간의 간극을 메우고 싶어 하기도 한다. 이들은 공식적으로 그런 직함을 달고 있건 아니건 간에 세상의 통역사이자 선생님이다. 우리는 평생 수없는 이성애자들로부터 동성애자 정체성과 문화에 대한 질문을 받아왔다. 만약 그 질문이 상황에 적절하고 진심으로 배우고 싶은 마음에서 우러나왔다면 대개 기꺼이 대답해주는 편이다. 다만 우리는 가르치는 직업을 가졌고 기질도 그에 맞는다. 모두가 그렇지는 않다.

자기가 잘 아는 사람들과 잘 모르는 사람들을 구분하는 것도 중요하다. 우리는 가까운 친구들과는 당연히 친밀한 대화를 나눌 용의가 있지만, 공항에서 처음 만난 사람들이 "어떻게 자녀를 가지신 거예요?", "대리모였나요, 입양인가요?", "누가 누구의 생물학적 자식인가요?" 같은 질문을 퍼부을 때는 갑자기 문명사회와 떨어져 살고 싶은 충동을 느낀다. 자신이 없을 때는 '물어도 되냐고 묻는 것'이 도움이 된다. "이런 질문을 해도 괜찮을지 모르겠지만……"이라든가 "너무 사적인 질문이라면 말해주세요. 그런데 혹시……" 같은 간단한 구절이면 충분하다.

마지막으로 정보의 종류를 생각해라. 상대방의 사생활을 침해하지 않는 질문을 해야 좋은 답변을 들을 가능성이 크다. 장애인과 트랜스젠더는 하루가 멀다고 사생활 침해적인 질문을 받는다. "어쩌다 그렇게 되었나요?", "섹스는 어떻게 하나요?", "(성 확정) 수술은 받았나요?", "호르몬치료는요?" 등등.[12] 당신이 하는 질문은 다른 사람들도 이미 했을 것이라는 사실을 기억해라. 그러니 그런 질문을 질리도록 받는 것이 얼마나 피곤할지 상상해봐라.

이제 지식을 늘리는 방법과 그 과정에서 피해야 할 위험은 어느 정도 숙지했다. 그렇다면 충분히 배웠다고 말할 수 있는 때는 언제일까? 만약 당신이 여성의 권리에 대해 배우려는 남성인데 록산 게이의 책을 읽었다면 베티 프리던, 오드리 로드, 재닛 목의 저서도 '읽어야 할 책'에 추가해야 할까? 캐서린 매키넌과 벨 훅스는? 이 목록은 언제 끝날까?

안 그래도 정보가 홍수를 이루는 세상에서 뭔가에 압도되어 아무것도 못 하게 되지 마라. 당신은 자신이 기울이고 싶은 노력의 크기를 조정할 수 있다. 남동생이 저녁 식사 자리에서 성차별적인 발언을 하는 것이 잘못되었음을 아는 데 유명 페미니스트의 이론은 필요 없다. 당신이 가진 지식을 바탕으로 발언하면 된다. (그 방법은 일곱 번째 원칙 "발원자에게 관용을 베풀어라"를 참조해라.) 그러나 대학에서 세계 여성의 날 기념 토론을 위한 패널을 구성하거나 회사의 직원 선발 절차를 보다 성평등하게 개선하고 싶다면 더 많은 시간을 투자해야 한다.

우리는 장담한다. 당신이 아주 조금만 지식을 쌓으려고 노력해도 당신이 지지하고 싶은 사람들에게 더 자신감 있고 쓸모 있는 지지자가 될 수 있을 것이다. 또 궁금한 것이 생기더라도 상대방에게 무작정 지도해달라고 부탁하는 대신 당신이 이미 공부하고 있는 무언가에 대한 의견을 묻게 될 것이다.

배우려는 자세를 취해라

〈패션 폴리스〉라는 TV 프로그램에서 백인 진행자 줄리아나 랜식은 흑인 배우 젠데이아의 외모를 평가하면서 드레드록스 머리에 대해 이렇게 말했다. "파촐리 오일과 대마초 냄새가 날 것 같아요." 이에 대해 젠데이아는 랜식의 발언이 "고정관념일 뿐 아니라 대단히 모욕적"이라고 말했고, "다른 사람의 곱슬머리를 조롱하는 무지한 사람들의 도움 없이도 이미 이 사회에는 아프리카계 미국인의 머리에 대한 혹독한 비판이 존재하죠"라고 덧붙였다.[13]

처음에 랜식은 자신의 발언을 인종과 연관 지은 젠데이아가 틀렸다고 되받아쳤다. "나는 보헤미안 시크 패션에 대해 이야기했을 뿐이에요. 인종과는 아무런 관련도 없고 앞으로도 없을 거라고요!"[14] 그러나 얼마 후 랜식은 자신의 반사적 반응이 무지에서 기인했다는 결론을 내렸다. 사과 방송에서 그는 이렇게 말했다. "이번 일은 저에게 교훈이 되는 경험이었습니다. 저는 오늘 많은 것을 배웠고 이번 사건을 통해 고정관념과 편견에 대해, 그리고 그것이 얼마나 큰 피해를 끼칠 수 있는지에 대해 훨씬 잘 알게 되었습니다."[15]

우리가 제시한 첫 번째 전략을 채택해 흑인 인종차별에 대한 지식을 쌓은 백인이었다면 랜식이 저지른 잘못을 처음부터 피할 수 있었을 것이다. 젠데이아의 말대로 흑인들은 생머리 또는 땋은 머리나 콘로즈, 드레드록스 같은 헤어스타일 때문에 오랫동안 차별당한 역사가 있다. 미국의 몇몇 주는 헤어스타일을 이유로 차별하는 것을 인종차별의 일종으로 간주해 법으로 금지하기도 했다.[16] 그러나 우리는 그것보다 마치 무릎반사처럼 튀어나온 랜식의 주장, 즉 자신의 발언이 "인종과 아무런 관련도 없"다는 말에 더 관심이 있다. 랜식은 자신의 발언에 인종차별적인 함의가 있음을 몰랐을 뿐 아니라 자신이 모른다는 사실도 몰랐다. 그에게 "파촐리 오일과 대마초"는 장난스러운 농담에 불과했다.

나의 무지를 인정하고 경계해라

시트콤 〈빅뱅이론〉에서 하워드가 친구 셸던에게 그의 말이 틀렸다고 하자 셸던은 이렇게 대답한다. "하워드, 너는 내가 굉장히 똑똑하다는 걸 알잖아. 내가 만약 틀렸다면 내가 알 거라고 생각하지 않아?"[17] 그런데 알고 보니 그 문제에서는 셸던이 틀렸던 것으로 드러났다. 미국의 전 국방부 장관 도널드 럼즈펠드의 유명한 말처럼 무지는 다양한 형태로 나타난다. 무지의 인지(자신이 모른다는 사실을 아는 경우)가 있고, 무지의 부지(자신이 모른다는 사실을 모르는 경우)가 있다.[18]

당신은 트랜스젠더, 논바이너리, 젠더퀴어genderqueer,* 젠더플루이드genderfluid, 에이젠더agender 사이의 차이를 잘 모를 수 있다. 하지만 자신이 모른다는 사실을 안다면 무지를 고칠 수 있다. 그것이 무지의 인지다. 더 골치 아픈 것은 무지의 부지다. 당신은 자신이 트랜스젠더가 무엇인지 안다고 생각하지만, 호르몬치료나 성 확정 수술을 받지 않고서도 트랜스젠더가 될 수 있다는 사실을 전혀 모를 수 있다. 이 경우 당신이 자신의 무지를 알지 못하기 때문에 극복하기가 더 어려울 것이다.

무지의 부지가 별일이 아닐 때도 있다. 당신이 자기도 모르게 실수를 저지르면 누군가가 그것을 정정해줘서 사과하고 넘어가

---

* 젠더퀴어는 논바이너리와 대개 동의어로 쓰이나 젠더의 모호함에 더 중점을 둔 개념이다. 젠더플루이드는 젠더가 유동적으로 변하는 사람을, 에이젠더는 젠더가 없는 사람을 가리킨다.

는 경우다. 그러나 다른 경우에는 자기가 이미 충분히 안다는 전제하에 으스대며 대화를 시작하는 스티브 샌타가티처럼 지나친 자신감을 줄 수 있다.

가장 흔한 예 중 하나는 자신이 그런 평가에 필요한 지식을 갖고 있는지 아닌지 생각해보지도 않은 채 어떤 대화가 정체성 대화임을 완전히 부정하는 "그게 아니라……"라는 구절이다. 그에 덧붙여 "이걸 인종 문제로 만들지 마라", "젠더 카드를 사용하지 마라" 또는 해당 정체성을 가진 사람이 그렇지 않다고 이미 말했는데도 자기가 한 말이 "인종과는 아무런 관련도 없고 앞으로도 없을 거라고요!"라는 랜식의 발언 등을 꼽을 수 있다.

심리학자 겸 경제학자 대니얼 카너먼Daniel Kahneman은 기념비적인 저서 《생각에 관한 생각》에서 사람들이 자기 눈앞에 있는 정보만을 바탕으로 세계관을 형성하는 경향이 있음을 지적한다. 사람들은 그 제한적인 정보를 "마치 알아야 할 전부인 것처럼" 취급한다.[19] 우리에게 자기 가치 확인을 가르쳐준 사회심리학자 로버트 리빙스턴은 백인 남성들로 구성된 청중에게 《포천》이 선정한 500대 기업의 CEO 중 몇 명이 흑인일 것 같냐고 물었을 때 이 현상을 목격했다.[20] 한 사람은 75~80명, 다른 사람은 100명, 또 다른 사람은 150명을 예상했다. 정답은? 여덟 명(2023년 기준)이었다. 청중은 믿지 못했다. 그들은 눈앞에 있는 제한된 정보에 근거해 추측했다. "TV를 켜면 버락 오바마, 오프라 윈프리, 제이지, 비욘세처럼 부유하고 유명한 흑인들이 잔뜩 나오니까요"라고 한 참가자는 말했다.

당신은 어떤 사람의 자신감이 지식의 양에 비례해서 증가할 거라고, 그래서 가장 많은 지식을 가진 사람이 자신감도 가장 높을 거라고 생각할지 모른다. 그렇다면 얼마나 좋을까! 현실은 그 반대인 경우가 많다. 연구자들은 사람들이 새로운 지식을 얻기 시작할 때 자신의 전문성을 부풀려서 생각하는 경향인 '초심자의 거품'을 발견했다.[21] 한 논문에 따르면 "약간의 배움"만으로도 "초심자들은 자기가 필요한 것을, 다는 아니지만 꽤 많이 안다고 금방 믿게 된다".[22]

어떻게 해야 자기 과신을 피할 수 있을까? 철학자 크리스티 돗슨Kristie Dotson의 접근법에 따라 당신이 핵물리학 수업을 들으려 한다고 가정해보자. 당신이 핵물리학자가 아닌 이상, 자신의 무지를 명확히 인지한 상태로 수업에 들어갈 것이다. 설사 오늘의 주제를 예습해서 숙지하고 왔더라도 여전히 어려운 내용에 위협을 느낄 것이다. 한편으로는 예습 덕분에 좀 알게 되었다고 느낄 수도 있고, 다른 한편으로는 여전히 모르는 부분이 훨씬 많다는 사실을 깨달을 수도 있다.

돗슨은 자신이 핵물리학 수업의 "일부는 이해"할 수 있겠지만 자기 지식의 구멍을 "늘 경계"할 것이라고 말한다.[23] 이 경계심 덕분에 자신이 '이해'하지 못할 때를 감지하고 추가 질문을 던져야 할 때를 알 가능성이 커진다. 설사 내용을 이해했다고 느끼더라도 여전히 조심할 것이다. "나는 아마 속으로 생각할 것이다. '내가 이걸 제대로 이해한 건가?'"

물론 우리가 앞서 강조했듯 당신의 대화 상대가 자신이 속한 집단의 정체성과 관련된 모든 주제의 전문가는 아닐 것이므로 교수 대하듯이 하지는 마라. 하지만 우리는 돗슨의 배우려는 자세가 유익하다고 생각한다. **당신이 지식을 쌓는 데 얼마나 많은 시간을 쏟았든 간에 당신은 늘 무지의 부지 상태로 정체성 대화를 시작하게 될 것이다.** 말인즉슨 자신의 한계를 인지하고, 정말로 '이해'하려면 추가 질문을 해야 할지 모른다는 사실을 염두에 둔 채 정체성 대화를 시작해야 한다는 뜻이다. 특히 상대방의 이야기를 들을 때는 마음을 열고, 자기 의견을 말할 때는 주저할 필요가 있다.

말하기보다는 들어라

듣는 쪽일 때는 상대방이 꺼내놓는 새로운 지식을 존중해라. 예를 들면 이렇게 생각하는 것이 도움이 된다. 저 발언이 옳다고 생각하진 않지만, 열린 마음으로 듣자. 나는 이 주제에 대해 저 사람만큼 알지 못하니까. 말하는 쪽일 때는 배우려는 자세로 더 신중하게 의견을 표현하고, 당신과 상대방의 회의주의로 검토해봐라. 뭔가가 이렇다 저렇다 주장하고 싶을 때는 "내 생각에는……", "내 느낌에는……" 또는 "내가 보기에는……"으로 문장을 시작해라. 그러면 사실의 진술이었던 것이 개인의 생각으로 바뀔 것이다. 어떤 사람들은 이 접근법을 '초안 얘기하기'라고 부른다. 우리도 대화할 때 이 화법을 자주 사용한다. "이것이 당신의 발언에 대한 내 의견이지만 초안이니까 감안해서 듣길 바란다."

이런 대화 스타일이 일부 지지자에게는 부자연스러워 보일 수 있다. 권력층에 속한 사람들은 남의 말을 듣기보다는 자기가 말하는 데 더 익숙한 경우가 많다. 한 실험에서 연구자들은 피험자들을 둘씩 짝지은 다음에 5분 동안 '친목 도모를 위한 대화'를 하라고 주문했다.[24] 그랬더니 부유층 피험자들이 서민층 피험자들보다 상대방의 말을 안 듣고 있음을 뜻하는 비언어적 표현을 더 많이 보였다. 대화하는 동안 상대방의 말에 귀를 기울이기보다는 "몸단장을 하거나, 근처의 물건을 만지작거리거나, 펜으로 뭔가를 끄적거릴" 가능성이 컸다. 이러한 현상은 연구자들이 인용한 다른 연구 결과들과도 일치했다. 이에 따르면 권력층에 속하는 사람들은 "다른 사람을 주의 깊게 쳐다보지 않았고", "남의 말을 잘 끊었으며", "더 길게 말하는" 경향이 강했다.

듣기보다는 말하길 좋아하는, 몸에 밴 버릇을 극복하기 위해 당신 또한 열심히 노력해야 할지 모른다. 그래도 시간이 지나면 열린 마음으로 듣고 조심스럽게 말하는 것이 해방감을 준다는 사실을 알게 될 것이다. 왜냐하면 당신이 실제로 가진 것보다 더 많은 지식을 가졌다고 더는 주장하지 않아도 되기 때문이다. 우리가 앞서 침묵의 위험을 강조하긴 했지만, 적어도 여기에서는 신중한 침묵과 간간이 끼어드는 사려 깊은 질문이 당신에게 유용할 수 있다. 심드렁한 모습보다는 상대방의 말을 유심히 듣고 관심을 보이는 태도야말로 당신이 진지한 지지자라는 사실을 보여줄 것이다.

이 대화의 기술은 아주 간단하면서도 강력한 해결책이어서, 사람들이 자기 의견을 조심스럽게 말하기만 했어도 피할 수 있었을 실수를 얼마나 자주 저지르는지 보면 안타깝다. 랜식이 자신의 발언에 대해 "인종과는 아무런 관련도 없고 앞으로도 없을 거라고요!"라고 말하는 대신 "내 발언의 어떤 점이 인종과 관련되었는지 잘 모르겠지만 내가 뭔가 놓쳤을 수 있겠네요. 내 발언이 왜 그렇게 해석되는지 궁금합니다"라고 말했다면 얼마나 좋았을지 상상해봐라. 또 "젠더 카드를 사용하지 마라"와 같은 발언은 이런 질문으로 대체할 수 있다. "당신이 봤을 때 여기서 젠더와 관련된 부분은 어디인가?"

더 근본적으로 들어가면 모든 대화는 겸손한 발언으로 시작할 수 있다. 우리는 "나는 아직 배우는 중이다"라거나 "나는 아직 완전히 이해하지 못했다"와 같은 말로 정체성 대화를 시작함으로써 우리가 배우는 자세임을 알리곤 한다. 당신이 이런 대화에서 스스로 얼마나 무지하다고 느끼건 간에 상대방은 많은 지지자가 알지 못하는 중요한 점을 당신이 안다는 사실, 즉 자기가 모르는 것이 있음을 안다는 사실만으로 당신에게 감사할 것이다.

회의적 해설을 멈춰라

한 고전 만화에서 다섯 남자와 한 여자가 탁자 주위에 둘러앉아 회의를 하고 있다.[25] 여자가 뭔가를 발언하자 상석에 앉은 남자가 대꾸한다. "아주 훌륭한 제안이네요, 트리그스 씨. 여기 있는 남자 직원 중 한 명이 똑같은 제안을 하고 싶을 것 같군요."

《뉴욕 타임스》기사에서 한 대형 독립 서점의 전前 직원도 비슷한 역학 관계를 묘사했다. "사장이 참석한 회의에서 여자 직원이 무언가를 제안하면 그 자리에서는 묵살되었다가 1~2주 후에 사장 본인의 기발한 아이디어로 둔갑해서 다시 나타나는 일이 많다." 어떤 직원들은 "우리 아이디어가 어처구니없는 것에서 천재적인 것으로 탈바꿈하는 데 며칠이나 걸리는지” 세는 장난을 치기도 했다.[26] 우리 센터의 의뢰인 중에도 자신의 직장에서 비슷한 일이 자주 일어난다고 토로하는 사람이 많다. 마치 여자가 하는 말은 처음부터 25퍼센트 감점당하고 시작하는 것 같다.

회의는 상대방의 증언을 폄하한다

철학자 미란다 프리커Miranda Fricker는 이 현상을 ‘증언적 부정의testimonial injustice’라고 부르는데 “청자가 편견 때문에 화자의 말에 더 낮은 신뢰도를 부여하는” 현상을 가리킨다.[27] 프리커의 동료 철학자 린다 마르틴 앨코프Linda Martín Alcoff는 백인 남성 조교가 멕시코계 여성 조교수를 근거 없이 비난했던 사례를 소개한다. 조교수가 이 문제를 동료들에게 말했을 때 그들은 믿지 않았다. 나중에 백인 남성 노교수가 해당 조교에게 비슷한 일을 당한 뒤에야 다른 교수들도 마음을 돌려 조교수를 위해 힘을 모았다. 프리커는 이 조교수가 증언적 부정의를 두 번 겪었음을 지적한다. 첫 번째는 자신의 전문성을 인정하지 않은 조교에게서, 두 번째는 자신의 동료들에게서.[28] 이 조교수는 우연히 노교수가 주장을 뒷받침해주는 행운을 누렸지만 이런 일이 매번 일어나진 않는다. 그리고 앨코프의 말마따나, 그것과 상관없이 조교수는 “경력의 장애물 때문에 2년 동안 자기 의심으로 고통받아야 했다”.[29]

이 증언적 부정이라는 개념을 한번 알고 나면 도처에서 발견할 수 있다. 여성 환자나 유색인 환자는 통증을 호소했을 때 남성 환자나 백인 환자보다 덜 진지하게 받아들여지는 경향이 강하다.[30] 여성 사업가는 남성 사업가와 똑같은 프레젠테이션을 해도 투자받을 가능성이 적다.[31] 증언적 부정의 때문에 어떤 집단의 존재 자체에 대한 주장을 불신하게 되기도 한다. 가령 양성애자는 커밍아웃할 용기가 없는 동성애자로,[32] 트랜스젠더는 혼란스럽거나 정신질환이 있어서 자기 정체성을 잘못 아는 사람으로 간주되곤 한다.[33]

비특권층은 프리커가 '신뢰성 결손'이라고 부르는 것으로 고통받는 반면, 특권층은 '신뢰성 과잉'의 혜택을 누린다.[34] 영국에서 노동계급 악센트를 가진 사람은 홀대받고 상류계급 악센트를 가진 사람은 우대받는 것과 같다. 한 여성 연방 판사는 스스로 페미니스트이면서도 키 크고 목소리 굵은 백인 남성 변호사의 말이 더 권위 있다고 생각하는 자신의 습관과 맞서 싸워야 한다고 고백하기도 했다.

당신은 어떤 사람의 정체성뿐 아니라 발언 내용에 따라서도 그 사람의 증언을 폄하할 수 있다. 정체성, 다양성, 정의에 대한 토론에서 상대방은 현실 비판적인 발언을 할 가능성이 크다. 그런데 당신이 현 사회질서의 혜택을 받는 사람이라면 시스템이 공정하지 않다는 주장을 완전히 받아들이기 어려울 수 있다. 당신은 무의식적으로 상대방의 의견에 반박할 이유를 찾을지 모른다. 작가 업턴 싱클레어가 말했듯이 "어떤 사람의 월급이 그가 뭔가를 이해하지 못하는 데 달려 있을 때는 그것을 이해하는 게 어려울 수 있다."[35] 특권 또한 월급처럼 작용한다.

회의는 상대방의 입을 막는다

우리는 이러한 폄하와 관계된 자기 대화를 '회의적 해설'이라고 부른다. 한 백인 대학생은 그것의 작동 방식을 이렇게 설명했다. 유색인이 인종차별에 대해 이야기할 때 자신은 머릿속으로 이런 생각을 한다는 것이었다.[36] "한 중국인 여자가 식당에서 자기 일행이 더 오래 기다렸는데 백인들이 먼저 자리로 안내받더라고 말하면, 나는 속으로 그 사람들은 예약했기 때문이라고 말해요. 한 흑인 남자가 식당 종업원이 무례했고 자기가 흑인이라서 더 오래 기다리게 했다고 말하면, 나는 속으로 그날 종업원의 기분이 안 좋았나 보다고 말하죠." 놀라울 정도로 자기 인식을 잘하는 이 학생은 자신이 "공감하는 마음으로 듣고 있었"는데도 "세상의 평형을 유지하기 위해 편리한 핑계"를 계속 생각해냈다고 인정했다. "나는 당신의 사회 정체성 때문에 당신을 차별하고 있다"라고 대놓고 말하는 사람이 거의 없음을 감안하면, 거의 매번 생각해낼 수 있는 이런 편리한 핑계는 당신 스스로 지양해야 한다는 결론이 나온다.

우리는 회의적 해설이 비지배적 집단에 대단히 불리하게 작용한다고 생각한다. 사람들이 평범한 대화에 적용할 수 있고, 적용해야 할 건강한 회의주의를 한참 넘어서기 때문이다. 그것은 마치 비특권층에 속하는 사람이 TV에 나와서 부당한 고충에 대해 이야기하고 있는데, 화면 하단에 "어쩌면 이 사람이 오해한 것일지 모른다"라거나 "어쩌면 이 사람의 기억이 잘못된 것일지 모른다"라는 자막이 지나가고 있는 것과 같다.

회의적 해설이 상대방에게 끼치는 피해를 이해하는 것은 중요하다. 레니 에도로지는 백인들과 구조적 인종차별에 대해 이야기하려고 할 때마다 부딪히는 엄청난 저항을 이렇게 묘사한다. "구조적 인종차별이라는 말이 우리의 입을 떠나 그들의 귀에 닿을 때 어떤 현상이 일어나는 것처럼 보일 정도다. 그 말은 부인의 장벽에 가로막혀 더 이상 나아가지 못한다."[37] 에도로지는 계속해서 그 부인의 장벽이 자신에게 끼친 영향을 설명한다. "이 메시지를 전달하려 애쓰는 데 나의 모든 감정적 에너지를 소비할 수는 없다." 그다음에 뜻밖의 이야기가 나온다. "나는 이제 더 이상 백인들에게 인종에 대해 이야기하지 않는다. 나는 세상이 돌아가는 방식을 바꿀 만큼 대단한 힘을 가지고 있지는 않지만, 경계를 설정할 수는 있다." 당신의 회의적 해설은 오랜 시간에 걸쳐 상대방이 좌절해 포기하도록, 정체성 이야기를 당신에게 아예 하지 않게 되도록 만들 수 있다.

프리커는 비특권층 화자의 발언을 폄하하는 경향을 극복하기 위해 이런 방법을 제안한다. 당신이 다른 사람의 발언에 얼마만큼의 무게를 부과하는지 살펴보고, 그 평가가 편견에 영향받는다는 사실을 인식한 후에, 무게를 조정하는 것이다.[38] 만약 당신이 여성의 말을 25퍼센트 감점해서 듣고 있다면 의식적으로 수치를 높여라. 프리커는 각각의 발언에 정확히 얼마만큼의 무게를 부여해야 할지 결정할 수 있는 '알고리즘'은 없지만 적어도 '이상적 방향'만큼은 명확하다고 주장한다.

자신의 반응을 회의해라

누군가의 의견을 일축하고 싶을 때 본능적 반응을 멈추고 의심해보는 것은 유용하다. 모든 무의식적 편견이 그렇듯이 회의적 해설은 당신이 자동조종 상태일 때 가장 많이 발생한다. 반사적 모드에서 반추적 모드로 바꾼다면 충분히 도중에 멈출 수 있을 것이다.

이때 모드를 바꾸는 방법으로는 두 가지를 추천한다. 첫 번째는 회의의 대상을 상대방에게서 자기 자신으로 바꾸는 것이다.

당신이 남자이고 어떤 여자가 하는 말을 듣고 있는데, 상대방의 의견이 이상하다고 생각하는 상황을 가정해보자. 그 상황에서 철학자 루이즈 앤터니Louise Antony는, 이해를 못 하는 쪽이 상대방이 아니라 당신이라는 '작업가설'을 채택해보라고 제안한다.[39] 우리는 이 아이디어가 마음에 든다. 틀릴 수도 있는 상대방의 관점을 무조건 받아들이는 것이 아니기 때문이다. 오히려 상대방에게 공평한 발언 기회를 주는 것에 가깝다.

두 번째는 화자가 비특권층이 아니라 특권층이었다면 당신이 어떻게 반응했을지를 상상해보는 것이다. 예를 들어 무슬림 여성이 출근길에 누가 자신에게 이슬람 혐오적인 욕설을 퍼부었다고 말하는 상황을 가정해보자. 당신의 회의적 자아는 상대방이 잘못 들었거나 욕설의 정도를 과장하고 있다고 생각할 것이다. 이때 잠시 멈춰 서서 비무슬림 남성이 똑같은 사건을 목격했다고 말했다면 당신이 어떻게 반응했을지를 상상해봐라. 만약 당신이 여성보다 남성을 믿을 가능성이 더 크다는 것을 깨닫는다면, 다음번에 비슷한 이야기를 들었을 때 회의적 해설을 깨부수는 데 도움이 될 것이다. 정체성 대화에서 듣는 모든 이야기를 믿을 필요는 없다. 그러나 당신이 진지하게 듣게끔 만들기 위해 상대방이 과도한 노력을 기울여야 할 필요도 없다.

＋ ＋ ＋

우리의 친구인 백인 여성 헬렌은 대학교 행정 직원으로, 학생들을 상대하는 일을 맡고 있다. 같은 학교에서 몇십 년째 근무하는 동안 그는 이 기관이 모든 학생을 동등하게 대한다고 믿게 되었다. 그러던 어느 날 캠퍼스 문화에 관한 최근의 '풍토 조사'를 훑어본 그는 자신감이 크게 흔들렸다. 유색인 학생들이 제보한 인종차별 사례가 예상보다 훨씬 많았기 때문이다. 헬렌은 훑어보기를 멈추고 한 장 한 장 꼼꼼히 읽기 시작했다. 그는 충격과 약간의 의구심을 느꼈다. 그 조사 결과는 그를 비롯한 행정 직원들이 조성하기 위해 부단히 노력해온, 개방적이고 포용적인 문화와 맞지 않았다.

헬렌은 이 조사를 설계한 데리어스에게 연락해서 이야기를 나누고 싶다고 말했다. 그들은 헬렌의 사무실 건물 앞에서 만났다. "조사 결과를 보고 놀랐어요"라고 헬렌이 말했다. "우리 학교는 진보적인 학교이고 저는 매일 학생들을 만나는데, 당신의 조사에서 눈에 띄는 인종차별 사례들에 대해서는 듣지 못했거든요. 제가 뭘 놓치고 있는 건가요?"

덩치 큰 흑인 남성인 데리어스는 헬렌에게 제자리에 잠시 서 있으라고 말했다. "제가 저기까지 걸어가볼게요." 그가 조금 떨어

134
어른의 대화 공부

진 교차로를 가리키며 말했다. "두 번 걸어갈 건데, 처음에는 혼자 걸어갈 거예요. 반대쪽에서 저를 향해 걸어오는 백인들이 어떻게 행동하는지 잘 보세요. 그다음에는 당신과 함께 걸어갈 건데, 첫 번째와 어떤 차이가 있는지 잘 보세요."

헬렌은 인도에 서서 기다렸다. 데리어스가 혼자 걸어가자 마주 오던 백인들이 그를 보는 순간 반대편 길로 건너가기 시작했다. 그들은 그가 자신과 같은 인도에 있다는 사실만으로도 겁먹었다. "자, 이제는 같이 걸어가보죠." 데리어스가 말했다. 두 사람이 나란히 걸을 때 헬렌은 놀라운 변화를 알아차렸다. 행인들이 아무도 길을 건너지 않았던 것이다. 백인 여성과 동행한다는 사실만으로 데리어스는 그들에게 두렵지 않은 사람이 되었다. "저는 매일 이렇게 살아요." 데리어스가 말했다.

지금껏 자신의 관점에 따라 변형된 캠퍼스 풍토를 현실로 믿고 있었다는 사실을 깨닫자 헬렌은 눈물이 차올랐다. 그는 캠퍼스의 인종적 편견이 어느 정도인지 몰랐을 뿐 아니라, 더욱 중요한 건, 자신이 모른다는 사실도 몰랐던 것이다. 인종 정의 문제에 있어 충직한 지지자인 그조차 항상 눈과 마음을 활짝 열어야 한다는 사실을 상기시킨 사건이었다. 늘 촉각을 곤두세우고 내가 제대로 이해한 건지 모르겠네라고 되뇌어야 한다. 데리어스와 함께한 그날, 헬렌은 그렇게 했을 것이다.

- 편견의 역풍을 경험해보지 않은 사람은 이런 형태의 편견에서 중요한 지식을 갖고 있지 않을 가능성이 크다. 지식의 구멍을 메우려면 조사해라. 편견의 대상인 사람들에게 자신을 지도해달라고 부탁하기 전에 그 사람이 당신을 지도하고 싶은지, 당신이 그 사람과 충분히 가까운 관계인지, 당신의 질문이 지나치게 사생활 침해적이지 않은지 생각해라. 그러고 나서도 한 번 더 조심해라.

- 정체성 대화에는 '무지의 부지', 즉 자신이 모른다는 사실을 모르는 사람이 흔하다. 배우려는 자세로 마음을 열어 남의 의견을 경청하고, 자신의 의견을 조심스럽게, 예를 들면 "나는"으로 문장을 시작하거나 초안을 얘기하면서 공유해라.

- 당신은 편견의 대상인 사람들의 증언을 부당하게 폄하할지 모른다. 다른 사람의 의견을 일축하고 싶을 때는 자신의 본능적 반응에 의구심을 품고 '회의적 해설'을 멈춰라. 이해를 못 하는 쪽은 상대방이 아니라 자신이라는 작업가설을 채택해라. 똑같은 이야기를 특권층 화자가 들려줬다면 당신이 어떻게 반응했을지를 상상해봐라.

네 번째 원칙

존중하는 태도로 부동의해라

4th Keypoint

아무리 준비를 잘한 상태로 정체성 대화에 참여하더라도, 상대방의 가치관에 도저히 동의하지 못할 수 있다. 이때 많은 사람이 거짓으로 동의하는 척하거나, 자신의 생각이 아닌 양 스리슬쩍 다른 의견을 제시한다. 하지만 그럴 필요는 없다. 모든 대화가 완벽한 합의로 마무리된다는 것은 공상에 가깝다. 다만 어떤 상황에서든 '존중'을 표해라.

2019년의 어느 상쾌한 봄날 우리는 워싱턴스퀘어공원이 내려다
보이는 방을 가득 메운 청중과 함께 점심 공개 토론회를 진행했
다. 이 행사는 교직원들과 학생들이 모여서 우리 법학전문대학원
은 물론 그 밖의 장소에서도 효과적인 지지자가 될 수 있는 전략
을 공유하는 자리였다. 토론회를 마치고 건물을 나와 사무실로
돌아가려 할 때 백인 남학생인 블레인이 우리를 향해 뛰어왔다.
"질문 하나 해도 될까요?" 질의응답 시간에는 침묵을 지킨 그였
지만, 개인적으로 꼭 묻고 싶은 질문이 있었던 것이다. "어떤 여자
가 제 발언이 성차별적이라고 할 때 저는 그렇게 생각하지 않는
다면 동의하지 않아도 되나요?"

　　나중에 그 질문에 대해 토의하면서 우리는 이런 순간들 때문
에 블레인에게 호의적인 감정을 품게 된다는 데 동의했다. 그는
상대적으로 동질적인 사회에서 자랐고, 본인 설명에 따르면, 학

부에서 인종의 역사에 관한 수업을 듣기 전까지 사회정의에 대해 거의 생각해본 적이 없었다. 그런데 지금은 세계에서 가장 다양성이 높은 도시 중 하나인 뉴욕의 법학전문대학원에 다니면서 '미세 공격microaggression'(미묘한 인종차별)이나 '이성애 규범성heteronormativity'* 같은 단어를 아무렇지 않게 사용하는 학생들에게 둘러싸여 있었다. 문화충격은 실재했다.

열정적으로 정체성 대화를 나눈 결과, 블레인은 많은 주제에 대해 의견을 바꿨다. "대부분의 고향 친구는 인종차별을 개인 차원에서만 생각할 거예요. 모퉁이 가게의 멕시코인 점원을 어떻게 대할 것인가 하는 정도로요. 사실은 그보다 심오한 문제라는 것을 지금 깨달았어요." 그는 결국 우리 법학전문대학원에서 다양성 및 포용성 문제에 적극적으로 관여하는 백인 이성애자 남학생 중 한 명이 되었다. 그러나 그의 견해는 캠퍼스에서 가장 진보적인 운동가들과는 좀 거리가 있는 상태로 남았다.

우리가 블레인의 자유로운 사고방식을 높이 평가했기 때문에 즉각적인 대답은 쉬웠다. "당연히 동의하지 않아도 되죠!" 하지만 더 심오한 답변을 해줘야 한다는 사실을 알고 있었다. 블레인이 직감했듯이 정체성 대화는 이 지점에서 특히 더 논쟁적이 될 수

---

* 이성애만이 정상이라고 생각하는 태도.

있다. 당신이 상대방에게 동의할 때는 지지자가 되는 것이 상대적으로 쉽다. 그러나 동의하지 않을 때는 불안과 자기 의심에 휩싸일 가능성이 크다. 내가 스스로 생각했던 것만큼 깨어 있나? 사람들이 나 때문에 상처 입거나 배신당했다고 생각할까? 우리는 블레인이 동의하지 않을 수 있기를 바랐지만, 그 자신이나 다른 사람들에게 불필요한 상처를 주지 않으면서 그렇게 할 수 있는 전략을 가르쳐주고 싶었다. 그리고 당신에게도 그 전략을 알려주고 싶다.

우선 우리는 두 번째 원칙("탄력성을 길러라")과 세 번째 원칙("호기심을 키워라")이 당신의 삶에서 많은 부동의를 해소해주길 바란다. 탄력성으로 부정적인 감정을 떨쳐내고 나면 상대방을 오해했음을 깨달을지 모른다. 예를 들면 상대방이 당신을 여성혐오자라고 불렀다고 생각했지만, 피드백을 실제 크기로 듣고 나면 당신의 발언이 무의식적인 젠더 편견을 드러낸다는 뜻이었음을 깨달을 수도 있다. 아울러 호기심을 키우고 나면 당신이 잘못 생각하고 있었다는 결론에 다다를지 모른다. 당신의 발언이 실제로 성차별적이었지만, 당신이 배우는 자세로 마음을 열고 상대방의 의견을 듣기 전까지는 그 문제의 젠더적 측면을 이해하지 못한 것이었을 수도 있다. 이 강력한 기술로 해결될 수 있는 명백한 부동의의 숫자를 과소평가하지 마라.

그러나 때로는 아무리 많은 탄력성과 호기심이 있어도 충분치 않아서 끝내 동의하지 못하는 경우가 생길 것이다. 여기에 우리가 일하면서 부딪혔던 몇 가지 사례가 있다.

▶ 자녀의 학교가 반인종주의 교육에 치우쳐서 수학이나 과학 같은 전통적 교과과정에 소홀하다고 한 학부모가 생각한다.

▶ 지탄받아 마땅한 역사적 인물들의 동상을 시에서 철거해야 한다고 생각하는 이웃의 의견에 한 주민이 동의하지 않는다.

▶ 한 여자 직원이 남자 상사의 젠더 편견 때문에 자기가 승진에서 누락되었다고 생각하는데, 상사는 공과에 따라 정당한 결정을 내렸다고 생각한다.

▶ 대학들이 사회경제적 다양성은 무시하고 인종적·민족적 다양성에 지나치게 경도되어서 계급 간 분열을 더욱 심화했다고 한 학생이 생각한다.

▶ 10년 전의 트랜스젠더 혐오 발언 때문에 회사가 직원을 해고하는 것이 올바른지를 놓고 친구들이 서로 동의하지 않는다.

이런 부동의에 빠질 때 우리는 때때로 말없이 그것을 무시하고 그 선택에 대해 자책하지 않는다. 여기서 다시 한번 반사적 행동과 반추적 행동을 대조할 필요가 있다. 탄력성과 호기심이 결여되어 있기 때문에 침묵을 지키는 것과 불필요한 분쟁을 일으키지 않기 위해 차분하고 현명한 결정을 내리는 것 사이에는 엄청난 차이가 있다.

그러나 때로는 부동의를 표현해야만 하는 경우도 있다. 당신도 아마 많은 정체성 대화에서 그런 압박감을 느낄 것이다. 부동의를 표현할 수 없다면 자신의 자긍심과 진실성을 희생해야 하기 때문이다. 일관된 지지를 보여주는 능력 또한 타격을 입을 것이다. 유일한 선택지가 상대방이 무슨 말을 하든 거기에 굴복하는 것이라면 애초에 많은 정체성 대화에 참여하지 않을 것이기 때문이다. 따라서 존중하는 태도로 부동의하는 법을 배우는 것은 당신 자신에게 주는 선물이자 상대방에게 주는 선물이기도 하다.

대화를 논쟁 눈금자 위에 놓아라

우리는 둘 다 동성결혼을 했다. 켄지는 2009년에, 데이비드는 2014년에 결혼했다. 결혼 평등이 고국(미국과 오스트레일리아)에서 뜨거운 논쟁거리였을 때 우리는 그 결과에 사적인 이해관계가 있었다. 우리는 둘 다 동성애 혐오의 아픔을 느끼며 자랐고, 동성 결혼이 금지되어 있다는 사실이 동성애자의 오명을 악화시킨다고 생각했다.

우리는 동성결혼에 관한 여러 포럼에 참석했다. 한 번도 즐긴 적은 없지만 그중에서도 특히 한 가지가 끔찍하다고 생각했다. 반대 측으로 나온 사람들이, 그 토론이 우리를 비롯한 성소수자들에게 무엇을 의미하는지 거의 몰랐다는 사실이다. 결혼 평등에 반대하는 유명 저서의 저자들은 "동성에게 끌리는 사람들을 폄하하거나 그들의 욕구를 무시하지는 않으면서도" 여전히 동성결혼을 거부할 수 있다고 주장했다.[1] 그들은 생방송에서도 똑같은 입장을 취했다. 레즈비언 투자자문관 수지 오먼이 참석한 TV 토론에서 사회자는 해당 저자 중 한 명인 라이언 앤더슨에게, 오먼에게 "무슨 문제가 있는 건지" 설명해달라고 부탁했다. "저는 당신에게 무슨 문제가 있다고 생각하지 않습니다." 앤더슨이 말했다. "문제는 이겁니다. 결혼이란 무엇인가? 저는 결혼은 본질적으로 (…) 남자와 여자의 결합이라고 생각합니다."[2]

이 대답은 외교적으로 들리지만, 많은 동성애자가 보기에는 오먼을 2등 시민으로 바라보는 시각이 담겨 있다. 많은 동성애자는 동성결혼 반대가 동성애를 부도덕한 것으로 간주하는 종교에서 기인하는 경우가 많음을 안다. 그러나 이 주제에 대해 나눴던 수많은 대화 중에 우리가 반대편의 견해를 '우리도 인간이라는 사실'에 대한 부정으로 느낄 수 있음을 그들이 인식했던 경우는 한 손에 꼽힌다. 이러한 접근법이 그들에게 의견을 바꾸라고 요구하진 않는다. 단지 그들의 의견이 우리에게 어떻게 들릴 수 있는지를 인식하라고 요구할 뿐이다.

부분적으로는 이런 좌절감 때문에 우리는 부동의의 주제들을 직선 위에 나열한 '논쟁 눈금자'를 개발했다. 왼쪽에는 안전한 주제, 즉 부동의가 기대되고 심지어 칭송받는 주제들이 있다. 오른쪽에는 논쟁적인 주제, 즉 대화가 험악해질 가능성이 큰 주제들이 있다.

취향	사실	정책	가치관	인간의 동등성
가장 논쟁적이지 않은				가장 논쟁적인

개인 취향에 대한 부동의는 대개 따뜻하고 온화하다. 친구들이 쓰레기 같은 TV 프로그램을 좋아하는 우리를 놀릴 때 그 부동의는 인간관계를 약화하기보다는 강화한다. 사실에 대한 부동의 또한 상대적으로 편안하다. 그것이 ('대안적 사실'이나 '가짜 뉴스'에 대한 독설에 찬 토론 같은) 살짝 포장된, 가치관에 관한 토론이 아니

라 정말로 (누구, 무엇, 언제, 어디, 어떻게 같은) 사실에 관한 토론이라면 말이다. 진짜 위험은 화제가 논쟁 눈금자의 오른쪽으로 흘러갈 때 발생한다. 가장 강렬한 대화는 한쪽 또는 양쪽이 그들도 남들과 동등한 인간이라는 사실에 의문이 제기되었다고 느낄 때 발생한다.

당신이 소수집단우대정책의 라틴계 옹호자로서 이 정책에 반대하는 비라틴계와 토론 중이라고 가정해보자. 당신은 소수집단우대정책이 교내의 민족적 불평등을 감소했는지(사실) 논의하는 것이 불편하지만 그럭저럭 괜찮다고 생각할 것이다. 대입 자격이 시험 점수 같은 객관적 지표만을 기준으로 해야 하는지(가치관) 토론하는 것은 조금 더 힘들다고 느낄 것이다. 반면에 인종과 민족에 따라 IQ가 다르다는, 심리학자 리처드 헌스타인Richard Herrnstein과 정치학자 찰스 머리Charles Murray의 악명 높은 가설(인간의 동등성)을 놓고 토론하는 것은 거의 고통스럽다고 느낄 것이 분명하다.[3]

정체성 부동의의 문제는 특권층과 비특권층이 같은 문제를 논쟁 눈금자에서 거의 항상 다른 위치에 놓는다는 것이다. 만약 당신이 자녀의 학교가 반인종주의 교육에 너무 치우쳤다고 생각한다면 여러 교과과정 간의 적절한 균형에 대한 논쟁을 정책 토론으로 볼지 모른다. 그러나 대화 상대인 아시아계 미국인 엄마는 당신이 자기 아들의 소속감 문제를 과소평가한다고 생각할 것이다. 그의 아들이 학교에서 "네 나라로 돌아가" 같은 말로 괴롭힘당하고 돌아왔을 때 위로해줘야 하는 사람은 다른 누군가가 아니고, 바로 그다. 이때 당신은 이 문제를 논쟁 눈금자 중앙에 위치한 '정책'에 놓겠지만, 그는 오른쪽 끝에 있는 '인간의 동등성'에 놓을 것이다.

당신이 다른 사람의 상황에 공감한다면 부동의의 본질을 재평가하고, 해당 문제를 논쟁 눈금자에서 그 사람이 놓은 곳 근처로 옮길 수도 있다. 또는 그러지 않을 수도 있다. 당신에게 그러라고 강요하는 것이 아니다. 우리의 부탁은 상대방의 입장을 확실히 인식하라는 것이다. 대화를 시작할 때 당신은 이렇게 말할 수 있다. "나에게 이것은 정책 토론이지만 당신에게는 아주 개인적인 문제임을 압니다. 내 의견을 공유할 때는 그 부분을 존중하도록 최선을 다하겠습니다." 또는 대화 도중이나 이후에 당신이 해당 문제를 순수한 지적 훈련으로 취급했음을 깨닫고, 이 토론이 상대방에게 미쳤을 수도 있는 영향을 인식해야 하는 일이 발생할지도 모른다. "나는 정책적인 측면에서 토론을 이끌었지만, 이 문제에 나보다 더 직접적으로 영향받는 사람으로서 당신은 어떻게 생각하는지 물어봐도 될까요?" 지지자들은 이 간단하지만 중요한 단계를 주기적으로 건너뛰곤 한다.

차이점 대신 공통점에 주목해라

영화 〈프레데터〉에서 (아널드 슈워제네거가 연기한) 더치와 (칼 웨더스가 연기한) 딜런은 오늘날 '역사적 악수'라고 불리게 된 방법으로 인사한다. 더치가 "딜런, 이 개자식"이라고 말하면 두 사람이 서로에게 다가가서 당장 팔씨름할 것처럼 근육질 팔을 V 자로 접은 채 손을 맞잡는다. 그들은 서로 손을 안 놓고 버티다가 결국 정말로 팔씨름하기 시작한다. 과장된 남성성 전시의 패러디라 할 수 있다.

이 장면은 화제의 밈으로 재탄생하지 않았다면 아마 잊혔을 것이다. SNS 사용자들은 겉으로는 상관없어 보이지만 깜짝 놀랄 만한 공통점을 가진 두 사람이나 두 집단 또는 두 개념을 보여주고 싶을 때 더치와 딜런이 악수하는 이미지를 올린다. 각각의 이름을 더치와 딜런의 팔에 쓰고 그 사이에 공통점을 써넣는다. 예를 들면 '복수'와 '아이스크림'은 '차가워야 제맛이다'라는 문구 위에서 악수한다. 또 다른 예에서는 인플루언서와 공사장 인부가 '칼하트 비니' 위에서 하나가 된다. 역사적 악수에서 파생된 또 다른 시도로는 벤다이어그램을 이용해 예상 밖의 겹치는 부분을 강조하는 방법이 있다. 예를 들어 은행 강도와 DJ와 목사는 모두 "풋 유어 핸즈 업"이라고 말하고, 심리상담가, 네 살배기, 백스트

리트 보이스는 모두 "텔 미 와이"라고 말한다. 이 이미지들은 어느 분쟁에나 있는 공통점, 어느 팔씨름에나 숨겨진 악수를 볼 수 있게 도와준다.

평범하지 않은 공통점을 찾아라

이 '공통점을 찾는 능력'은 중요하고, 보기보다 개발하기 어렵다. 다른 사람에게 동의하지 않을 때는 일단 동의하는 포인트 몇 가지를 언급하는 것이 효과적 전략이라는 사실은 널리 알려진 지혜다. 그러나 철학자 대니얼 데닛Daniel Dennett이 지적하듯 "누구나 대체적으로 동의하는 문제가 아닌 것"을 찾아야 유용하다.[4] 요는 상대방이 깜짝 놀라 기존 입장을 바꿀 정도로 특이한 공통점을 찾는 것이다. 그런데 사람들은 너무 자주, 의미 없는 몸짓처럼 보이는 뻔한 공통점으로 만족하곤 한다. 은행 강도와 DJ와 목사의 공통점을 '직업'이라고 쓰는 것처럼 말이다.

SNS, 학교, 바비큐 파티, 급수기 앞 등 어디서나 볼 수 있는 논쟁적 주제인 캔슬 문화를 예로 들어보자. 많은 이가 정체성과 관련해 실수한 사람을 배척하고 망신 주는 경향을 문제 삼는다. 기억에 남는 예로, 인종 정의를 위한 2020년의 역사적 시위 직후에 마거릿 애트우드, 스티븐 핑커, 글로리아 스타이넘이 포함된 150명 이상의 유명인이 《하퍼스 매거진》에 게재한 공개서한에서 캔슬 문화에 반대를 표명한 일이 있었다. 이 서한의 서명인들은 정체성 이슈와 관련해 "맹목적으로 도덕적인 확신"을 품고 "맹비난"을 퍼붓는 풍토를 비판하며 그것이 "자유민주주의 사회의 근원"을 위협한다고 주장했다.[5] 시점이 시점이었던 만큼 서명인들은 당연히 반대자들과의 공통점을 찾으려 했다. 서한은 "인종 정의와 사회정의를 위한 강력한 시위들은 때늦은 경찰 개혁에 대한 요구와 우리 사회 전반, 특히 고등교육, 언론, 자선사업, 예술 분야에서의 더 넓은 평등 및 포용에 대한 요구로 이어지고 있다"라고 서두를 장식했다. "그러나 이 심판은 이데올로기적 순응을 위해 '열린 토론'과 '차이에 대한 관용'이라는 우리의 규범을 약화하는 일련의 새로운 도덕관과 정치 공약 또한 강화했다." 이후 분량의 대부분은 평등 및 포용에 대한 요구가 "교조", "강압", "불관용", "숨 막히는 분위기", "공개적 망신 주기와 배척"으로 이어진 이유들로 채워졌다.

우리는 이 서한의 서명인 중 많은 이를 매우 존경하며, 이렇게 많은 사람이 공동 작성할 때 논조를 통일하기 어렵다는 것도 안다. 그리고 캔슬 문화에 제동을 걸어야 할 때가 왔다는 결론에도 동의한다. 그러나 공통점을 찾으려는 시도에서는 이 서한이 여전히 좀 부족하다고 생각한다. "우리 사회 전반에서의 더 넓은 평등 및 포용에 대한 요구"를 상찬하는 것은 범위가 너무 넓다 못해 진부하게 들릴 지경이다. 게다가 기나긴 부동의의 목록으로 너무 빨리 넘어가버려서 앞서 언급했던, 동의하는 부분은 거의 헛기침처럼 보이게 되었다.

평범하지 않은 공통점 찾기는 당신과 대화 상대를 모두 자유롭게 해줄 것이다. 이와 비슷한 경우를 감정에서 찾아볼 수 있다. 화제의 책《우주인들이 인간관계로 스트레스받을 때 우주정거장에서 가장 많이 읽은 대화책》에서 저자들은 강렬한 감정에 지나치게 사로잡힐 수 있음을 지적한다. 예를 들어 형제자매에게 화났을 때 그 분노는 다른 모든 것을 지워버리는 경향이 있다. 그러나 이 경험은 왜곡이다. 형제자매에 대해서는 긍정적인 감정을 포함한 다른 감정들도 품고 있기 때문이다.[6] 따라서 감정을 단순히 쏟아내기보다는 자세하고 미묘하게 서술하는 편이 더 정직하고 생산적이다. "너를 사랑하기 때문에 최근에 있었던 일로 상처받고 화났어." 마찬가지로 부동의에서도 당신은 쟁점에만 너무 집착할 가능성이 크다. 그것이 고통의 원인이기 때문이다. 하지만 상대방과 의견이 일치하는 모든 점을 고려한다면 당신 생각보다 동의의 폭이 훨씬 넓다는 사실을 깨달을 것이다. 공통점을 발견하면 차이점에 대한 끈질긴 집착에서 벗어나 보다 넓은 시야에서 바라볼 수 있다.

분노를 가라앉히는 공통점 찾기

공통점을 찾을 때는 대화 상대가 기여한 부분을 반드시 제대로 언급해라. 행동과학자 자오쉬안Zhao Xuan과 동료들이 수행한 연구에 따르면, 다른 사람의 견해에 대해 "감사합니다, 왜냐하면……"이라고 대답하는 것이 "그렇군요" 같은 진부한 표현보다 훨씬 효과적으로 공감대를 형성할 수 있다.[7] "감사합니다, 왜냐하면……"이라는 말(또는 "당신의 의견을 공유해줘서 고맙습니다. 저는 그런 관점에서 생각해보지 못했네요" 같은 말)은 상대방의 의견을 인정할 뿐 아니라 소중히 여기기도 한다는 사실을 시사한다. 그래서 상대방은 당신이 자신의 말을 경청하며 존중한다고 느끼고, 이 상호작용이 협동 작업에 더 가깝다고 인식하게 된다. 또 다른 연구 결과에 따르면, 상대방의 의견을 진지하게 듣고 자신의 의견과 똑같은 비중으로 다루겠다고 약속만 해도, 논쟁적이 될 수도 있는 정치 토론을 진정시킬 수 있다.[8]

라디오 프로듀서 데이브 아이세이는 낯선 사람들이 마주 앉아 50분 동안 대화하는 '작은 한 걸음'이라는 프로젝트를 기획했다.[9] 이 프로젝트는 정치적 견해는 다르지만 별도의 분야에서 공통점을 가진 사람들을 짝지어준다. 처음에는 각 참가자가 자신의 이력을 소리 내어 읽는다. 시사 프로그램 〈60분〉에서 소개된 한 사례를 살펴보자. 참가자 브렌다 브라운그룸스가 말문을 연다.

"나는 군인 자녀이자 복음교회 신도이며 굉장히 강력한 보수주의, 애국주의, 종교에 둘러싸여 자랐습니다." 그러자 대화 상대인 니콜 유니스가 화답한다. "나는 침례교 목사이자 행위예술가이며 샬러츠빌 토박이에, 버지니아대학교와 뉴욕의 유니언신학대학교를 졸업했습니다." 그들은 곧바로 공통점을 발견한다. "우리 둘 다 목사네요"라고 브라운그룸스가 말한다. "그리고 사람들이 자신의 길과 목소리를 찾도록 돕고 있지요." 유니스가 동의한다. "오, 브렌다, 사람들이 자신의 길을 찾도록 돕는다는 말이 정말 좋네요. 공감이 많이 됩니다."

평범하지 않은 공통점을 찾는 전략은 가장 분노를 유발하는 주제에 대해서도 쉽게 이야기할 수 있게 한다. 최근 몇 년간 자녀의 학교에서 인종에 관한 대화가 오간다는 사실에 걱정하거나 분노한 부모들이 (보통은 지루한) 시 공회당 회의에 몰려들었다. 그중 한 명은 조지아주 캔턴 출신의 보수적인 백인 남성 복음교회 신도인 바트 글래스고(데이비드의 친척은 아니다)로, 자신이 학교 이사회에서 다양성, 공정성, 포용성 담당관 고용에 반대한다고 목소리를 높였다.[10]

바트와 아내 콜리는 인종 전문가 네 명과 대화하기로 결심했다. 그중 한 명은 에머리대학교 아프리카계 미국인학과 교수 겸 학과장이자 《백인의 분노White Rage》를 쓴 캐럴 앤더슨Carol Anderson

이었다. 겉으로 봤을 때 앤더슨과 글래스고 부부는 공통점이 거의 없었지만, 한 시간 동안 대화를 계속하면서 연결고리를 찾으려고 상당한 노력을 기울였다.[11] 바트는 대학 시절 시민불복종에 대한 논문을 쓰면서 헨리 데이비드 소로, 마하트마 간디, 마틴 루서 킹 목사 같은 인물들을 연구했다고 밝혔다. "킹 목사의 업적은 놀랍죠." 그가 말했다. "반대쪽 뺨을 대라는 성경 원리를 실천하고 미움에 사랑으로 답하다니." 앤더슨은 "직업군인" 아버지의 딸로, 교회 안에서, "하느님을 두려워하는" 지역사회 안에서 자란 이야기를 나눴다. 그들은 집에 《월드북 백과사전World Book Encyclopedia》이 있었다는 점, 엄한 부모님에게 혼나면서 자랐다는 점에서 의기투합했다. 그리고 이어서 소수자로서 학교에 다녔던 경험을 공유했다. 앤더슨은 버스를 타고 전교생 대부분이 백인인 고등학교에 다녔고, 백인인 콜리는 역사적으로 흑인 학교인 대학 두 곳을 다녔던 것이다.

이 공통분모 탐색의 성과는 괄목할 만했다. 대화가 계속될수록 그들의 의견은 엇갈렸다. 바트는 구조적 인종주의를 강조하는 풍토를 반대했다. "뭔가가 구조적일 때는 사람들이 '누구 탓도 아니'라고 말하는 경향이 있습니다. (…) 제 생각에 그것은 개인의 책임을 약화해요." 앤더슨은 동의하지 않았다. "이건 '흑 아니면 백'인 경우가 아닙니다. 우리는 우리가 속한 시스템, 이 위계질서를 만든 시스템을 제대로 인식할 필요가 있어요. (…) 또 개인의 책임과 바른 선택의 역할을 인식할 필요가 있죠." 이윽고 바트는 학부모가 자녀를 낙후된 학교에서 다른 학교로 전학시킬 수 있도록 학교 바우처를 발행해야 한다고 주장했다. 그러자 앤더슨은 그 문제가 "바우처로 해결된다고 증명된 바 없"으며 공립학교 재원이 부족하다고 덧붙였다. 바트는 인터넷에서 지역 학교 예산을 찾아봤더니 "절대 재원 문제는 아니"더라는 결론을 내렸다고 말했다. 그는 다시 한번 학교 바우처로 앤더슨을 압박했다. 앤더슨은 "저는 학교 바우처를 별로 좋아하지 않아서요"라며 자기 주장을 견지했지만, 이 부동의는 깜짝 놀랄 만큼 정중했다. 대화가 마무리될 즈음에 바트는 앤더슨에게 이렇게 말했다. "당신과는 몇 시간도 이야기할 수 있을 것 같아요. 정말이에요." 앤더슨이 대답했다. "여기 와서 훌륭한 질문을 던지고 멋진 대화에 참여해주셔서 감사합니다. 고맙습니다. 정말 좋았어요."

성의를 보여라

멜처 센터를 연 지 얼마 안 되었을 때 우리는 존경받는 동료에게서 당황스러운 이메일을 받았다. 그는 우리 센터를, 다양성 및 포용성 학자들이 백신 반대론자들을 옹호하는 교두보로 활용하게 해달라고 부탁했다. 그의 의견에 따르면, 백신을 거부한다는 이유로 사람들을 학교와 직장에서 배제하는 행위는 다양성, 포용성, 소속감이라는 가치와 대립된다는 것이었다. 그는 이 문제를 학교 차원에서 알릴 수 있게끔 상의하자고 요청했다.

우리는 백신이 코로나19 팬데믹으로 인해 뜨거운 감자가 되기 전에 이 요청을 받았지만, 이 대화가 어려울 수 있으리라는 것을 알았다. 그의 의견에 열렬히 부동의했기에 해당 관점이 논쟁 눈금자와 역사적 악수에서 위치한 곳을 아무리 감안한다고 한들 충분치 않을 것 같아 우려되었다.

그래서 우리의 논증 과정을 상세히 공유했다. 정중하지만 단호하게, 백신 반대론은 우리 센터에서 다루는 일의 범주에 들어가지 않는다고 말했다. 센터의 주 기능은 유색인이나 여성 같은 주변화된 사회집단에 대한 편견을 다루는 것이라고 설명했다. 몇몇 소수 종교 집단이 신체적 특징이 아니라 믿음 때문에 부당하게 대우받는 것은 인정하지만, 이제 막 문을 연 센터로서 주변화된 집단의 정의를 특정 주제에 대한 견해에 의해 정의되는 사람들로까지 확대하고 싶지는 않다고 밝혔다. 또한 백신 반대론이라는 주제는 우리의 전문성을 넘어서는 복잡한 의학적·윤리적·보건적 문제를 제기한다고 지적했다.

이 접근법이 그의 마음을 바꿀 거라는 환상은 없었다. 그러나 우리는 그의 의견을 진지하게 고려했음을 보여줬고, 틀린 부분을 지적할 기회도 제공했다. 결국 그는 우리의 "사려 깊은" 대답에 감사를 표했고, 우리의 입장을 완전히 이해한다고 말했으며, 이 주제와는 별개의 행사에 우리를 초대했다.

우리가 동료의 요청에 이런 식으로 접근한 것은 "성의를 보여라"의 한 예다. 부동의를 최대한 자세하게 설명함으로써 그 문제에 대해 깊이 생각했음을 보여주는 것이다. 부동의하는 지점을 강조하라는 충고는 앞서 나왔던, 공통분모를 찾으라는 충고와 상충하는 것처럼 보일 수 있다. 그러나 실제로는 둘 다 해야 한다. 동의하는 지점을 찾는 동시에 부동의하는 지점을 자세히 공유해야 한다. 당신의 부동의가 근거하는 사실과 가치, 당신의 현재 생각에 영향을 미친 모든 연구와 대화, 당신이 가진 모든 의구심과 모호함을 총동원해 그림을 완성해라. 상대방은 평생 조잡하거나 불완전한 조사를 바탕으로 자신의 의견에 반사적으로 반대해온 사람들을 많이 만났을 것이다. 따라서 당신이 기울인 노력을 보여주어야 다른 반대자들과 차별화할 수 있다. 그러면 상대방이 과거에 들었던 어떤 목소리보다 당신 목소리에 대답하고 싶어질 것이다.

물론 주의 사항도 있다. 성의를 보일 때 반대 주장을 대충 요약하고 바로 일축하지 마라. 작가 모이라 와이글은 이 실수를 고등학생이 쓴 수필의 "마지막 단락의 첫 번째 문장"에 비유했다. "나는 반대 주장을 이미 고려했다. 그러니 내가 반대 주장을 고려하지 않았다고 비난하지 마라!"[12] 피상적으로 접근하는 대신 반대 주장을 조사하고 이해하는 데 충분한 시간을 들여라. 그렇게 이해한 내용을 공유한 다음, 여전히 의견을 바꾸지 않은 이유를 설명해라. 성의를 보임으로써 존중을 보여라.

기대치를 조절해라

대부분의 사람은 부동의에 대한 참을성이 낮다. 예를 들어 저녁 식사 자리에서 논쟁적인 정체성 화제가 나오면 즉시 말을 돌리거나 술을 벌컥벌컥 들이켠다. 혹 누군가와 말싸움하고 나면 몇 주 동안 머릿속으로 그 대화를 복기한다. 불행히도 데이비드가 그런 사람이다. 그는 싸우기 싫어서 부동의를 밝히지 않고 도망치지만, 혼자 남으면 풀 죽어서 상대방이 자기 의견에 동의하지 않는다는 사실을 곱씹는다. 이유는 모르겠지만 정체성 대화가 언제나 단체 포옹으로 끝나야 한다는 비현실적인 기대를 품고 있는 듯하다.

사람들은 때때로 괴로워하면서, 비슷한 이유에서 기인한 질문을 우리에게 던진다. 예를 들면 이런 것이다. "나는 무신론자이자 확고한 진보주의자인데 같은 팀 동료는 보수적인 복음교회 신도입니다. 어떻게 하면 부동의에도 불구하고 우리가 함께 일할 수 있을까요?" 우리의 대답은, 기대치를 낮추라는 것이다. 이 충고는 아마 동기부여 포스터에 실리지는 못할 것이다. 그러나 부동의에 쏟을 열정의 강도를 상대방과의 친밀도에 따라 조절하는 것은 너무나 적절한 행동이다.

랜들 먼로의 만화에서 막대 인간이 컴퓨터 키보드를 미친 듯이 두드리고 있다.[13] 옆방에서 누군가가 외친다. "자러 안 올 거야?" 막대 인간이 대답한다. "못 가. 지금 중요한 일을 하는 중이거든. 인터넷에 헛소리를 지껄이는 놈이 있어." 대부분의 사람은 키보드워리어와의 말싸움에 열 올리지 않을 정도의 균형감을 지니고 있는데, 그 건강한 본능을 다른 상황에서도 개발할 필요가 있다. 만약 우리가 정체성 대화에서 배우자와 심각하게 부동의하게 된다면 아마 둘 다 고전할 것이다. 하지만 우리와 부동의하는 학생들의 진로를 감독하고 도와주는 데는 전혀 무리가 없다. 왜냐하면 사제 관계는 부부관계만큼 가깝지 않기 때문이다. 직장 동료, 이웃, 지인의 경우도 마찬가지다. 관계가 가깝지 않은 만큼 동의해야 할 필요성도 낮을 수밖에 없다.

이와 마찬가지로 한 번의 대화로 얻을 수 있는 성과에 대한 기대치도 조절하면 된다. 심각한 주제에 대한 모든 논쟁이 그렇듯, 정체성 논쟁은 한 번의 만남으로 깔끔하게 해결되지 않는 경우가 많다. 첫 번째 대화는 잘 안 될 수 있지만, 두 번째는 그보다 나을 것이고, 세 번째는 한층 더 나아질 것이다. 진전을 이루기 전에 갓길로 빠졌다가 복귀하기를 여러 번 반복해야 할 수도 있다.

네 가지 전략이 실패할 수 있는 이유

위와 같은 네 가지 전략을 갖췄어도 정체성 대화에서 기분 좋게 부동의한다는 것이 여전히 비현실적으로 보일지 모른다. 특히 중도파나 보수파가 우리에게 하는 흔한 불평은 "이제는 부동의가 허락되지 않는다"이다. 여러 단체의 직원들을 상대로 조사했더니 "나는 사회적·정치적 '진보'를 옹호하는 온갖 견해를 참고 넘겨야 하는데, 내 의견을 솔직하게 이야기했다가는 직장을 잃을 수도 있다"와 같은 발언들이 표면화되었다.

당신이 우리가 제시한 전략을 가지고 최선을 다했는데도 실패하는 이유를 설명하기에 앞서 모든 부동의가 똑같지는 않다는 사실을 짚고 넘어가야겠다. 당신이라면 젠더에 관한 다음 세 가지 부동의에 어떻게 반응할지 생각해봐라.

첫 번째 예는 우리 수업에서 가져온 것이다. 우리는 때때로 '성별할당제'에 대해 토론한다. 성별할당제란 정부나 기업의 지도자 자리에서 여성이 차지하는 비율의 최소치를 정하는 정책이다. 많은 나라에서 잘 자리 잡은 정책인데도[14] 우리 수업에서는 항상 활발한 토론이 벌어진다. 어떤 학생들은 가까운 시일 내에 성평등을 실현하기 위해서는 성별할당제가 반드시 필요하다고 생각한다. 어떤 학생들은 성별할당제는 능력을 기준으로 선발하지 않기 때문에 부당하다고, 또는 여성이 그 자리에 앉을 자격이 없다는 인상을 주기 때문에 오히려 해롭다고 생각한다.

두 번째 예는 유명한 백인우월주의자인 리처드 스펜서의 발언이다.[15] 그는 여성에게 투표권을 줘야 하는지에 의문을 표했는데, 이는 여성이 관직에 적합한지를 놓고 그가 과거에 했던 말과 궤를 같이한다. 그는 힐러리 클린턴을 예로 들며 이렇게 주장했다. "여자가 외교 정책을 만들게 둬서는 안 된다. 그들이 '약하기' 때문이 아니다. 반대로 그들의 복수심에 끝이 없기 때문이다."

세 번째 예는 구글의 엔지니어인 제임스 더모어의 사례다. 그는 동료들에게, 구글의 성평등 정책을 비판하는 열 장짜리 메모를 돌렸다. 더모어의 의견에 따르면 "IT업계와 지도자 자리에 여성이 남성보다 적은 이유는 타고난 생물학적 차이 때문일지 모른다".[16] 아울러 그는 "구글의 다양성 프로그램에 의해 발생하는 손익에 대한 정직하고도 열린 토론"을 요구했다.

우리가 이 예들을 공유하면 대부분 첫 번째는 정당한 부동의라고 확실히 직감한다. 물론 성별할당제에 강하게 찬성하거나 반대할 수 있지만, 상대방이 악의적이라거나 남성우월주의자라는 생각 없이 의견 차이를 참을 수 있다. 이와는 대조적으로 대부분 두 번째는 확실히 부당하다고 생각한다. 오늘날 우리 사회에서 교양 있는 사람들은 여성의 투표권을 유지해도 되는지 또는 여성이 정부 관리로 일해도 되는지를 놓고 '존중하는 태도로 부동의' 하지 않으며 그런 주장에 대꾸하는 것조차 불쾌한 일이라고 생각한다. 가장 논쟁적인 것은 세 번째다. 우리가 사적으로, 공적으로 어울리는 사람들은 더모어의 주장이 스펜서의 주장만큼이나 터무니없다고 생각한다. 그러나 이 무리를 벗어나면 성별이 직업 및 전공 선택에 영향을 미치는지를 놓고 토론하는 것이 정당하다고 생각하는 사람들을 쉽게 찾아볼 수 있다. 이 사람들은 성별할당제의 경우와 마찬가지로 더모어의 주장에 강하게 찬성할 수도, 반대할 수도 있지만, 이 주장에 동의하지 않는 것이 사회적으로 허용되어야 한다고 생각한다.

여기서 요점은 부동의가 개인 차원에서만 일어나지 않는다는 사실이다. 그것은 사회 차원에서도 일어난다. 우리는 사회 차원에서 부동의를 분석할 때 신호등 표시법을 사용하길 좋아한다. 예를 들어 특정 시대, 특정 사회에 속한 대부분의 사람이 그 문제에 동의하지 않아도 괜찮다고 생각하는 경우는 '녹색'으로 분류한다. 반대로 사회가 이미 오래전에 이에 대한 합의에 이르렀고, 절대 다수가 그 부동의를 지금 다시 끄집어내는 것은 잘못되었다고 생각하는 주제는 '빨간색'으로 분류한다. 마지막으로 사회 전반에 걸쳐 다수의 사람이 부동의를 용인할 수 있는지 없는지를 놓고 의견이 분분할 때는 '노란색'으로 분류한다.

노란색 부동의는 여러 면에서 가장 어렵다. 그것은 대개 규범이 바뀌는 중일 때, 사회운동이 옛 사고방식에 이의를 제기했지만 새것으로 완전히 대체하지는 못했을 때 나타난다. 노란색 주제에 대해 어떤 사람들은 논의가 충분히 이뤄졌으니 사회가 이제는 한 걸음 더 나아가서 그 주제를 빨간색으로 취급해야 한다고 생각한다. 그러나 또 어떤 사람들은 사회가 그 주제에 대해 계속 이야기해야 하고, 토론을 막으려는 행위는 부당하다고 여긴다.

여기서 한 가지 확실히 하자면 우리는 어떤 부동의가 정당한지 부당한지에 대한 개인적인 평가를 기준으로 색을 구분하지 않는다는 것이다. 그보다는 특정 시대에 특정 사회의 구성원들이 품은 생각을 기준으로 삼는다. 우리가 볼 때 여성의 투표권을 부정하는 행위는 시대와 상관없이 늘 도덕적으로 혐오스러웠다. 여성이 남성과 동등하다는 사실은 어느 시대, 어느 곳에서나 명백했어야 했다. 그러나 19세기 말과 20세기 초에 이 주제에 대한 토론은 미국을 비롯한 여러 나라에서 녹색이었다. 마찬가지로 성별 할당제라는 주제도 지금은 녹색이지만, 100년 후에는 지금을 돌아보면서 반대자가 있었다는 사실에 경악할지 모른다. 그러면 그 주제에 대한 토론은 빨간색이 되는 것이다.

때로는 결혼 평등에 대한 토론처럼 깜짝 놀랄 만한 속도로 색깔이 바뀌는 경우도 있다. 2000년대와 2010년대 초에는 개인 차원에서 동성결혼에 대해 토론하는 것이 대단히 힘들었다. 그런데 우리의 시야를 사회 차원으로 넓혔더니, 당시 그 주제에 대한 토론은 녹색이었음을 알게 되었다. 각국 사회가 동성애자의 권리와 결혼의 의미를 이해하는 데 중대한 변화를 겪고 있었던 것이다. 지금은 개인이 미국 사회에서 결혼 평등에 대한 토론을 다시 시작하려 한다 해도, 부동의를 받아들이기가 예전보다 어려우리라 본다.

그러니까 당신이 우리의 전략을 사용해서 부동의를 밝혔는데도 결과가 여전히 안 좋다면 스스로 "이것은 노란색 주제인가?"라고 물어봐라. 당신은 자신이 그런 상황에 처할 가능성이 적다고 생각할지 모르지만, 넓은 의미에서 사회정의의 지지자인 사람도 때로는 노란색 주제에 동의하지 않을 수 있다. 사회가 빠르게 변화하고 있음을 고려하면 어떤 주제에 대한 당신의 (또는 우리의) 의견이 몇 년 뒤에는 구시대적이거나 편견적이라고 간주되는 것도 가능하다.

당신이 노란색 부동의를 견지할 경우에는 극도로 조심하도록 연습해라. 여기서도 신호등 비유법이 유용하다. 빨간색 부동의일 경우, 다중 충돌을 막으려면 제자리에 그대로 멈춰라. 녹색 부동의일 경우, 쭉 직진하면 되지만 핸들링이나 방향지시등 같은 기본적인 주의 사항은 여전히 지킬 필요가 있다. 우리가 언급한 네가지 전략은 도로 규칙에 해당한다. 노란색 부동의는 빨간색과 녹색의 중간이다. 노란불을 봤을 때도 여전히 도로 규칙을 지켜야 하지만 무엇보다 '불이 바뀌기 전에 지나갈 수 있다'는 자신감을 덜 가져야 한다. 특히 노란불은 빨간불로 바뀔 수 있기 때문에 직진하기 전에 추가적인 일련의 신중한 판단을 내려야 한다.

추가적으로 주의해야 할 점은 무엇일까? 우선은 자기 의견을 공유하기 전에 더 많이 조사해야 한다. 더 많은 정보를 읽고 해당 정체성을 가진 사람들의 말을 경청하고 나면 생각이 달라질지 모른다. 그래도 계속 동의하지 않는다면 해당 정체성 집단에 속하지는 않지만 당신과 다른 의견을 가진 누군가와 결판이 날 때까지 토론하는 것도 한 방법이다. 마지막으로 만약 당신이 해당 정체성을 가진 누군가에게 의견을 전달하기로 결심했다면, 우리가 줄 수 있는 최선의 충고는 네 가지 전략을 따르되 기대치를 평소보다 더 단호하게 낮추라는 것이다. 상대방이 이 토론 자체가 본질적으로 모욕적이라고 생각해서 노란색 부동의에 대한 '존중심 있는' 대화에 참여할 수 없다고 해도 놀라지 마라.

✛ ✛ ✛

앞서 우리는 블레인에게, "당연히 동의하지 않아도 되죠!"보다는 심오한 답변을 해줘야 한다고 말한 바 있다. 이것이 바로 그 답변이다.

자유 사회에서는 당연히 정체성, 다양성, 정의라는 주제에 대해 부동의를 표현할 수 있어야 한다. 물론 그런 자유에는 세심하게 말해야 한다는 도덕적 책임이 뒤따른다. 많은 사람이 포용성과 표현의 자유라는 가치가 상충한다고 생각한다. 마치 우리 모두가 '완전한 자기검열'과 '생각 없이 남에게 상처 주기' 사이에서 한 가지를 골라야만 하는 것처럼. 인권운동가 수잰 노설은 《말할 용기Dare to Speak》에서 이 잘못된 선택을 완전히 거부한다. 그는 포용성과 표현의 자유가 사실은 상호 보완적 가치라고 주장한다. 고정관념이나 모욕적인 언어를 피해서 "세심하게" 말하면 "모두가 더 자유롭게 말할 수 있"게 된다는 것이다.[17] 우리도 동의한다.

표현의 자유라는 문화는 존중의 문화와 밀접하게 연관될 수 있고 연관되어야 한다.

세심하게 부동의하는 법을 배우지 않은 사람들은 피해 통제의 관점에서만 보는 경향이 있다. 그러나 당신은 이제 기술을 갖췄으니 목표를 더 높여도 된다. 유의미한 인간관계 중에 다툼이 없는 관계는 거의 없다. 긴장의 순간에 잘 대처하면 유대가 오히려 더 깊어질 수 있다. 성의 없이 고개만 끄덕이거나 가짜 의견을 내놓는 대신 사려 깊은 견해차를 공유하면, 솔직한 속내를 드러낼 만큼 상대방을 소중히 여긴다는 사실을 보여줄 수 있다.

물론 때로는 당신과 상대방 사이의 골이 너무 깊어질 수도 있다. 대화 시도가 흐지부지 끝날 수도 있고, 관계 자체가 끝날 수도 있다. 이렇게 끔찍한 결과를 낳더라도 때로는 꼭 필요한 과정이다. 우리는 모든 부동의가 해피 엔딩을 맞으리라고 보장하기 위해 여기 있는 것이 아니다. 그보다는 당신이 관계를 끝내버리기 전에 이 견해차가 정말로 극복할 수 없는 것인지 확실히 하도록 돕고 싶은 것이다.

양측 모두에게 잘못이 없는데도 관계가 손상되었을 때 그 결과는 대단히 고통스럽다. 불행히도 정체성 대화에서는 많은 경우에 범인이 있다. 할 수만 있다면 우리는 당신이 대화의 네 가지 함정에 빠지지 않고, 매번 감정적·지적으로 완벽하게 성숙한 태도로 정체성 대화에 참여하도록 돕고 싶다. 그러나, 아, 어쩌랴. 우리도 인간이고 당신도 인간인 것을. 언제가 될지는 모르지만, 당신은 말실수로 소중한 누군가에게 상처를 주게 되어 있다. 그럴 경우 새로운 기술이 필요하다. 자, 이제 사과의 기술을 배울 때다.

- 대화를 '논쟁 눈금자' 위에 놓아라. 당신에게는 그 대화가 사실 또는 정책에 관한 토론일지 모르지만, 상대방에게는 인간의 동등성에 관한 토론일 수 있다.

- 평범하지 않은 공통점(누구나 대체적으로 동의하는 문제가 아닌 것)을 찾아라. 그리고 상대방이 대화에 크게 기여하면 감사를 표해라.

- 동의하지 않는 부분에 대해 공부한 것을 보여줘서 당신이 그 주제를 얼마나 깊이 생각했는지 증명해라.

- 기대치를 조절해라. 부동의에 쏟을 열정의 강도를 상대방과의 친밀도에 따라 조정해라.

- 사회 차원에서는 정체성 부동의가 세 가지 형태로 나타남을 기억해라. '녹색' 부동의는 사회 구성원 대부분이 해당 주제에 부동의해도 된다고 생각하는 것이다. '빨간색' 부동의는 부동의해서는 안 된다고 생각하는 사람이 압도적으로 많은 것이다. '노란색' 부동의는 동의해도 되는지 아닌지를 놓고 여러 무리가 격렬하게 다투는 것이다.

- 노란색 부동의를 견지할 때는 극도로 조심해라. 자기 의견을 공유하기 전에 더 많이 조사하고, 해당 정체성을 갖지 않은 사람들과의 끝장 토론을 고려해보고, 당신의 기대치를 더 단호하게 낮춰라.

다섯 번째 원칙

진심으로
사과해라

5th Keypoint

어떤 대화든 실패할 수 있다. 정체성 대화도 예외는 아니다. 상대방에게 상처를 줄 수도 있고, 내가 상처받을 수도 있다. 그런 상황에서 필요한 것은 동서고금을 막론하고 진심 어린 '사과'다. 그리고 사과에도 기술이 필요하다. 좋은 사과는 좋은 대화만큼이나 성장할 기회를 제공하므로, 사과의 기술을 꼭 익히자.

《아버지의 사과 편지》라는 책에서 한 남자가 성인이 된 딸에게 어린 시절 학대했던 것을 사과한다. 이 사과에는 신체적·정신적 폭력 같은 끔찍한 행동뿐 아니라 딸에게 2차 가해를 시도한 정황 또한 묘사되어 있다.[1] "나는 매일 네 인격을 파괴하고 의지를 꺾기 위해 노력했다. (…) 너 자신에 관한, 사실이 아닌 거짓을 네가 믿게 만들었다." 그는 자신이 저지른 잘못과 자신의 행동이 미친 영향을 주저 없이 상술한다. "너는 이제 해맑고, 수다스럽고, 호기심 많은 아이가 아니라 우울하고 위축된 아이가 되었다." 사내는 회상한다. "너는 유령처럼 움직였다. 고개를 거의 들지 않았고 말도 거의 하지 않았다. 머리도 감지 않아서 항상 더럽고 지저분했다. 학교에서는 수업에 집중하지 못했고 성적도 나빴다."[2]

사내는 자기가 끼친 해악이 오롯이 자신의 책임임을 인정한다.[3] "나는 사이코패스인가? 그건 너무 쉬운 핑계다. 아니다. 나는

진심으로 사과해라

미치지 않았다. 나는 특권을 가진, 강압적인 남자였다." "나는 네 믿음을 배신했다." 그가 말을 잇는다. "너는 내게 허락하지도 않았고, 허락할 수도 없었다. 성적 동의는 없었다."⁴ 그의 회한은 강렬하다. "네가 어떤 감정이었을지 처음으로 느끼고 나니 두려움과 후회로 가득하다." 그는 결론짓는다. "이 말을 하게 해다오. 미안하다. 미안하다."⁵

이 충격적인 사과에는 치명적인 결함이 있다. 바로 가짜라는 점이다. 이 책은 학대 생존자인 작가 V(이브 앤슬러에서 개명)가 썼다. 가해자인 그의 아버지는 이미 사망했다. 학대로 인해 불안정한 어린 시절을 보낸 V는 수십 년을 기다렸지만 결국 사과받지 못했다. 미투운동 초기에 TED 강연에서 그는 이렇게 말했다. "나는 강간이나 신체적 폭력을 저지른 남자가 공개적으로 피해자에게 사과했다는 이야기를 한 번도 들은 적이 없다."⁶ 이 사과하지 않는 문화를 보고 V는 이런 의문을 품었다. "진심에서 우러난 사과란 과연 어떤 것일까?" 《아버지의 사과 편지》는 그 질문에 대한 대답이었다. "내가 글을 쓰기 시작하자 아버지의 목소리가 나를 통해 나오기 시작했다."

남성 가해자들은 사과하지 않는다는 V의 논평은 보다 큰 문제에 주의를 집중시킨다. 특권층은 다양한 잘못에 대해 사과하는 것을 자주 어려워한다. 신체적 학대보다 훨씬 작은 잘못에 대해서도 말이다. 정신과 의사 에런 라자어Aaron Lazare는 지배적 집단의 구성원들이 "절대 후회하지 않고, 설명하지 않고, 사과하지 않는" 태도를 가진 경우가 비지배적 집단보다 많다고 지적한다.[7] 아버지의 목소리를 통해 V는 말한다. "나는 무언가에 대해 사과해 본 기억이 없다. 사실 사과하는 것은 나약함의 증거라는 말을 귀가 따갑게 들었다."[8] 어린 시절 우리 둘은 어른들이 남자아이들에게만 그렇게 말하는 것을 들었고, 지금은 그 파괴적인 요구를 무시하기 위해 노력한다.

우리는 당신도 '절대 사과하지 않는다'는 단호한 태도를 거부할 거라고 생각한다. 당신은 반사적으로 자기변호를 하려는 충동에 저항할 수 있다. 탄력성과 호기심을 품고 다른 사람의 의견에 귀 기울이는 법도 안다. 당신의 어려움은 사과해야 한다는 사실을 깨닫는 데 있지 않다. 사과를 표현할 말을 찾는 데 있다.

이것은 충분히 이해할 만한 어려움이다. 사과하는 법을 훈련받은 사람은 거의 없기 때문이다. "아이가 누군가를, 예를 들어 다른 아이를 다치게 하면 달달 외운 형식적인 '미안해'를 우물거리라고 가르치는 것이 관례다. 마치 그것이 꼭 필요한 행동인 것처럼 말이다"라고 심리학자 몰리 하우스Molly Howes는 지적한다.[9] "아이들은 자신이 이해하지 못하는, 그래서 진심이 아닌 말을 하는 법을 배운다." 우리는 사과를 제대로 배우고 난 후에도 자녀들을 가르칠 때 곧잘 이 함정에 빠지곤 한다. 시간을 쏟아 아이가 남에게 준 상처를 치유하는 미묘하고 힘든 일을 하게 이끄는 것보다는 "미안해"라는 유행어를 끌어내는 편이 훨씬 쉽기 때문이다.

사과하는 것이 어려운 또 다른 이유는 성인기까지 지속된다. 그것은 사과가 당신을 대단히 취약하게 만든다는 점이다. 잘못을 인정했더니 상대방이 그것을, 당신을 뭇매질할 기회로 삼는다면? 사과 때문에 조리돌림이나 소송을 당하게 된다면? 자신의 알고 싶지 않았던 면을 알게 된다면?

사과해야 한다는 건 알지만 이런 꺼림칙한 마음이 든다면 타협하는 것이 당연하다. 그래서 얼버무리는 경우가 많다. 또는 "만약 ~하다면 내가 미안하다"라거나 "미안하다. 하지만……" 같은 단서를 달아서 약점을 최대한 감춘 채 자신이 뉘우치고 있음을 보여주려 한다. 이러한 단서는 무의식적으로 다는 경우가 많다. 그러나 그렇게 꿩 먹고 알 먹으려다가는 대개 양쪽 다 성공하지 못한다. 상대방은 당신이 진심으로 미안하지 않다고 생각하고, 이도 저도 아닌 사과는 당신을 비판에 오히려 더 취약하게 한다.

우리는 이런 어려움이 이겨낼 가치가 있다고 생각한다. 당신이 진심 어린 사과를 할 수 있다면 스스로와 상대방에게 기적을 일으킬 수 있기 때문이다. 심리학자 해리엇 러너Harriet Lerner에 따르면 "'미안해'는 영어에서 가장 치유되는 말이다".[10] 그 밖에 다른 사람들도 사과의 신비로운 효과를 알아차렸다. 컨설턴트 존 케이도어는 사과를 "비완벽에 대한 인류의 완벽한 대답"이라고 부른다.[11] "어떤 경우에는 관계가 깨졌다가 회복되었을 때 실제로 더 단단해지기도 한다"라고 그는 강조한다.[12]

효과적인 사과를 하려면 '네 개의 R', 즉 '인정recognition', '책임responsibility', '참회remorse', '보상redress'을 충족할 필요가 있다. 진심 어린 사과를 하는 것은 체크리스트를 완성하는 것과는 다르다. 기계적으로 훑고 지나갈 수 없다는 뜻이다. 그러나 네 개의 R는 당신이 옳은 방향으로 가고 있음을 확인하는 유용한 이정표로 기능할 수 있다.

인정: '만약에 사과' 금지

코미디언이자 TV 토크쇼 진행자인 엘런 디제너러스는 "친절하게"가 신조였다. 그러나 온라인 매체 〈버즈피드〉의 연이은 폭로 기사에 따르면, 전현직 직원들은 그의 상징적인 토크쇼를 유해한 근무 환경이라고 묘사하며 인종차별부터 성희롱까지 온갖 혐의를 제기했다.[13] "그 '친절하게' 개소리는 카메라가 돌아갈 때만 유효하지"라고 씩씩대는 직원도 있었다.

토크쇼의 새로운 시즌이 시작되었을 때 디제너러스는 이 혐의에 대해 모호하게 이야기했다. "절대 일어나지 말았어야 할 일들이 이곳에서 일어났다고 들었습니다." 그는 그 '일'이 정확히 무엇인지 구체적으로 밝히지 않았다. 그리고 쇼에 "꼭 필요한 변화들이 있었"으며 "새로운 장을 시작하겠"다고만 간결하게 언급했다.[14] 잠시 후에는 이렇게 덧붙였다. "만약 제가 누군가를 실망시켰다면, 상처를 줬다면, 미안합니다. 만약 그런 일이 있었다면 저 자신을 실망시키고 상처 준 것이나 다름없어요."[15] 한 매체는 "(그의) 이상한 사과는 아무도 만족시키지 못할 것이다"라며 디제너러스의 발언을 혹평했다. 또 다른 매체는 약간 과장해서 그것이 "역사상 최악의 사과"일지 모른다고 꼬집었다.[16]

디제너러스의 사과는 코미디언 해리 시어러가 '만약에사과'라고 명명한 것의 예다.[17] 디제너러스는 '만약'이라는 말을 반복함으로써 피해가 확실치 않은 것처럼 표현했다. 그러나 정말로 확신하지 못했다면 페이지를 획획 넘기기 전에 추가 질문을 했어야 마땅하다. 그러지 않았기 때문에 이 사과는 애매모호한 것이 되고 말았다. "해방의 열쇠는 세부 사항에 있다"라고 V는 강조한다.[18] "사과란 기억하는 행위다. 그것은 과거와 현재를 연결한다. 그것은 일어난 일이 실제로 일어났다고 말한다." 아무리 좋은 의도로 말했더라도 "만약 제가 누군가를 실망시켰다면" 같은 표현은 아무것도 인정하지 않는다.

만약에사과의 또 다른 형태는 "네가 그런 식으로 받아들였다면 미안하다" 또는 "네가 기분 나빴다면 미안하다"처럼 잘못 자체가 아니라 잘못에 대한 상대방의 반응에 의문을 제기한다. 최악의 경우에는 "네가 너무 흥분해서 자기가 그 정도로 호들갑 떠는 줄도 몰랐다면 미안하다"라고 말함으로써 책임을 상대방에게 전가한다. 최대한 너그럽게 해석해서, 사과하는 사람이 자기가 피해를 끼쳤다는 사실을 정말로 확신하지 못했다고 하더라도, 상대방에게 호기심이 있었다면 더 나은 결과를 가져왔을 것이다. 아까와 마찬가지로, 상대방의 기분이 상했는지 아닌지 확신하지 못한다면, 왜 물어보지 않는가?

우리는 미야 폰세토라는 젊은 여성이 호텔 로비에서 자신의 휴대전화를 훔쳤다고 생각한 열네 살짜리 흑인 소년을 공격했을 때 만약에사과의 생생한 예를 보았다. 폰세토는 TV 인터뷰에서 소년의 가족을 향해 말했다. "만약 당신의 아들이, 내가 자기를 공격했다고 느꼈거나 상처받았다면 진심으로 사과합니다."[19] 그러더니 이듬해에는 자기가 "다르게 사과했"더라면 좋았을 것이라고 털어놓았다.[20] 사실 "만약 당신의 아들이, 내가 자기를 공격했다고 느꼈다면"은 대단히 이상한 표현이다. 폰세토가 로비를 지나가는 소년을 공격하는 CCTV 영상이 존재하기 때문이다.

'만약'이라는 단어에 마법의 힘이 있다고 생각하지 마라. 그와 비슷한 단어에는 다 똑같은 효과가 있으니까. 예를 들면 포괄적 사면 요청이 있다. "뭐가 되었든 내가 잘못한 게 있다면 미안하다." 우리는 둘 다 이런 사과를 받아본 적이 있는데 너무 포괄적이라서 마뜩잖았다. 마치 그 사람이 자기가 한 행동을 그렇게까지 분석하거나 인정하고 싶지 않은 것처럼 느껴졌다.

'만약'이 없는 만약에사과의 또 다른 예는 해리엇 러너가 다른 학부모들과, 자녀들이 다니는 학교에 인종 다양성이 부족하다는 이야기를 나누고 있을 때 발생했다. 한 엄마가 자기 아들 반에 흑인 학생 둘이 있는데 "(흑인인데도) 깨끗하고 얌전해 보이더라"라고 말했다. 그러자 한 아빠가 그 말에 이의를 제기했다. "흑인인데도 깨끗하고 얌전하다고요? 그 말이 무슨 뜻인지 설명해보세요." 그 엄마는 당황했고, 다음 날 자신에게 이의를 제기했던 남자에게 다가가 이렇게 사과했다. "제 말을 인종차별로 들으셨다면 정말 죄송해요." 러너가 그랬듯이, 우리는 남자의 품위 있는 대답에 감탄했다. "당신이 자신이 한 말이 아니라 제 반응이 문제라고 생각한다면 사과를 받아줄 수 없을 것 같네요."[21]

불인정이 사기를 꺾을 수 있는 것처럼, 진정한 인정은 고무적일 수 있다. 로알드 달의 동명 소설을 원작으로 한 어린이 영화 〈마녀를 잡아라〉에는 갈림손과 갈림발을 가진 사악한 마녀들이 등장하는데 이러한 묘사는 많은 장애인의 분노를 불러일으켰다. 마녀들이 하나 이상의 손가락 또는 발가락이 없는 손발가락결손증을 가진 것처럼 보였기 때문이다. 여왕 마녀 역의 앤 해서웨이는 사과했다. "죄송합니다. 저는 여왕 마녀의 모습이 그려진 시안을 받았을 때 수족 장애와 연관 짓지 못했습니다. 만약 제가 알았다면 이런 일은 절대 일어나지 않았을 겁니다."[22] 그의 사과는 계속해서 이어졌다. "특히 수족 장애를 가진 어린이들에게 미안하다고 말하고 싶습니다. 이제라도 알게 되었으니 다음부터는 더 잘하겠다고 약속할게요. 그리고 제가 제 아이들을 사랑하는 것만큼 열렬히 여러분을 사랑하는 모든 분께 특별히 사과 말씀을 드리고 싶어요. 여러분의 가족을 실망시켜서 미안합니다." 마지막으로 그는 사과문에 장애인 인권 단체가 만든, 수족 장애에 관한 영상까지 첨부했다. 해서웨이의 사과문에서 우리가 가장 높이 사는 점은 그가 자신이 초래한 피해를 직시하고 공부해서 다른 사람들까지 배우도록 이끌었다는 것이다.

책임: '하지만 사과' 금지

코미디언 로잰 바는 어느 날 밤 트윗 하나를 올렸다. 그런데 다음 순간 모든 뉴스의 헤드라인이 그 트윗으로 도배되었다. 그는 만약에 무슬림형제단*과 〈혹성탈출〉이 "아이를 낳는다"면 흑인 백악관 선임 고문인 밸러리 재럿일 것이라고 썼다. 반응은 즉각적이고 뜨거웠다.[23] 동료 출연자 세라 길버트는 로잰의 발언이 "끔찍하다"라고 트윗했다. 그리고 ABC 방송국은 그의 히트 시트콤 〈로잰〉을 말 그대로 캔슬(취소)해버렸다.

논쟁이 계속되는 동안 로잰은 사과문이 포함된 트윗을 연달아 올렸다. 어느 시점에는 자신이 "실수했음"을 인정하면서 문제의 트윗은 "지독하고" "변명의 여지가 없"다고 자백했다. 그러나 이어지는 문장에서는 상황을 이렇게 설명했다. "때는 새벽 두 시였고 저는 앰비언(수면제)에 취해 있었어요." 이 이상한 설명 때문에 앰비언의 제조사 사노피는 "우리 제품의 부작용 가운데 인종차별은 알려진 바 없다"라고 발표하기까지 했다.[24]

상황으로 굴절하기 금지

로잰의 실패한 사과는 자신이 끼친 피해는 인정하면서도 그에 대한 책임은 부인하는 '하지만사과'였다. 하지만사과는 로잰의 경우처럼 상황을 근거로 잘못된 행동을 변명한다. "미안하다.

---

* 세계에서 가장 크고 오래된 이슬람 조직이자 테러단체.

하지만 그날 힘들어서 그랬다" 또는 "미안하다. 하지만 스트레스 받아서 그랬다" 같은 식이다. 이렇게 호소함으로써 책임을 회피할 뿐 아니라 피해가 또다시 발생할 수 있음을 암시한다. 만약 당신이 "미안하다. 하지만 그날 힘들어서 그랬다"라고 사과한다면, 상대방은 당연히 당신이 또 힘들면 똑같은 행동을 반복하지 않을까 생각할 것이다.

이상한 의학적 설명을 늘어놓은 이는 로잰만이 아니다. 많은 사람이 인종차별적 욕설에 대해 이런 형태의 하지만사과를 내놓아왔다. 마치 자신이 그 선을 넘었다는 사실을 너무 참기 힘들어서 의사의 진단서가 필요한 것처럼 말이다. 루이지애나주의 판사 미셸 오디네이Michelle Odinet는 자신의 집에 도둑이 침입하려 하는 CCTV 영상을 보던 와중에 깜둥이라고 외치는 영상이 공개되었다. 그는 "대단히 죄송합니다. 여러분의 용서와 이해를 바랍니다"라고 적은 사과문을 발표했으나, 하지만사과도 빼놓지 않았다. "저는 당시 진정제를 복용한 상태였으며 그 영상에 대한 기억도, 거기에 나온 불쾌한 표현을 사용한 기억도 전혀 없습니다."[25] 스포츠 아나운서 맷 로언Matt Rowan도 국가가 흘러나올 때 여성 농구팀이 인종 불의에 항의하기 위해 무릎 꿇은 것을 비난하는 동안 마이크가 켜져 있는 줄 모르고 깜둥이라는 단어를 사용했다.[26] 로언은 이렇게 사과했다. "제가 한 말과 행동에 대한 책임을 겸연히 받아들이겠습니다." 그러면서 동시에 자기가 1형 당뇨병 환자임을 밝혔다. "변명은 아니지만…… 혈당이 치솟을 때 제가 방향감각을 잃거나 부적절하고 상처가 되는 말을 하는 것은 드문 일이 아닙니다."

중립적인 입장에서 말하자면, 어떤 행동이 나오게 된 맥락을 설명하는 것은 때로 도움이 될 수 있다. 그 행동의 심각성에 따라 다르겠지만, 당신이 힘든 시기를 보내고 있어서 원래 성격과 다르게 행동했다는 것을 상대방이 알면 부정적인 충격을 덜 느낄 수도 있다. 이런 사정을 설명하고 싶을 때 던져야 할 질문은 그것이 당신을 위한 것인지, 상대방을 위한 것인지다. "그것은 진짜 내가 아니었으니까 내 행동을 용서해주세요"인가, 아니면 "그것은 진짜 나였지만 내가 정말로 되고 싶은 나는 아니었어요"인가?

의도로 굴절하기 금지

또 다른 하지만사과의 고전적 형태는 의도로 굴절하는 것이다. "미안하다. 하지만 그것은 내 의도가 아니었다." 유튜버 프란체스카 램지는 드래그 퀸으로 분장하고 거리를 걸어 다니면서 사람들에게 자신이 남자인지 여자인지 맞혀보라고 하는 〈퀸으로 하루 살기〉라는 영상을 올렸다가 "트랜스젠더 혐오물"이라고 비난받자 즉시 자신의 의도로 화제를 돌렸다. "내 친구 중에는 트랜스젠더도 있어요! 내 의도는 그런 것이 아니었어요."[27] 그러나 이후 램지는 "사람들이 자신의 젠더를 알아맞히려 하는 것"이 많은 트랜스젠더에게는 "일상의 투쟁"일 수 있음을 배웠다. 그리고 자신이 트랜스젠더들을 향한 신체적 폭력 같은 심각한 결과까지 가져올 수 있는 문제를 '농담'으로 소비했음을 알았다. 그는 사과했고 첫 번째 영상을 만든 자신의 의도는 상관없다고 결론지었다. "이러한 경우에 당신의 의도는 중요하지 않아요. (…) 중요한 것은 당신이 한 말이나 행동의 결과입니다."

우리는 첫 번째 원칙("대화의 네 가지 함정을 주의해라")에서 좋은 의도로 굴절하는 잘못을 논하며 행위의 의도와 결과를 구분해야 한다는 점을 처음 언급했다. 다양성 및 포용성 분야에서 이 구분은 기본적인 것이다. 컨설턴트 제이미 엇Jamie Utt은 자신의 대표적인 수필에서 "우리의 행동이 가까운 사람들의 주변화와 억압을 심화하는 결과를 가져온다면 우리의 의도가 정말로 중요한가?"라고 수사적 질문을 던진다.[28]

우리는 의도보다 결과에 초점을 맞추는, 이 분야 실무자들의 의견에 동의한다. 램지가 자신의 영상에서 밝혔듯 남의 발을 일부러 밟지 않았다고 해서 그 사람이 안 아픈 것은 아니다. 그러나 우리 동지들을 짜증 나게 할 위험을 무릅쓰고 말하건대, 의도가 아예 상관없다고 말하는 것 또한 도를 넘는 처사다. 당신이 (우리처럼) 결과가 중요하다고 생각할지라도 때로는 의도가 결과에 영향을 미칠 수 있다. 판사 올리버 웬들 홈스 2세가 말했듯이 "개도 발이 걸리는 것과 발에 차이는 것은 구분한다".[29] 누군가가 일부러 당신의 발을 밟았다는 사실을 알면 기분이 더 나쁠 것이다.

그렇다면 의도의 좋은 언급과 나쁜 언급은 어떻게 구분할까? 여기서도 마찬가지로, 모든 것은 의도를 언급한 이유에 달렸다. 당신이 자기 자신을 위해 의도를 이용했다면 도움이 안 될 것이다. 하지만 행동의 결과를 제대로 평가받기 위해 의도를 언급했다면 긍정적 역할을 할지 모른다.

고등학교 교사 앤드루 퍼키Andrew Puckey의 예는 올바른 언급이란 무엇인지를 잘 보여준다.[30] 퍼키는 교내 시상식을 마무리하며 "모든 목숨이 소중하다"라는 표어를 사용했다. 아무런 맥락도 없을 때 이 표어는 무해하게 들리지만, 사람들은 대개 "흑인 목숨도 소중하다"에서 주의를 돌리고 싶을 때 그것을 사용한다. 우리가 첫 번째 원칙("대화의 네 가지 함정을 주의해라")에서 다뤘던 초점 확대의 일종이다. 배우 아서 추는 "모든 목숨이 소중하다"라고 말하는 것을, 모르는 사람의 장례식에 쳐들어가서 "나도 가족을 잃었다고!"라고 외치는 것에 비유했다.[31]

그러나 퍼키는 이 문장의 부정적 의미를 몰랐던 모양이다. 교육청 웹사이트에 게재된 사과문에서 그는 이렇게 설명했다. "지난 며칠 동안 저는 '모든 목숨이 소중하다'라는 표어가 블랙 라이브스 매터 운동을 폄하하기 위해 사용되어왔다는 사실을 되새길 기회를 가졌습니다. 미국의 현재 정세를 고려할 때 이 표어를 사용하는 것은 지극히 무례한 행위지요. 비록 제 의도는 학생 한 명한 명이 소중하다고, 그러니 서로를 친절히 대하라고 말하는 것이었지만, 이 세 마디는 제가 한 모든 말을 무효화하고 인종차별과 편협함이라는 인식만 남겼습니다. 이 점에 대해 진심으로 사과하고 싶습니다." 그는 자신의 단어 선택이 "부적절"했고 "우리 지역의 많은 이", 특히 유색인 학생들에게 "상처를 입혔"으며 "편견과 연관된 표어를 사용한 데 대해 대단히 죄송합니다"라고 덧붙였다. 퍼키는 책임을 피하기 위해서가 아니라 "모든 목숨이 소중하다"라는 표어의 파급력을 줄이기 위해 자신의 의도를 공유했다. 바꿔 말하면 "내 의도는 좋았지만 내 말의 효과는 해로웠다"라는 유익한 메시지를 전달했다. 이를 거꾸로 뒤집은 "내 말의 효과는 해로웠지만 내 의도는 좋았다"라는 잘못된 메시지는 멀리했다.

인격으로 굴절하기 금지

하지만 사과의 세 번째 형태는 "미안하다. 하지만 나는 인종차별주의자가 아니다"처럼 화자 자신의 인격으로 굴절하는 것이다. 이 화법은 어디에나 있다. 가수 마돈나는 SNS에 #깜둥이라는 해시태그를 올렸다가 "제가 인스타그램에 깜둥이라는 단어를 올려서 누군가의 기분을 상하게 했다면 미안합니다. 인종차별적 욕설로 쓴 것이 아니었어요. 저는 인종차별주의자가 아닙니다"라고 사과했다.[32] 잉글랜드 여성 축구팀 감독 필 네빌은 성차별적 트윗에 대해 "사과합니다. 그것은 제가 좋아하는 표현이 아닙니다. 저는 성차별주의자가 아니고 지금껏 똑바로 살아왔습니다"라고 사과했다.[33] 하키 해설가 데이비드 심스David Simms는 게이 커플이 키스하는 모습이 화면에 나왔을 때 "역겹네"라고 했던 일을 사과하며 이렇게 덧붙였다. "저는 동성애 혐오자가 아닙니다. 여러분은 저를 충분히 오랫동안 보아왔잖아요. 저는 절대 그런 사람이 아닙니다."[34]

여기서 분명히 충고하건대, 이런 표현들을 멀리해라. 어떤 발언이 자신을 위한 설명인지, 상대방을 위한 설명인지 판단할 때 우리는 "미안하다. 하지만 나는 성차별주의자가 아니다" 같은 말은 본질적으로 자기 이익을 위한 것으로 본다. 그 말은 아마 이런 논리인 것 같다. "내가 끔찍한 짓을 저질렀을지 몰라도 스스로 남성 우월주의자라고 인정할 만큼 성차별주의자는 아니다." 즉 더 나쁜 짓도 할 수 있었지만 안 했다고 말함으로써 자신에게 면죄부를 주려는 것처럼 들린다.

최대한 양보해 화자의 입장에서 생각해보면 이런 논리일 수 있다. "내가 성차별적인 말을 했을지 몰라도 나는 성차별주의자가 아니다. 나의 행위와 인격을 구분해주길 바란다." 한 사람의 행위와 정체성을 구분해야 한다는 주장에는 완전히 동의한다. 두 번째 원칙("탄력성을 길러라")에서 이야기했듯이, 고착형 사고방식에서 성장형 사고방식으로 이행하기 위해서는 그 구분이 필요하다. 그러나 성장형 사고방식을 가진 사람은 "나는 좋은 사람이니까 나쁜 행동을 해도 봐달라"라고 말하지 않는다. 그 대신 "내가 이번에는 좋지 않은 행동을 했지만 내 이상에 도달할 수 있게끔 실수에서 교훈을 얻도록 노력할 것이다"라고 말한다.

하지만 사과가 잘못되었음을 알 수 있는 가장 확실한 방법은 자기 책임을 오롯이 인정하는 사과와 비교하는 것이다. TV 소개팅 프로그램 〈배철러렛〉으로 유명해진 해나 브라운Hannah Brown도 오디네이, 로언, 마돈나처럼 깜둥이라는 단어를 사용했다. 인스타그램 라이브에서 랩곡을 부르다가 그 단어를 내뱉은 것이다. 처음에는 그도 다른 사람들처럼 얼버무리는 사과로 책임을 회피했다. "제가 그 단어를 말했다고는 정말 생각지 않아요. (…) 설사 실수로 말했다고 해도, 죄송하지만 저는 노래를 부르고 있었고 가사 내용은 생각하고 있지 않았어요."[35] 그러나 브라운은 결국 제대로 된 사과를 담은 긴 영상을 인스타그램에 올렸다. 그동안 인종 문제에 대해 공부하고 자신의 행동을 되돌아봤다고 한 뒤에 그는 이렇게 말했다. "더는 무지하게 살고 싶지 않아요. (…) 제 행동을 제대로 책임져야 한다는 사실을 배웠습니다." 그러고 나서 자신을 옹호해온 팬들에게도 메시지를 남겼다. "여러분이 저를 응원한다면 제 편을 들지 마세요. 제가 한 말, 제가 한 행동에는 변명의 여지가 없습니다. (…) 저를 응원하고 싶다면 더 발전하라고 격려해주고 그 과정을 함께해주세요. (…) 제가 한 말, 제가 한 행동은 잘못되었습니다."[36]

참회: '가짜사과' 금지

참회란 사과의 핵심으로, 자신이 다른 사람에게 상처를 입혔고 그것을 바로잡고 싶음을 인정하는 것이다. 그렇기 때문에 사과에서 가장 단순한 부분처럼 보일 수 있지만 바로 여기에 함정이 있다. 심지어 "I'm sorry"라는 말도 위험하다. 참회("내가 당신의 종교를 조롱함으로써 당신을 언짢게 해서 미안하다")가 아니라 위로("당신의 마음이 언짢다니 유감이다")를 의미할 수 있기 때문이다. 우리 학생 한 명은 자신의 의도에 어떠한 의문도 생기지 않도록 늘 "I'm sorry" 대신 "I apologize(사과한다)"를 사용한다. 우리는 "sorry"라는 말을 버리지는 않았지만, 위로보다는 참회를 표현하기가 훨씬 어렵다는 학생의 말은 인정한다. 참회로 가려다가 위로로 굴러떨어지기 쉽기 때문에 방심하지 않는 것이 좋다.

우리는 참회를 표현하지 않는 사과는 '가짜사과'라고 부른다. 진실하지 않기 때문이다. 가짜사과는 여러 형태를 띨 수 있지만 가장 흔한 두 가지는 참회를 너무 적게 또는 너무 많이 표현하는 것이다. 충분히 참회하지 않은 사람은 사과할 때, 정말로 미안한지 의구심이 들게 하는 정당화를 슬쩍 끼워 넣는다. 예를 들어 셰인 길리스는 인종차별적이고 동성애 혐오적인 발언에 대해 사과하면서 "저는 한계에 도전하는 코미디언입니다"라고 말했다.[37] "제가 한 말에 실제로 상처받은 사람이 있는지는 모르겠으나 그들 모두에게 사과하게 되어 기쁘군요. 누구에게도 상처 줄 의도는 없었지만 저는 최대한 좋은 코미디언이 되려고 애쓰고 있고 거기에는 때때로 위험이 따릅니다." 이 발언에는 만약에사과(상처받은 사람이 없을 수 있다는 암시)와 하지만사과(좋은 의도를 언급)의 요소들이 포함되어 있는 데다가 참회도 결여되어 있다. 코미디언으로서 한계에 도전하고 위험을 무릅써야 한다는 이야기를 두 번이나 함으로써 길리스는 참회를 거의 또는 전혀 표현하지 않았다. 그가 훌륭한 코미디언이 되기 위해서는 인종차별적이고 동성애 혐오적인 농담을 해야만 한다고 정말로 생각했다면 진정

진심으로 사과해라

성 없는 사과보다는 존중심 있는 부동의가 나왔을 것이다.

추가적인 행동이나 발언으로 사과 전체를 망쳐버리는 가짜사과도 있다. 네 명의 여성을 성추행했다는 혐의가 제기되자 유명 셰프 마리오 바탈리는 서두는 그런대로 괜찮아 보이는 사과문을 뉴스레터에 실었다. "친구들, 가족들, 팬들과 우리 팀을 실망시켜서 대단히 죄송합니다. 제 행동은 잘못되었고 변명의 여지가 없습니다. 모든 책임을 인정합니다. (…) 이제부터 존경과 믿음을 되찾기 위해 매일 노력하겠습니다." 그러나 마지막에 바탈리는 모든 것을 망쳐버렸다. "추신. 명절 분위기의 아침 식사를 찾고 있습니까? 이 피자 반죽 계피 롤빵이 팬들에게 최고 인기입니다."[38] 그는 롤빵 사진과 조리법 링크까지 첨부했다.

이보다는 덜 직관적이지만 지나치게 참회하는 가짜사과도 있다. 다양성 컨설턴트 릴리 정에 따르면 "'너무 미안해', '기분이 끔찍해', '당신이 나를 어떻게 생각하겠어?' 같은 말을 하고 또 하는" 사람들이 있다. 그런 멜로드라마는 상대방에게 가해자인 자신을 위로하고 안심시키라고 강요하기 때문에 상황을 오히려 더 악화시킨다.[39] 두 번째 원칙("탄력성을 길러라")에서 언급했던 '원 이론'을 기억해라. 위안은 안쪽으로, 해소는 바깥쪽으로. 논바이너리인 우리 학생 한 명은 보다 포용적인 학습 공간을 만드는 방법에 대해 발표하며, 트랜스젠더의 젠더를 틀리게 말했을 때 지나치게 사과하지 말아달라고 요청했다. 어느 수준을 넘어서면 결국에는 사과하는 사람을 트랜스젠더가 달래는 것으로 끝나기 때문이다. 그 학생은 충고했다. "그냥 미안하다는 한마디면 됩니다."

참회를 상징하는 특정한 형태의 말은 없다. 중요한 것은 진심이다. 배우 행크 어제어리어는 〈심슨 가족〉의 아푸 연기에 대해 사과할 때 그것을 성공적으로 해냈다. 백인인 어제어리어는 30년 동안 인도인을 연기했는데, 그 캐릭터가 인종적·민족적 고정관념의 산물이라는 비난이 쏟아지자 하차했다. 〈심슨 가족〉의 창작자 맷 그레이닝처럼 어제어리어의 "첫 반응은" 아푸에 대한 비판에 "발끈하는 것"이었다. "우리는 모든 사람을 희화화해요. (…) 나한테 웃기는 법을 가르치려 들지 마세요."[40] 그러나 그는 방어적 태도를 넘어서서 성장했다. 알코올의존증을 극복한 경험 덕에, 감정이 "극에 달했을 때"는 "입을 다물고" "감정을 추스르고" "경청하고 배워야" 한다는 것을 알고 있었다.[41] "저는 자료를 읽고, 사람들과 이야기했습니다. 많은 인도인과 이야기했죠. (…) 세미나도 듣고 책도 많이 읽었고요." 어제어리어의 대화 상대 중 한 명은 아들이 다니는 학교의 인도인 학생이었는데, 그 아이는 〈심슨 가족〉을 본 적은 없었지만 아푸에 대해서는 알고 있었다. 왜냐하면 "지금은 그것이 사실상 욕이 되었기 때문"이다. 그 학생은 눈물을 글썽이며 "할리우드의 작가들에게, 그들이 하는 행동과 생각해내는 아이디어가 사람들의 삶에 실제로 영향을 미친다고 전해주세요"라고 간청했다. 인도계 미국인 팟캐스터 모니카 패드먼Monica Padman과의 대화에서 어제어리어는 이렇게 사과했다. "저는 그 아이에게도 말했고 지금 당신에게도 말하겠습니다. 진심으로 사과합니다. 당신이 제게 요구하진 않았지만 이것은 중요해요. 저는 그 캐릭터를 창조한 것, 거기에 참여한 것에 대해 사과합니다. 마음 같아서는 전국을 돌아다니면서 모든 인도인을 붙잡고 개인적으로 사과해야만 할 것 같군요."

보상: '말로만사과' 금지

인종 정의 시위가 계속되던 2020년 노스캐롤라이나주 샬럿의 선출직 공무원들과 기업들은 시가 인종차별을 굳건히 하는 데 기여한 바를 깊이 사과하며 관련 정책을 개혁하겠다는 약정서를 썼다. 시장은 다음과 같은 성명을 발표했다. "우리는 선대 아프리카계 미국인들, 그리고 오늘날 우리 시에 거주하는 아프리카계 미국인들에게 사과한다. 우리의 사과는 샬럿에 두 도시 이야기가 존재한다는 사실을 바탕으로 한다. 우리는 엄청난 풍요와 엄청난 가난을 동시에 가지고 있다."[42] 그러나 6개월 후 《샬럿 업저버》는 일부 운동가의 말을 인용해 달라진 것이 거의 없다고 보도했다.[43] 지역 내 인종 정의 단체인 정의회복CLT의 이사 코린 맥Corine Mack 은 이렇게 지적했다. "'나는 사과한다'라는 말만으로는 부족하다. (…) 잘못을 고치는 방법은 피해를 바로잡는 것이다."

효과적인 사과의 마지막 요소는 보상, 즉 피해를 복구하는 실질적 절차를 밟는 것이다. 보상 없는 사과는 '말로만사과'라고 부른다. 《성공하는 사람들의 7가지 습관》의 저자 스티븐 커비는 "행동으로 저지른 잘못에서 말로 빠져나올 수는 없다"라고 말한다.[44] 연구 결과에 따르면, 당연한 이야기지만, 사과와 보상을 동시에 하는 것이 말로만 사과하는 것보다 용서로 이어질 가능성이 크다.[45]

보상이 어려운 이유는 상당한 시간과 에너지가 필요할 수 있기 때문이다. 우리 센터의 연구 학생인 데이비드 햄버거David Hamburger는 법학전문대학원에 오기 전에, 정부 보조금 수령자들을 위한 구직 기술 수업의 일환으로 사과 워크숍을 운영한 적이 있었다. 그는 학생들에게, 그들이 살면서 상처 준 사람들에게 사과문을 쓴 다음 다른 학생들 앞에서 읽으라고 시켰다. 그중 한 학생인 네이선은 진심 어린 사과문을 한참 읽다가 "제 사과는 이것으로 끝입니다"라는 말로 마무리 지었다. 그러자 다른 학생이 "네가 뭘 했다고 끝이야?"라고 쏘아붙였다. 또 다른 학생은 "말은 쉽지"

라고 덧붙였다. "네 행동을 바꾸지 않으면 아무리 유려한 사과문을 써도 소용없어."

햄버거는 그 비판이 네이선에게 너무 가혹하다고 생각했다. 보상의 절차가 끝났다는 것이 아니라 그저 사과문을 다 읽었다는 뜻으로 말한 것일 수도 있었는데 말이다. 그러나 이 작은 언쟁은 보상에 대한 생산적인 토론으로 이어졌다. 햄버거는 학생들에게, 실생활에서 사과는 대개 독백이 아니라 대화임을 강조했다. 사과하는 사람과 사과받는 사람은 양쪽 모두에게 유익한 관계로 나아가는 길을 만들기 위해 협력한다. 그리고 이후 수업에서 햄버거는 사과의 말이 "훨씬 더 긴 과정"의 한 단계에 불과함을 강조했다. 그는 자주 칠판에 큰 글씨로 "그리고"라고 쓰고 나서 학생들에게, 미안하다고 말하는 것 외에 또 어떤 행동을 취할 수 있을지 아이디어를 내보라고 독려했다. 예를 들면 상처받은 사람을 주기적으로 찾아가서 가해자의 사과 후 행동에 대해 어떻게 생각하는지 확인하기 등이 있을 수 있겠다.

사과하고 나면 오랫동안 지켜야 할 의무가 생기기 때문에 사과하기가 더 어려워질 수 있다. 몰리 하우스에 따르면 당신은 사과한 후에 이렇게 자문하게 될지 모른다. "언제까지 미안해해야 충분한가?", "지금쯤은 화를 풀었어야 하는 거 아닌가?", "내가 이 미움받는 상태에서 벗어나는 날이 과연 올까?" 등등.[46] 그러나 상대방이 입은 피해는 오랜 기간에 걸쳐 축적된 경우가 많음을 기억해라. 그렇기 때문에 보상 또한 오래 걸릴 수 있다. 하우스의 충고처럼 "예상보다 긴 시간 동안 탄력성을 길러야 할지 모른다".

이번에도 우리는 이를 제대로 수행한 사람들에게서 영감을 받는다. TV 토크쇼 진행자인 닉 캐넌은 래퍼 프로페서 그리프와의 대화 중에 반유대주의를 부채질한 데 대해 보상했다. 그는 "비밀결사 일루미나티, 시온주의자들,* 로스차일드 가문"에 대한 음모론을 늘어놓은 다음 "우리 흑인들은 유대인과 같은 셈족이기 때문에 반유대주의자가 될 수 없어"라고 주장했다. "그것은 우리의 생득권이야. (…) 우리야말로 진짜 히브리인이라고."[47] 비난이 뒤따르자 캐넌은 "내 입에서 나온, 분란을 조장하고 상처를 준 말에 대해 유대인 형제자매들에게 진심으로 사과"한다고 밝혔다. 그리고 이렇게 덧붙였다. "제 발언은 자긍심 높고 훌륭한 민족에 대한 최악의 고정관념을 강화하는 말이었으며 그런 말을 하게 한 제 무지와 순진이 수치스럽습니다." 며칠 후 그는 "간단한 역사 수업"을 들었다고 공지한 후에 랍비를 비롯한 유대인 지도자들과 기관들에서 계속 가르침을 받겠노라고 약속했다.[48]

그런 배움의 일환으로, 캐넌은 에이브러햄 쿠퍼Abraham Cooper

---

* 팔레스타인 땅에 유대인 국가를 건설해야 한다고 주장하는 사람들.

랍비와의 대화를 팟캐스트로 방송했다.[49] 대화 중에 그는 사과의 언어에 대한 불안을 공유했다. "미안하다는 말을 여러 번 할 수는 있어요. 하지만 제가 배우지 못한다면, 고치지 못한다면, 그런 채로 다음 단계로 넘어간다면, 성장도 없고 치유도 없죠. (…) 그러는 것보다는 당신 정도의 위상을 지닌 사람과 깊은 대화를 나눠서 저를 제대로 고치는 쪽을 택하겠어요."[50] 캐넌은 쿠퍼 랍비뿐 아니라 유대인 권익 단체들 및 반유대주의 도서들에서도 배웠다. 전미유대인위원회의 노엄 매런스Noam Marans 랍비는 캐넌과 함께 공부했던 경험을 이렇게 회상했다. "예전에 반유대주의적 발언을 한 다른 유명인들은 후회와 성장하고 싶은 욕구에 관한, 판에 박힌 말을 늘어놓았습니다. 캐넌은 그 패턴을 따르지 않았어요."[51] 그는 캐넌이 상당한 시간을 들여 유대인과 유대교에 대해 배우고 "자신이 초래한 피해를 복구하는" 데 최선을 다했다고 말했다. 캐넌 자신의 표현에 따르면 "히브리어로는 (사과를) '테슈바teshuva'라고 하는데, 그것은 회개하는 행위뿐 아니라 회개를 통해, 나중에 비슷한 상황에 처했을 때 지난번과는 다른 결정을 내리게 되기까지의 과정"을 말한다.[52]

TV 프로듀서 메건 앰램Megan Amram 또한 보상의 모범을 보였다. 아시아계 미국인과 성소수자와 장애인에 대한 모욕적인 트윗을 올린 뒤에 그가 발표한 사과문은 말과 행동의 힘에 대한 명상록 그 자체다. 앰램은 사과란 "행동과 변화가 수반되지 않는 한 아무 의미도 없습니다"라고 쓴 후에 자신의 SNS와 직업을 "다양한 작가를 키우고, 직장 내 차별과 싸우고, 스스로 배우고, 기부하고" 주변화된 집단을 소리 내어 지지하는 데 사용하겠노라고 맹세했다. "내가 밟을 수 있는 구체적인 절차"를 생각하기 위해 SNS 사용을 잠시 중단했던 앰램은 영향력 있는 자신의 SNS를 "인종, 성소수자, 장애인 문제와 관련해 놀라운 일을 하는 이들을 알리고 지지하며" 자신이 재정적으로 후원하는 재단 및 자선단체를 키우는 데 사용하겠다고 약속했다.[53] 그리고 그때부터 반복적으로 SNS를 통해 아시아계 미국인 작가들과 자선단체들, 업계의 관련 단체들을 조명했고, 아시아인 혐오범죄를 비난했으며, 100만 명이 넘는 팔로워에게 장애인 인권과 성소수자 인권을 위해 일하는 개인 및 단체를 지지하라고 독려했다.

사과에 성장형 사고방식 적용하기

시트콤 〈언브레이커블 키미 슈미트〉에는 백인 배우가 연기하는, 그래서 모두가 백인인 줄 알았던 아메리칸인디언 캐릭터가 등장한다. 이 캐릭터는 나중에 라코타 부족이라는 자신의 정체성을 되찾는데, 그 방식이 우스꽝스럽게 그려진다. 예를 들면 아메리칸인디언 학교의 마스코트를 보면 달을 향해 울부짖는 식이다. 이 같은 묘사는 일부 아메리칸인디언을 언짢게 했다. 그들은 제작진이 아메리칸인디언 배우를 고용하거나 이런 서브플롯을 피하도록 캐릭터를 다시 짰어야 했다고 생각했다.[54] 그러나 이 시트콤의 공동 창작자인 코미디언 티나 페이는 이 비판을 거부했다. "제 새로운 목표는 개그를 설명하지 않는 겁니다. 우리가 모든 것을 집필하고 구현하는 데 이미 많은 노력을 쏟았기 때문에 개그 그 자체로 충분해야 한다고 생각해요. 요즘 사과를 요구하는 문화가 유행인데 저는 거기에 가담하지 않겠어요."[55] 평소 페이의 팬이었던 우리는 그렇게 전면적으로 사과를 거부하는 태도에 조금 당황했다.

몇 년 뒤 페이는 버지니아주 샬러츠빌에서 백인우월주의자 집회가 열린 직후에 출연한 〈SNL〉에서 또다시 대중을 화나게 했다.[56] 그는 "많은 사람이 불안해하는 가운데 우리는 자문하죠. '내가 과연 뭘 할 수 있을까? 힘없는 개인에 불과한 내가 과연 뭘 할 수 있을까?'"라고 질문을 던진 뒤에 정답은 종일 케이크를 먹는 것이라면서 직접 시범을 보였다. 당시 우리는 그 방송을 보고 깔깔 웃었다. 그러나 비판자들은 페이가 흑인을 대상으로 한 폭력에 소극적으로 대응하는 태도를 조장한다고 지적했다.

TV 토크쇼 사회자 데이비드 레터맨과의 인터뷰에서 페이는 해당 논란에 대해 이렇게 말했다. "완벽한 연기를 펼친 후에 착지하다가 발목을 부러뜨린 체조선수가 된 기분이었죠. 말 그대로 코너의 마지막 두세 문장에서 사람들을 화나게 했기 때문이에요. (…) 마치 제가 사람들에게 포기하라고, 행동에 나서지 말라고, 싸우지 말라고 말하는 것처럼 보였지만 그것은 절대 제 의도가 아니었어요." 그리고 또다시 "저는 사과를 요구하는 문화에 찬동하지 않기로 했어요"라는 주장을 되풀이했다. 다만 그다음에 이렇게 덧붙였다. "약속하고 맹세하건대, 누가 되었건 지인의 말이라면 경청하고 배울 겁니다."

2020년에 페이는 인종과 관련해 또 다른 논란을 불러일으켰다. 이번에는 이미 종영한 시트콤 〈30 록〉에서 배우들이 얼굴에 검은 칠을 하고 출연한 에피소드들이 문제가 되었다. 그해 여름에 블랙 라이브스 매터 운동이 부활하면서 다시 사람들의 주목을 끌었던 것이다. 이와 관련해 페이는 "우리가 미국 내 인종 갈등을 해결하고 더 잘해보려고 노력하는 이 시기에 다른 인종으로 분장한 배우들이 나오는 해당 에피소드들은 서비스를 중단하는 것이 최선이라고 생각한다"라고 썼다. "나는 이제야 '의도'가 백인들이 이런 이미지를 마음대로 사용해도 된다는 만능 허가장이 아님을 알게 되었다. 상처받은 분들에게 사과한다. 앞으로는 코미디를

201
진심으로 사과해라

사랑하는 어떤 아이도 우연히 이 개그를 보고 불쾌해질 일이 없을 것이다. 서비스를 중단해달라는 요구를 받아들여준 NBC유니버설에 감사드린다."[57]

회의론자는 페이의 행보를, 또 한 명의 유명인이 장광설을 늘어놓다가 굴복하는 모습으로 볼지 모른다. 그러나 우리가 볼 때 그는 칭찬할 만한 행보를 보였다. 페이는 처음에는 사과 문화에 "가담하지 않"으려 했다. 물론 우리는 그것이 가능하다고 생각하지 않는다. 누구나 정체성 대화에서 실수한다는 점을 고려하면 잘못을 고치려고 노력하는 데서 당당히 빠져나갈 수 있는 사람은 없기 때문이다. 케이크 사건이 일어났을 무렵의 페이는 "작품은 독립적인 것이다"라는 사고방식에서 "경청"하고 "배우겠다"라고 약속하는 태도로 변해 있었다. 그러나 여전히 의도를 핑계로 스스로를 용서하는("그것은 절대 내 의도가 아니었다") 흔한 실수에 빠져 있기도 했다. 2020년에 페이는 의도가 "만능 허가장"이 아님을 지적하고 모범적인 사과문을 썼다. 흑인 분장이 코미디를 사랑하는 아이들에게 끼친 피해를 인정했고, 상처를 준 데 대한 책임을 졌으며, 참회하는 모습을 보였고, 자신의 영향력을 이용해 해당 에피소드들의 서비스를 중단시킴으로써 보상도 했다.

지금 우리는 페이를 더욱 존경할 수 있다. 그는 훌륭한 코미디언일 뿐 아니라 성장하는 방법을 보여준 사람이기 때문이다.

- 효과적인 사과에는 인정recognition, 책임responsibility, 참회remorse, 보상 redress이라는 '네 개의 R'가 포함된다.

- 인정이란 피해가 실제로 있었음을 인정하는 것이다. "내가 잘못한 게 있다면 미안하다", "네가 기분 나빴다면 미안하다"와 같은 '만약에사 과'는 하지 마라.

- 책임이란 당신이 피해를 끼쳤음을 받아들이는 것이다. "미안하다. 하지만 그날 힘들어서 그랬다", "미안하다. 하지만 그것은 내 의도가 아니었다", "미안하다. 하지만 나는 인종차별주의자가 아니다"와 같은 '하지만사과'는 하지 마라.

- 참회란 피해를 끼친 행위를 진심으로 후회한다고 표현하는 것이다. 뜨뜻미지근한 사과로 참회를 너무 적게 하거나 지나친 자책으로 참회를 너무 많이 하는 '가짜사과'는 하지 마라.

- 보상이란 잘못을 바로잡기 위한 행동을 취하는 것이다. 당신이 일으킨 문제를 해결하지도 않은 채 미안하다고 말하거나 당신의 행동을 바꾸지 않는 '말로만사과'는 하지 마라.

백금률을 실천해라

6th Keypoint

몰이해나 무례뿐 아니라, 이해 없는 배려와 지나친 선의도 정체성 대화를 망친다. 그 자체로 상대방의 정체성에 대한 어떤 고정관념이나 편견을 드러내기 때문이다. 따라서 효과적인 지지 활동을 위해서는 황금률(내가 대접받고 싶은 대로 대접해라)이 아니라 '백금률'(상대가 대접받고 싶은 대로 대접해라)의 태도를 갖출 필요가 있다.

코로나19 팬데믹이 시작된 첫해 여름에 오로사 가족과 챈 가족은 캘리포니아주 카멀밸리의 한 레스토랑에서 생일 축하 파티를 하고 있었다. 옆 테이블에는 IT 회사 CEO인 마이클 로프트하우스가 앉아 있었다. 오로사 가족의 증언에 따르면, 로프트하우스가 그들에게 인종차별적 욕설을 퍼붓기 시작해서 조던 챈이 탁자에 있던 휴대전화를 집어 들어 그를 촬영하기 시작했다고 한다.

그때부터 벌어진 일을 찍은 영상이 인터넷에서 화제가 되었다.[1] 영상은 챈이 로프트하우스에게 따지는 장면으로 시작한다. "다시 한번 말해봐요." 로프트하우스는 대답하지 않는다. "아, 지금은 쑥스러운가 보죠?" 챈이 다시 묻는다. 그러자 로프트하우스가 가운뎃손가락을 쳐든다. "내가 할 말은 이거다." 그러고는 자리에서 일어나 말한다. "너희 같은 씨발 것들은 이 나라를 떠나야 돼! 쓰레기 같은 아시아 것들." 충격받은 챈이 말한다. "오, 맙소사."

그때 레스토랑의 웨이트리스인 백인 여성 제니카 코크런이 끼어든다. 그는 두 가족과 로프트하우스 사이에 버티고 선 채 외친다. "지금 당장 여기서 나가요! 당장! 나가라고요!" 로프트하우스가 자기는 이미 계산을 마쳤고 나가려는 참이었다고 우물거린다. "우리 손님한테 그런 식으로 말하면 안 되죠! 당장 나가요!" 코크런이 소리친다. 로프트하우스가 계속 말대꾸하자 그는 선수를 퇴장시키는 심판처럼 팔을 크게 휘두른다. 그러자 로프트하우스는 마침내 자기 물건을 챙겨서 발을 질질 끌며 나간다. "저는 그 상황에서 누구나 해야 할 일, 할 법한 일을 했을 뿐이에요." 코크런은 TV 인터뷰에서 밝게 말했다. "어떤 일을 목격하면 뭔가를 하세요. 할 수만 있다면 언제든 모든 형태의 인종차별과 혐오에 맞서 싸우세요."[2]

"누구나" 자신처럼 행동했을 거라는 코크런의 겸손한 주장은 희망 사항에 불과하다. 카멀밸리 사건으로부터 몇 주 후, 우리 동지이자 아시아계 미국인인 리사는 백인 남편 빅터의 친척들과 함께하는 가족 모임에 참석했다. 그런데 화기애애하던 모임 도중에 빅터의 사촌 마크가 자기 가족이 팬데믹 동안 겪은 일에 대해 이야기하면서 코로나바이러스를 '중국 바이러스'라고 부르기 시작했다. 그는 누구도 자신의 말을 잘못 알아듣는 일이 없게끔 이렇게 강조했다. "그래요, 나는 그걸 중국 바이러스라고 부를 거예요." 리사는 그 모임에서 유일한 아시아인이었다. 그는 팬데믹 동안 '중국 바이러스'나 '쿵플루kung flu'* 같은 별칭이 어떻게 아시아인 혐오를 부추기는지 목격했다. 그렇다면 당연히 누군가가(누구라도) 마크의 발언에 반박하지 않았을까? 그런 사람은 없었다. 리사는 가족들에게 둘러싸여 있었지만 혼자라고 느꼈다. 나중에 빅터가, 혹시 마크에게 화났냐고 물었을 때 리사는 그렇지 않다고 대답했다. "나는 아무 말도 안 한 당신한테 화났어. 마크는 그 정도 수준밖에 안 되는 인간이지만 당신은 아니잖아."

이런 장면들은 지지자의 유무가 만들어낼 수 있는 차이를 보여준다. 그리고 우리가 이제껏 사용해온 것보다 심오한 의미의 지지가 포함되어 있기도 하다. 처음에 우리가 언급했듯이 지지는 '해하지 않기'와 '선행 베풀기'라는 두 가지 형태를 띤다. 지금까지 이 책은 피해를 최소화하는 데 초점을 맞췄다. 당신이 참여하게 된 대화에서 당신의 행동을 개선하는 것을 목표로 삼았기 때문이다. 그러나 지지에는, 코크런이 한 것처럼, 세상 속으로 나가서 '선행을 베푸는 것'도 포함된다. 이 적극적 형태의 지지에 뛰어들 때 당신은 지지자로서 자신이 가진 힘을, 주위 사람들에게 더 포용적인 문화를 조성하는 데 이용할 수 있다. 예를 들면 버스에서 유

---

* 중국을 상징하는 '쿵푸'와 독감을 의미하는 '플루'의 합성어.

대인에게 반유대주의적 욕설을 퍼붓는 사람에게 항의하는 비유대인이나, 여자 축구팀에 대해 성차별적 발언을 하는 동료 선수들을 제지하는 남학생 운동선수, 저소득층 학생의 입학률을 높이라고 자기가 다니는 대학교에 로비하는 사회경제적 특권층 학생처럼 말이다.

일부 진보주의자는 이 적극적 의미의 지지에 새로운 이름을 붙이려 한다. 그들은 '지지자'는 선의를 가진 특권층을 가리키는 기본적인 용어로 남겨두고, 한 단계 위의 의미를 품은 '분발자upstander', '공범accomplice', '옹호자advocate', '공모자coconspirator' 같은 용어를 선호한다. 매사추세츠주 상원의원 엘리자베스 워런은 흑인 여성운동가들과 만났을 때 이렇게 물었다. "저는 오늘 여기에 지지자로서 왔습니다만 그냥 공모자라고 하면 안 될까요?"[3] '지지자'가 너무 수동적이거나 피상적인 용어처럼 보인다는 우려 때문에 다른 진보주의자들도 그 용어를 멀리하게 되었다. 우리 뉴욕 대학교도 '연대'가 더 헌신적인 느낌이라며 연례행사인 '지지자 주간'의 명칭을 '연대 주간'으로 바꿨다.[4] 운동가 킴 트란Kim Tran은 거기서 한발 더 나아가 "지지의 종말"과 "새로운 연대의 시대"의 시작을 선언하기에 이르렀다.[5]

그러나 우리는 계속해서 '지지'라는 용어를 사용할 것이다. 왜냐하면 그것이 아직까지는 '해하지 않기'와 '선행 베풀기'를 모두

의미하면서 가장 널리 쓰이는 표현이기 때문이다. 지지자ally라는 단어는 '함께 묶다', 즉 불개입의 반대를 의미하는 라틴어 'alligare'에서 왔다. 물론 지지가 피상적일 수도, 과시적일 수도, 구조적 문제에 충분히 신경 쓰지 않을 수도 있지만 그것은 나쁜 형태의 지지에 대한 비판이지, 지지 자체에 대한 비판은 아니라고 믿는다.

이렇게 필요조건이 보다 많은, 발전된 의미의 효과적인 지지자가 되기 위해서는 지금까지 배운 것들 위에 두 가지 원칙을 더 보태야 한다. 그중 첫 번째 원칙은 당신이 도우려고 하는 사람, 즉 '피영향자'와의 관계에 대해 깊이 생각할 것을 요구한다. 그 주제는 이 장에서 다룰 것이다. 두 번째 원칙은 피해를 유발한 사람, 즉 '비포용적 행동의 발원자'와 당신의 관계에 대해 생각할 것을 요구한다. 그 주제는 다음 장이자 마지막 장에서 다룰 것이다.

우리의 친구 나오미는 자선단체에서 일하는 백인 지지자다. 최근 그의 백인 남자 상사는 다양성, 포용성, 인종 형평성 문제를 다루기 위한 위원회를 설립하기로 결심했다. 나오미는 대부분이 백인인 리더들이 위원회를 신중하게 조직하지 않는다면, 유색인들의 목소리가 배제될 가능성을 우려했다. 그는 다양한 관점을 끌어내는 방법에 관한 반인종주의 자료를 읽었고 몇몇 추천서를 상사와 공유했다. 그러자 상사는 그의 제안에 동의하며 다음 전체 회의에서 아이디어를 발표하라고 지시했다.

마침내 전체 회의가 끝났을 때 동료 몇 명이 나오미에게 다가와 위원회 구성을 잘했다고 칭찬했다. 그런데 그들이 모두 백인임을 알아차린 나오미는 비백인 동료들이 어떻게 생각하는지 궁금했다. 오래 기다릴 필요는 없었다. 유색인 동료들에게서 메일이 쏟아져 들어왔기 때문이다. "왜 그 발표를 당신이 했나요?", "반인종주의 프로젝트의 리더는 백인 여성이 아니라 유색인이어야 합니다", "당신은 그 기획안을 발표하기 전에 우리와 상의할 수 있었어요." 나오미는 심란했고 고민에 빠졌다. 비판의 위압감이 느껴졌다. '내가 도우려는 사람들과 상의했어야 했어.' 하지만 그렇다고 해서 처음의 직감이 틀렸다고도 생각하지 않았다. '지지 활동의 핵심은 이 일로 다른 사람들에게 부담을 주지 않는 거야.'

나오미가 마주친 것은 어떤 유의 지지자-피영향자 관계에서도 발생하는 '지지자는 창도자唱道者인가 조수인가'라는 딜레마다. 창도자론에서 지지자의 역할은 자신의 특권을 이용해 피영향자들이 스스로 만들기 어려운, 대대적인 변화를 일으키는 것이다. 창도자파派는 피영향자들이 수십 년간 자신의 정체성을 알리고 투쟁하느라 지쳐 있다는 점을 지적한다. 지지자들이 그 부담을 일부 나눠 진다면, 주변화된 집단은 자신을 변호하기보다 자신의 삶을 사는 데 더 많은 시간을 쓸 수 있을 것이다.

반대로 조수론에서 지지자는 다른 사람이 이끄는 프로젝트의 도우미 역할을 맡는다. 조수파는 피영향자들이야말로 자신의 이익을 증진하는 방법을 가장 잘 안다는 점을 지적한다. 그러므로 지지자들은 뒤로 물러나서 피영향자들에게 '마이크를 넘겨줘'야 한다는 것이다. 지지자들이 아이디어와 목소리를 내는 것도 여기서는 확실히 보조적 역할에 그친다. 지지자는 자신이 도우려 하는 "운동의 코러스"가 되어야 한다고 작가 케이틀린 딘 페어Caitlin Deen Fair는 말한다. "우리가 해야 할 일은 잘 듣고, 도와달라면 돕고, 빠지라면 빠지는 것이다."[6] 뉴욕대학교 동료 교수이자 철학자인 콰메 앤서니 아피아Kwame Anthony Appiah는 조수론이 지지자들에게 "남의 집에 온 공손한 손님처럼 주변화된 집단의 지시에 따를" 것을 요구한다고 설명한다.[7]

창도자론과 조수론이 갈등을 일으킬 때는 많지만 본질적으로 상충하는 것은 아니다. 어떤 상황에서는 지지자들이 앞으로 나서야 하고, 어떤 상황에서는 뒤로 물러나야 하기 때문이다. 우리가 캠퍼스에서 미투운동 포럼을 열었을 때 한 여성이 강의실을 가득 채운 여성 관객들을 가리키며 "남자들은 어디 있죠?"라고 물었다. 하지만 남자들이 강의실 안으로 밀려들어서 포럼을 휘젓고 다녔어도 그 여성은 당연히 분통을 터뜨렸을 것이다.

'창도자'가 될 것이냐 '조수'가 될 것이냐는 선택은 골치 아프지만, 우리도 실생활에서 그 딜레마와 씨름해야 할 때가 있다. 그러나 유감스럽게도 모든 경우에 적용할 수 있는 절대적 규칙은 없다. 우리가 제시할 수 있는 것은 문제와 씨름할 때 쓰는 도구로, '백금률'이라고 불리기도 한다.[8] 당신은 아마 황금률("네가 대접받고 싶은 대로 상대방을 대접해라")은 익히 들어봤을 텐데, 이 황금률을 지지에 적용할 때는 상대방이 (중요할 수도 있는 여러 측면에서) 당신과 다르다는 사실을 기억하는 것이 핵심이다. 그래서 백금률은 황금률을 한 단계 더 발전시켜 상대방이 도움받고 싶은 대로 도우라고 종용한다. 직접 물어봐서든 아니면 곰곰이 생각해서든 그 사람이 원하는 바를 진지하게 고려하라고 상기시킨다. 당신이 충분히 주의를 기울인다면 창도자, 조수 또는 그 중간의 무언가를 더 자신감 있게 선택할 수 있을 것이다.

당신의 동기에 주의해라

다음은 많은 이에게 사랑받아온 《앵무새 죽이기》의 한 장면이다. 변호사 애티커스 핀치는 전원 백인으로 구성된 배심원단이 무고

한 그의 흑인 의뢰인 톰 로빈슨에게 유죄를 선고하는 모습을 바라본다. 백인 여자를 강간했다는 혐의였다. 애티커스는 서류를 가방에 주섬주섬 챙겨 넣고 법정을 나선다. 재판에서는 졌지만 당당한 모습으로. 그의 어린 딸 스카우트는 '유색인' 전용 방청석인 2층에서 재판을 지켜본다. 그는 아버지가 "쓸쓸히 통로를 걸어오는 모습"을 넋 놓고 바라보다가 목사가 팔을 툭 치는 바람에 정신이 번쩍 든다. 고개를 들어 보니 2층의 모든 흑인이 아버지에게 경의를 표하기 위해 말없이 기립해 있다.[9] 목사는 그에게도 일어서라고 한다. "아버지가 지나가시잖니."

이 장면은 고전적인 '지지'의 시각적 이미지다. 우리 두 사람은 세대도 다르고 서로 다른 나라에서 자랐지만, 고등학생 때 처음으로 하퍼 리의 소설을 읽었을 때 이 장면에 사로잡혔던 것을 기억한다. 당시 우리는 어렸기 때문에 별다른 의문을 품지 않은 채 그 장면으로 사회정의에 대한 인식을 형성했다.

사회학자 매슈 휴이Matthew Hughey는 《앵무새 죽이기》를 원작으로 한 1962년작 영화를 "최초의 백인 구세주 영화 중 하나"로 명명하며 그 함의를 탐구한다.[10] 휴이의 설명에 따르면, 백인 구세주 영화란 백인 개인이 비백인 개인이나 무리를 절망적인 운명에서 구해주는 영화를 가리킨다.[11] 이 장르에 속하는 작품은 대단히 많다. 휴이는 〈영광의 깃발〉 〈늑대와 춤을〉 〈위험한 아이들〉

〈아미스타드〉 〈파인딩 포레스터〉 〈라스트 사무라이〉 〈그랜 토리노〉 〈아바타〉 〈블라인드 사이드〉 〈헬프〉 등 25년여간 발표된 영화 50편을 예로 든다. 이 영화들은 백인 구세주를 두 무리의 전형적 인물들 옆에 배치한다. 한쪽에는 편견적이고 폭력적인 "나쁜 백인들"이 있고, 다른 한쪽에는 "스스로를 돕기에는 너무 외톨이거나 자기 환경에 매몰된 (…) 원주민들"이 있다.[12] 백인 구세주는 여기에 딱 맞는 도덕관과 "구원적인 무언가"로 무장한 채 원주민들을 나쁜 백인들에게서 해방한다.[13]

TV 토크쇼 〈레이트 나이트 위드 세스 마이어스〉는 이를 유쾌하게 패러디한 가짜 영화 〈백인 구세주〉의 예고편을 선보였다.[14] 이 영화는 미국에 아직 인종차별법이 존재하던 시절을 배경으로 "세계적인 과학자이자 저명한 첼리스트이자 운동가"가 된 로레타 워싱턴이라는 흑인 여성의 일대기를 그린다. 다만 주인공은 "로레타가 그 모든 것을 성취하는 동안 백인이었던" 잭(세스 마이어스 분)이다. 잭은 로레타의 지지자 역할을 하려고 하지만 그때마다 재앙을 낳는다. 로레타가 연설하려고 하면 잭이 마이크의 높이를 조정하고는 이렇게 말한다. "로레타의 마이크가 너무 높았는데 제가 낮췄어요. 제 덕에 고친 거죠." 그는 매번 상의 없이 로레타를 돕기 위해 거들먹거리며 난입한다. 술집에서 인종차별주의자들의 괴롭힘에 로레타가 능숙하게 대처하고 있으면 잭이 끼어들어서 서툴게 대처한다. 로레타가 당당하게 걸어 들어간 백인 전용 화장실 앞에 파스텔색 정장을 입고 팔꿈치까지 오는 장갑을 낀 백인 여성들이 모여 있으면 잭이 그들과 말싸움을 벌인다. 그러자 당황한 로레타가 소리친다. "잭, 당신이 거기 있으면 내가 볼일을 볼 수가 없잖아요!" 이번에는 한 백인 여성이 "더는 아무런 부족함도 없게" 해주겠다며 로레타를 입양하려 한다. "나를 입양한다고요?" 로레타가 놀라서 묻는다. "내가 당신보다 나이가 많은데요?" 이 영상은 지지자가 자신이 돕고자 하는 사람들을 어떻게 실망시킬 수 있는지를 묘사한 최고의 교재다.

구세주 콤플렉스는 흔한 충동이다. 한 장애인 인권운동가는 "장애인에게 선교사처럼 접근하기"를 지지자의 흔한 실수 1위로 꼽는다.[15] 직장 내 남성 지지자들의 행태에 빠삭한 어느 전문가는 "상사가 보고 있을 때 슈퍼히어로 망토처럼 페미니즘을 두르는 (…) 가짜 남성 페미니스트"를 주의하라고 경고한다.[16]

비지배적 집단에 속하는 사람들은 구세주 콤플렉스를 다양하게 조롱하는데, 그중에서도 '미덕 과시'(자신이 얼마나 좋은 사람인지 남들에게 보여주려 한다)와 '칭찬 갈구'(남들에게 칭찬이나 인정을 받아야 한다)를 주로 꼬집는다.[17] 인종 정의 운동가 노바 리드Nova Reid가 지적하듯, 구세주 콤플렉스의 동기는 "주로 자아도취의 충족"이며 지지자 지망생의 "행동과 의도를 대의와 상관없는 곳으로 보내"버린다.[18] 건강한 지지의 동기는 내적인 것, 즉 지지가 옳은 일이라고 믿는 것이다. 당신의 동기가 올바른지 시험하려면 간단하게 이렇게 물으면 된다. 내가 지금 도우려는 사람들과 나 자신 중에 어느 쪽을 위주로 생각하고 있는가?

지지자의 동기가 왜 중요한지 궁금할 수 있다. 비영리단체는 대개 사람들이 순수한 이타심에서 기부하는지, 아니면 스스로 좋은 사람이라고 느끼고 싶어서 기부하는지 신경 쓰지 않기 때문이다. 그러나 다른 기부와 얼마든지 서로 교환할 수 있는 금전 기부와 달리, 대화는 대단히 사적인 것이다. 심리학자 찰스 추Charles Chu는 백인 지지자가 인종차별적 발언을 내뱉은 사람과 싸우는 시나리오를 보고 흑인들이 어떻게 반응하는지 실험했다. 지지자가 외적인 이유, 예를 들면 "좋은 인상을 주기 위해" 싸웠다고 생각한 피험자일수록 오히려 힘이 빠진다고 생각하는 경향이 강했다.[19] 아울러 피영향자들은 외적인 동기를 가진 지지자를 불신하듯, 내적인 동기를 가진 지지자를 믿는다. 실제로 또 다른 연구에 따르면, 유색인들이 지지자라고 인정한 백인들은 강한 내적 동기를 가지고 있었다.[20]

동기가 중요한 두 번째 이유는 외적 동기가 종종 '지지 피로'라 불리는 것으로 이어질 수 있기 때문이다. 지지는 버거울 때가 많다. 현 사회에 저항해 스스로를 불편한 상황으로 밀어 넣는 행

어른의 대화 공부

위인 데다가, 나오미가 그랬듯 당신의 개입이 도움이 되지 않는다고 비판당할 가능성 또한 열려 있다. 따라서 단지 멋있어 보이기 위해 지지자 역할을 하고 있다면 더 이상 보상이 돌아오지 않을 때 그만두고 싶어질 것이다.

영화 개봉으로부터 50년도 더 지난 2018년에 극작가 에런 소킨은 《앵무새 죽이기》를 희곡으로 각색했다. 그도 애티커스가 법정을 떠날 때 흑인 방청객들이 경건하게 서 있는 장면을 좋아했지만 자신의 본능을 믿지 않았다. "그것은 정말로 백인 구세주 장면이었다. 그리고 '주변화된 집단이 나를 인정해줄 거다', '나는 좋은 사람이다'라는 진보주의자들의 환상이기도 했다. 그것은 내가 희곡에 넣고 싶은 장면이 아니었으므로 오히려 거꾸로 뒤집어 버렸다."[21] 소킨의 희곡에서 애티커스는 흑인 가정부 캘퍼니아의 '수동공격적행동'에 당황한다. 처음에는 애티커스가 고민이 뭐냐고 닦달해도 캘퍼니아는 아무런 대답을 하지 않는다. 연극이 끝날 때쯤이 되어서야 그는 애티커스가 로빈슨을 변호하기로 한 후에 감사 인사를 하라고 눈치 주는 것이 싫었다고 털어놓는다. "변호사님이 그 이야기를 하셨을 때 아마 제가 충분히 감사하다고 하지 않았나 봐요. 제가 물러가는데 변호사님이 작은 소리로 '천만에'라고 말씀하셨죠. 이 집이…… 감사 인사를 챙겨야 하는 곳이 될 줄은 정말 몰랐어요." 일견 사소해 보이는 이 각색은 애티커스라는 인물을 굉장히 복잡하고 풍부하게 만든다. 모두의 귀감이었던 그가 보통 사람들처럼 자신의 동기에 주의하지 않으면 안 되는 인물로 바뀐 것이다.

피영향자가 도움을 원하는지 고려해라

지지자들은 자기가 남의 일에 끼어들어도 되나 염려하기 때문에 자주 자신을 억누른다. 특히 불편함을 느끼면 수동성과 회피라는 초기설정값으로 돌아간다. 만약 이것이 당신 이야기 같다면 우리는 당신의 초기설정값을 반대로 세팅하고 싶다. 당신은 이미 대부분의 사람보다 능숙한 지지자가 되는 데 필요한 기본적인 원칙들을 숙지했다. 우선은 네 가지 함정(회피, 굴절, 부인, 공격)을 주의하라고 배웠다. 그다음에는 탄력성을 기르고 호기심을 키워서 정체성 대화에 알맞은 감정적·지적 상태를 마련했다. 마지막으로는 존중하는 태도로 부동의하고 진심으로 사과하는 법을 익혔다. 이 기술들로 무장한 당신은 대부분의 상황에서 제니카 코크런처럼 자신 있게 행동할 수 있을 것이다.

그런데 여기에는 중요한 경고가 따라온다. 돕기 전에 잠시 행동을 멈추고 애초에 상대방이 도움을 원하는지 생각해보라는 것이다. 사회과학자들은 피영향자들이, 도움을 필요로 한다는 근거도 없고 도움을 요청한 적도 없는데 도움받으면 의기소침해진다는 사실을 발견했다. 한 기초연구에 따르면, 낱말 맞추기 놀이를 하다가 백인 학생에게 자신이 요청한 적 없는 도움을 받은 흑인 학생은 그런 도움을 받지 않은 흑인 학생이나 도움받은 백인 학생보다 낮은 자신감을 보이는 것으로 드러났다.[22] 이스라엘의 또 다른 연구에 따르면, 어떤 테스트를 수행하는 중에 자신이 요청한 적 없는 도움을 유대인 연구조수에게서 받은 아랍인 학생은 낮은 자존감을 보였다.[23] 이 연구들이 시사하듯, 당신이 권력관계에서 자신보다 낮은 층위에 있는 사람을 도울 경우, 의도치 않게 그들이 무능력하다고 암시할 위험이 있다.

대부분의 상황에서 당신은 직접 묻지 않고서도 피영향자가 도움을 환영할지 안 할지 가늠할 수 있다. 사실 그들에게 직접 물어보는 것이 어색하거나, 쑥스럽거나, 아예 불가능한 경우가 많을 것이다. 어느 대학의 이사장이 회의를 진행하고 있는데 한 노교수가 자기 과의 연구조수들을 가리켜 "우리 학교 최고의 미녀들"이라고 자랑했다. 물론 이 발언에 틀림없이 누군가가 대꾸했겠지만, 만약 남성인 이사장이 여성 참석자들에게 자신의 도움을 원하냐고 물어봤다면 우스꽝스러웠을 것이다. 하지만 백금률 덕분에 그는 혼자서도 결정을 내릴 수 있었다. 많은 여성이 그의 개입을 원할 거라고 추측할 수 있었기 때문이다. 그는 영리하게, 그들을 대변하려 하는 대신 그냥 자기 생각을 말했다. "요즘 같은 세상에 아직도 여성에 대한 저런 발언이 나오다니 우려스럽군요." 그러자 노교수는 얼굴이 창백해져 사과했다.

그러나 때로는 당신의 도움이 환영받을지 어떨지 확신할 수도 없고, 당신이 물어보는 것을 가로막는 장애물 또한 전혀 없는 상황이 벌어지기도 한다. 그럴 때는 직접 가서 물어봐라. 나오미는 유색인 직원들이 반인종주의 위원회 설립에 자신의 도움을 원할지 어떨지 몰랐다. 그러나 대학 이사장의 경우와 달리 그는 몇몇 유색인 동료에게 개인적으로 다가가서 반인종주의 위원회 설립을 계획 중이라고 알리는 등의 방법으로 의견을 물어볼 수 있었다. 심지어 자신의 딜레마를 솔직히 밝히는 것도 가능했다. "저는 백인이 다수인 단체에서 인종 불평등을 해결할 책임을 꼭 여러분이 져야 한다고는 생각하지 않아요. 하지만 여러분이 리더를 맡고 싶다거나 제 생각과는 다른 방식으로 위원회를 구성하고 싶다면 지금 의견을 받고 싶습니다." 나오미가 이런 접근법을 취했다면 피영향자들은 도움을 거절하거나 유용한 피드백을 제공했을 것이다.

당신의 도움이 환영받을지 물어봐야 하는 또 하나의 중요한 이유는 정반대 방향에서 온다. 때로는 당신이 요청받은 적 없는 도움을 제공하려고 폭주하는 것이 아니라 아니라 도움을 전혀 제공하지 않는 것이 문제가 되기 때문이다. 피영향자는 도움을 원하면서도 부담이 될까 봐 요청하기가 어려울 수 있다. 명문대에 다니는 저소득층 학생 샤니콰는 노숙자로 자라는 동안 무엇을 받든 감사해야 함을 배웠다. "누가 셔츠를 주면 디자인이 별로여도 그냥 입어요." 그리고 그런 사고방식 때문에 대학에서 자신의 "권리를 주장하는 것이 어렵"다고 느꼈다. "마음속 한편으로 '나는 이미 충분히 받았어'라고 생각하고 말죠." 또 다른 저소득층 학생 로절린드의 경우도 마찬가지다. 한번은 복시, 기억 장애, 집중력 장애, 수면 장애가 나타날 정도로 심한 뇌진탕을 겪었는데도, 한 달 넘게 참다가 마침내 사감에게 가서 울음을 터뜨렸다.[24] "혼자 해결할 수 있다고 생각했어요." 그 이유는 간단하다. "도움을 청하는 것을 좋아하지 않거든요."

사람들이 도움을 청하는 것을 꺼리는 이유는 사회경제적 약점 때문만이 아니다. 연방 대법관 소니아 소토마요르는 어렸을 때 진단받은 당뇨병을 "창피하게" 생각했다. "저는 그것이 약함의 증거라고, 친구들에게 놀림당할 거리라고 생각했어요. 그래서 감췄죠."[25] 그는 30대 때 집에서 파티를 즐기던 도중에 저혈당 쇼크로 침대에 쓰러졌다. "친구들은 제가 왜 그러는지 몰랐어요. 당뇨병이라는 말을 안 했기 때문이죠. 그 결과 저를 사랑하는 사람들로 가득한 방에서 죽을 뻔했지 뭐예요." 그 경험은 소토마요르가 자신의 당뇨병을 적극적으로 알리는 계기가 되었고, 수십 년 뒤에《그냥 물어봐!》라는 아동서를 집필한 이유가 되었다. 그의 설명에 따르면, 이 책은 독자들이 장애가 있거나 "좀 다르게 행동하는" 지인을 지켜보다가 도움이 필요하냐고 물어볼 것을 장려한다. "그 말이 그들에게 어떤 영향을 주는지, 언제 어떻게 그들을 도울 수 있는지 알아보세요. 제가 늘 도움이 필요한 건 아니지만 가끔은 필요하다는 사실을 사람들이 알아야 하기 때문입니다. 그리고 당신도, 당신이 사랑하고 아끼는 사람이 그렇다는 것을 알아야 합니다."

당신이 피영향자에게 도움을 원하냐고 물으면 그들은 때때로 아니라고 대답할 것이다. 거절당하는 것은 마음 아프지만 지지자로서는 성공한 것임을 명심해라. 지지자들은 자기가 돕고 싶어 하는 사람들에게 보이지 않는 경우가 많다. 이를 극복하기 위해 많은 회사가 직원들에게 무지개색 핀이나 깃발, 스티커를 나눠 준다. 그들이 지지자임을 성소수자들에게 '커밍아웃'할 수 있게 하기 위해서다. 도움이 필요하냐고 묻는 것도 똑같은 기능을 한다. 당신의 지지자가 되어도 좋냐고 물음으로써 상대방을 신경 쓰고 있다는 사실을 보여주는 것이다. 오늘 도움을 거절한 피영향자는 미래를 위해 이를 저금해두었으므로 일주일 후, 한 달 후,

또는 1년 후에 돌아와서 도움을 요청할지 모른다.

피영향자가 '어떤 종류'의 도움을 원하는지 고려해라

메리는 흰 지팡이를 사용해서 홀로 출근하는 시각장애인 여성이다. 어느 날 그는 자신이 평소에 이용하는 길이 공사 중임을 발견하고는 길모퉁이에 서서 행인들에게 버스 정류장이 여기서 한 블록 떨어져 있는지 물어본다. 그러자 한 행인이 시각장애인이 혼자 돌아다니는 것은 너무 위험하다며 메리의 팔을 잡고 목적지까지 데려다주겠다고 고집한다. 또 다른 행인은 똑같은 이유를 대며 그냥 집에 가라고 한다. 어느 행인이 더 도움이 되었을까?

심리학자 케이티 왕Katie Wang과 동료들이 이 가상의 상황을 바탕으로 한 연구에 따르면, 피험자는 시각장애인이냐 정안인正眼人이냐에 따라 다른 반응을 보였다.[26] 정안인들은 열성적 대답(목적지까지 데려다주겠다)이 적대적 대답(집에 가라)보다 훨씬 낫다고 생각했지만, 시각장애인들은 그 둘이 거의 똑같이 부적절하다고 평가했다. 열성적 도움도 적대적 거절처럼, 버스 정류장이 있는 방향을 가르쳐달라는 메리의 요청을 결국 들어주지 않았기 때문이다. 또한 그것은 메리가 혼자서는 길을 찾을 능력이 없음을 암시했다.

원치 않는 도움은 다른 상황에서도 많이 발생한다. 이를테면 젊은 사람이 노인을 어린아이 대하듯 할 때 사용하는 '노인어'가 있다. 치매 환자를 돌보는 사람의 노인어 사용에 관한 연구에 따르면, 간호사가 "잘했어요"나 "목욕할 준비 된 사람?" 같은 말을 사용할 때 환자가 싫다고 하거나 고개를 돌리거나 발로 차서 도움을 거절할 가능성이 컸다.[27] 메리와 마찬가지로 환자는 도움이 필요했지만 그 도움의 형태가 모욕적이었기 때문이다.

포인트를 빗나간 도움들

이러한 실수는 지지자들이 사회정의 운동에 가담할 때 폭증할 수 있다. 블랙 라이브스 매터 운동의 경우, 흑인 공동체는 확실히 지지자들의 연대가 필요했다. 그 요청에 대한 응답으로 어떤 지지자들은 공감, 지혜, 품위를 지니고 행동했지만, 어떤 사람들은 별로 그렇지 못했다.

그중에서도 가장 악명 높은 것은 아마 시위자들과 경찰이 대치하는 장면을 묘사한 펩시 광고일 것이다. 광고는 "평화", "대화에 나서라" 등의 글귀가 적힌 팻말을 든 시위자들의 행진으로 시작된다. 표어는 진부하지만 당시 빈번하던 블랙 라이브스 매터 시위를 묘사했음은 분명하다. 광고가 클라이맥스에 다다르면 백인 모델인 켄들 제너가 경찰관 한 명에게 다가가 펩시 캔을 건넨다. 경찰이 활짝 웃으며 펩시 캔을 받아 들고 마시자 기쁨과 화해의 분위기가 조성된다.

그보다 더 신속하고 마땅하게 혹평받은 광고도 드물다. 비판자들은 펩시가, 경찰 때문에 시위자들이 겪는 진짜 위험을 과소평가했다고 꼬집었다. 어떤 사람들은 경찰과 시시덕거리는 제너의 이미지를 전투 장비로 무장한 경찰 앞에서 평온하고 대담하게 서 있었던 흑인 여성 아이샤 에번스의 이미지와 대조하기도 했다.[28] 마틴 루서 킹 목사의 딸인 버니스 킹은 SNS에 자신의 아버지가 경찰과 대치하고 있는 사진을 올리면서 한마디를 덧붙였다. "아빠가 #펩시의 힘을 알았더라면." 펩시는 광고를 내리고 사과문을 발표했다. 제너도 사과했다.

환영받지 못한 도움으로 분노를 불러일으킨 지지자 지망생이 제너만은 아니다. TV 드라마 〈리버데일〉의 주인공 릴리 라인하트는 인스타그램에 자신의 토플리스 사진을 올리면서 이렇게 적었다. "이제 내 가슴이 당신의 관심을 끌었으니 말인데, 브리아나 테일러의 살인자들은 여전히 체포되지 않았어. 정의를 요구해."[29] 테일러는 자기 집에서 자다가 경찰의 총에 맞아 사망한 흑인 여성이다. 라인하트의 게시물에 대한 반발 또한 매서웠다. 한 염세적인, 시대정신의 관찰자는 이렇게 썼다. "이제 우리는 유명인들이 '관종형' 게시물 올리기를 재개한 동시에 사회정의 게시물 올리기도 중단하지 않아서 이번 경우와 같은 경이로운 병치並置가 탄생하는 짜릿한 과도기에 접어들었다."[30] 물론 이런 오판은 젠더를 가리지 않는다. 인플루언서 베노 피터스Benno Peters는 인스타그램에 자신의 초콜릿 복근을 자랑하는 사진을 올리면서 "명복을 빕니다, 조지 플로이드!"라고 적었다. 이에 대해 어떤 이는 "타당한 메시지와 민망한 사진"이라고 논평했다.[31] 이 같은 지지 사진 올리기는 일종의 장르로까지 발전해서 《글래머》가 다음과 같은 부제가 달린 기사를 싣기에 이르렀다. "역사적인 반인종주의 운동은 당신이 SNS에 귀여운 사진을 올릴 기회가 아니다."[32]

유명인과 음료 회사뿐 아니라 평범한 사람들도 헛발질했다. 조지 플로이드 사건 이후, 수백만 명이 SNS에 #블랙라이브스매터 해시태그와 함께 검은 사각형 사진을 올렸다. 시위자들과의 연대를 표현하기 위한 '블랙아웃'의 일환이었다. 그러나 이것 때문에, 해시태그를 이용해서 메시지를 증폭하고, 기부를 활성화하고, 어려운 사람들과 물자를 나누려던 운동가들의 계획은 검은 사각형의 바다에 파묻히고 말았다. "검은 사각형을 올리는 것"은 곧 "보여주기 식"의 "연극적" 지지를 뜻하는 밈이 되었다.[33] TV 시리즈 〈더 프레미스〉에서 벤 플랫이 연기한 캐릭터가 이러한 상황을 알맞게 비꼬았다. "나는 이미 내가 생각해낼 수 있는 걸 다 했다고, 알았어? 검은 사각형을 올렸다가, 검은 사각형을 지웠다가, 검은 사각형을 다시 올렸다가, 검은 사각형을 다시 지웠다고. 하지만 뭘 해도 충분하지가 않아!"[34]

심지어 스페인 우정청도 헛소동을 일으켰다. 그들은 플로이드 사망 1주기에 맞춰 다양한 피부색이 담긴 '평등 우표'를 발행했는데, "인종 불평등에 반대하는 메시지를 널리 알리겠다"라며 우표 색이 어두울수록 가격을 낮게 책정한 것이다.[35] 스페인의 인종 전문가는 우정청의 선의를 인정하면서도 이 캠페인이 "완전한 재난"이라고 선언했다. 그는 "모두의 생명에 동등한 가치가 있음을 보여주기 위해 피부색에 따라 다른 가격을 매긴 우표"를 발행하는 모순을 지적했다.[36] 우정청은 얼마 후 문제의 우표를 폐기했다.

피영향자가 원하지 않는다면 돌아서라

공정을 기하기 위해 말하자면, 지지자의 실수는 직접 행동하려는 감탄스러운 충동에서 기인하는 경우가 많다. 자신의 복근 사진에 대한 비판이 쏟아지자 피터스는 마틴 루서 킹 목사의 말로 답변을 대신했다. "마지막에 우리는 적들의 말이 아니라 친구들의 침묵을 기억하게 될 것이다." 그렇다, 지지자들의 도움이 필요한 상황에 더 위협적인 것은 불행한 수동성이지 경솔한 적극성이 아니다. 그러나 아예 안 돕는 것보다는 아무 도움이라도 주는 게 낫다는 생각 또한 틀렸다.

앞서 언급한, 블랙 라이브스 매터 운동의 지지자 지망생들은 그들이 제공하는 특정 형태의 도움을 피영향자들이 원하는지 아닌지 제대로 고려하지 않았다. 백금률을 적용했다면 그들이 택한 형태의 도움이 문제를 가벼워 보이게 하지는 않을지(인종 문제와 관련된 경찰 폭력이 탄산음료 한 캔으로 해결될 수 있다고 암시함), 그들 자신에게 과도한 이목이 쏠리게 하지는 않을지(자기 몸을 성적으로 노출함), 더 의미 있는 형태의 지지를 방해하지는 않을지(검은 사각형으로 SNS를 뒤덮음), 또는 잘못된 메시지를 보내지는 않을지(피부색이 어두울수록 가치가 낮다고 암시함) 물어봤을 것이다.

당신은 이미 잘못된 형태의 도움을 건네는 실수를 막아주는 도구를 가지고 있다. 우선 우리가 두 번째 원칙("탄력성을 길러라")에서 이야기했던 '원 이론'에 따라, 당신이 속한 공동체의 다른 지지자들에게 도움을 요청할 수 있다. 그리고 세 번째 원칙("호기심을 키워라")에서 제시했던 우리의 충고에 따라, 관련 주제를 공부할 수도 있다. '블랙 라이브스 매터 운동을 지지하는 방법'에 관한 온라인상의 자료만 읽었어도 민망한 개입을 대부분 피할 수 있었을 것이다. 마지막으로, 특정 인물(예를 들면 버스 정류장을 찾던 메리)을 도우려 할 때는 우리가 이 장에서 추천했듯이 어떤 도움을 원하냐고 본인에게 물어보면 된다.

이 모든 도구를 사용했는데도 예상치 못한 결과를 맞닥뜨릴 수 있다. 당신이 피영향자의 부탁에 동의하지 않는 경우다. 예를 들어 피영향자가 어떤 편견의 가해자를 공개 포럼에서 비난해달라고 요청했는데, 당신은 개인적으로 대화하는 편이 더 효과적일 거라고 생각한다면 어떻게 해야 할까? 그럴 경우 우리는 네 번째 원칙("존중하는 태도로 부동의해라")에서 소개된 부동의의 규칙에 따라 당신의 견해를 피영향자와 나눠볼 것을 권한다. 당신이 상대방을 설득할 수도 있고 반대로 설득당할 수도 있다. 만약 둘 다 처음 생각을 바꾸지 않는다면 피영향자를 몰아붙이지 마라. 궁극적인 목표는 피영향자가 도움받고 싶은 대로 도와주는 것임을 명심해라. 옳든 그르든, 피영향자는 스스로 선택하는 데 관심이 있다. 교착 상태에서 적절한 대응은 손을 떼는 것이다. "미안하지만 이 상황에서 저는 당신에게 최고의 지지자가 아닌 것 같습니다." 훗날 둘의 의견이 더 잘 맞을 때 언제든 함께 일하면 된다.

구조적 해결책을 고려해라

교수들이 수업에서 여학생보다 남학생에게 발언 기회를 더 많이 주는 경향이 있다는 것을 아는 켄지는 오래전부터 그러한 젠더 역학에 유의하려고 노력해왔다. 그런데 그가 자신의 수업 실태를 감사해봤더니 여전히 남학생에게 발언 기회를 훨씬 많이 준다는 사실을 알게 되었다. 원통함으로 가득 찬 켄지는 수업에서 여성의 지지자로서의 역할을 더 잘하기로 결심했다. 그 후 몇 번은 실제로 그렇게 했다. 그러나 시간이 흐를수록, 자기가 피곤하거나 스트레스받거나 그날 가르치는 내용에 특별히 흥분했을 때는 나쁜 버릇이 도진다는 사실을 알아차렸다.

우리는 연구 결과를 통해 편견이 끈질김을 알고 있다. 초집중하면 어느 정도 조절할 수 있지만 주의가 흩뜨려지는 순간 편견은 다시 효력을 발휘한다. 사회심리학자 마자린 바나지Mahzarin Ba- naji와 앤서니 그린월드Anthony Greenwald는 흔히 '무의식적 편견'이라 불리는 암묵적 편견과 싸우는 것을, 고무줄 당기기에 비유한다.[37] 특별히 주의를 기울이면 마음이 확장되어서 고정관념에 덜 의존해 생각할 수 있지만 긴장을 늦추는 순간, 편견이 팅 하고 제자리로 돌아오기 때문이다.

편견을 바꾸는 대신 환경을 바꿔라

희망이 없는 것은 아니다. 행동경제학자 이리스 보넷Iris Bohnet은 해결책으로 "사람들의 마음을 바꾸기보다는 시스템을 바꾸는 데 더 집중"하라고 제안한다.[38] 그는 오케스트라의 블라인드 채용을 주요 사례로 든다. 1970년에 미국 최고의 오케스트라 다섯 팀에서 여성 단원이 차지하는 비중은 5퍼센트에 불과했다. 지금은 35퍼센트가 넘는다. 연구자들은 이 극적인 성장의 원인 중 하나로 간단한 설계 변경을 꼽는다. 오케스트라 오디션을 볼 때 지원자들을 가림막 뒤에서 연주하게 한 것이다. 그러면 심사 위원들이 연주자의 성별을 알 수 없다. 사람들의 편견을 바꾸려 하는 대신 그들이 결정을 내리는 환경을 바꾼 것이다. 회사에서 면접을 볼 때, 포용적인 팀을 구성할 때, 정부 정책을 수립할 때도 비슷한 설계 변경을 활용할 수 있다고 보넷은 강조한다.

켄지는 보넷의 책에서 여학생보다 남학생에게 발언 기회를 더 많이 주는 문제의 해결책을 찾았다. 그는 조교에게 수업마다 학생들의 이름이 무작위로 나열된 명단을 만들어달라고 부탁했다. 그가 피곤하건, 스트레스받았건, 흥분했건 간에 그 명단에서 이름을 읽기만 하면 되었다. 이 구조적 해결책은 그가 혼자 했던 어떤 노력보다도 효과적인 것으로 드러났다. 수업 실태를 다시 한번 감사했더니 이번에는 만족할 만한 결과를 얻었다.

데이비드도 연구소에서 일할 학생을 면접할 때 자신의 암묵적 편견을 깨닫고 비슷한 실망감을 느꼈다. 우리 센터가 처음 출범했을 때는 공식적인 채용 시스템을 갖추고 있지 않았다. 그래서 데이비드는 지원자들과 그들의 목표, 기술, 관심사, 배경에 대해 자유롭게 이야기하는 것으로 면접을 대신했다. 그런데 이런 대화를 몇 번 하고 나자 자신과 비슷한 학생들에게 끌린다는 사실을 깨달았다. 이것은 유사성 편향 또는 '초록은 동색' 편향으로 알려진 흔한 형태의 암묵적 편견이다.[39] 한 학생이 데이비드의 고향인 멜버른에서 1년간 살았다는 사실을 알고는 좋아하는 동네와 식당에 관한 대화를 한참 이어나간 적도 있었다. 다행히 데이비드는 '멜버른에서 살았다는 사실'이 연구 학생의 역할과 관련된 자질이 아님을 깨달았다. 그래서 그는 보넷의 제안에 따라 각 면접자에게 똑같은 질문을 똑같은 순서대로 던지는 '구조화된' 면접을 수행하기로 결심했다.[40] 준비가 더 필요하긴 했지만 이 기술 덕에 무형식 면접에 스며들었던 편견이 줄고 성과를 기준으로 면접자들을 비교할 수 있었다.

명단 작성이나 면접 구조화는 교수나 채용 같은 상황에만 한정되는 것처럼 보일 수 있다. 그러나 더 폭넓은 범주의 평범한 대화에서 사용할 수 있는 구조적 해결책도 많다. 예를 들면 학부모회나 직장 내 팀 회의에서 토론할 때 선택할 수 있는 것도 있다. 우리가 흑인연극연합Black Theatre United에서 배운 '2-2 규칙'의 경우 각 참가자의 발언 시간은 2분으로 제한하고 동일인이 또 발언하려면 다른 두 사람의 발언이 끝나야 한다. 구글 리더들이 사용하는 '체크 표시 규칙'에서는 모든 참가자의 이름을 종이에 적은 다음 누군가가 발언하면 그의 이름 옆에 체크 표시를 한다. 그 결과 절대 한 사람이 대화를 지배하지 못하고 모두에게 발언 기회가 돌아가게 된다.[41] 당신이 관중의 참여를 유도해야 하는 진행자라면 질문을 던진 후에 보넷의 '5초 대기 규칙'을 따라봐라. 그러면 가장 먼저 손을 드는 사람에게 의존하는 대신 더 많은 지원자에게 발언 기회를 줄 수 있을 것이다.[42] 우리는 여러 콘퍼런스에서 채택하는 '세 번째 규칙'을 제자 웨니 선에게서 소개받았다. 세 번째 규칙이란 질문자가 두 명 연속 남자일 경우 세 번째 남자는 여자에게 기회를 양보하라는 것이다. 이 모든 규칙은 토론이 아수라장이 되는 것을 방지하고 어느 정도 체계를 세움으로써 대화를 더 포용적으로 만든다.

부디 겁먹고 도망치지 마라. 지지 활동에서는 단 한 번의 조치만으로 충분한 경우가 많다. 그러나 똑같은 포용 문제를 반복해서 겪고 있다면 구조적 해결책을 고려해볼 만하다. 백금률 또한 같은 방향으로 당신을 안내한다. **피영향자들은 대개 일시적 구제책보다 구조적 해결책을 선호한다.**

시스템은 더 좋거나 더 나쁘다

만약 구조적 해결책을 선택한다면 시스템은 좋은 결과와 나쁜 결과를 모두 증폭한다는 점을 명심해라. 설계가 잘되었다면 시스템은 대규모로 사람들을 도울 것이다. 설계가 잘못되었다면 시스템은 어떤 개별적 실수보다도 널리 피해를 확산시킬 것이다. 따라서 구조적 해결책이 어떤 상황에서도 의도대로 기능한다는 점을 확실히 하려면 엄청나게 신중을 기해야 한다. 사회학자 앤서니 에이브러햄 잭Anthony Abraham Jack이 봄방학 동안 캠퍼스 내의 모든 식당 문을 닫는 어느 명문대에서 연구를 수행했을 때의 일이다.[43] 부유한 학생들은 봄방학 동안 유럽으로 배낭여행을 떠나거나 콜로라도주에 스키를 타러 간 반면, 가난한 학생들은 캠퍼스에 남아서 식사하는 데 어려움을 겪었다. 학생지원과가 구조적 해결책으로 〈저렴한 식당 안내서〉를 배포했으나 잭은 미심쩍은 점을 알게 되었다. 학생들은 학생지원과가 자신들이 얼마나 가난한지 정확히 알고 있는 만큼, 안내된 '저렴한' 식당조차도 부담스러운 곳임을 알았어야 한다고 지적했다. 이에 잭은 학교가 고려해볼 만한 대안을 제시했다. 봄방학 동안 최소 한 개 이상의 카페테리아를 열어두라는 것이었다.[44]

우리도 최근에 구조적 해결책을 고안하느라 고생한 적이 있다. 우리 센터가 매년 진행하는 초청 강연 행사에는 질의응답 시간이 있는데, 질문을 받겠다고 선언한 후에 손을 든 관객 쪽으로 마이크 로봇을 보낸다. 그런데 몇 번 만에 우리는, 공개 행사에 참석해본 사람이라면 누구나 알 법한 포용 문제에 마주쳤다. 한두 번도 아니고, 대부분 남성인 소수의 관객이 마이크를 독차지했던 것이다. 그들은 몇 분 동안 장광설을 늘어놓으면서 '질문이라기보다는 감상에 가까운' 말로 관객들을 즐겁게 하고 연사가 대답할 시간은 거의 남겨놓지 않았다.

이 반복되는 문제에는 구조적 해결책이 필요했다. 그래서 우리는 마이크 로봇 대신 카드를 마련하고 관객들이 거기에 직접 질문을 써서 제출하게 했다. 그리고 그중에서 괜찮은 질문들을 골라 무대 위에서 읽었다.

이 해결책은 처음에는 성공한 것처럼 보였다. 질문은 짧아지고 명쾌해졌다. 그러나 시스템에서 곧 작은 결함이 발견되었다. 법학전문대학원의 장애 학생 단체와 행사를 공동주최한 적이 있었는데, 그들은 손으로 질문을 쓰지 못하는 지체장애인도 참석할 수 있다며 다시 마이크 로봇을 쓸 수 없냐고 물었다. 우리는 물론 그럴 수 있다고 대답했다.

그다음에 일어난 일은 쉽게 짐작할 수 있을 것이다. 질의응답 시간이 시작되자마자 한 관객이 마이크를 잡더니 그야말로 강의를 시작했고 나머지 관객들은 한숨을 쉬며 지루한 표정으로 좌우를 둘러봤다. 그의 기나긴 독백은 결국 "질문은 없습니다"라는 말로 끝맺었다.

이런 난관들은 당신이 무엇을 시도하든 '해낼 수 없다'는 절망 감에 빠지게 할지 모른다. 그러나 우리는 당신에게 탄력성이 있 다면 난관을 헤쳐나갈 수 있다고 진심으로 믿는다. 다시 본론으 로 돌아가서, 우리는 질문이 적힌 카드를 받는 것이 가장 포용적 인 절차라는 결론을 내렸고, 다른 방법이 필요한 사람들에게는 개별적으로 조치를 취해주기로 했다.

+ + +

우리는 지지를 주제로 발표할 때 종종 관객들을 상대로, 다른 사 람을 지지했던 경험과 자신이 지지받았던 경험에 관한 설문조사 를 진행한다. 이때 관객들에게 우선 자신이 마지막으로 지지자 였을 때를 떠올리고 자신의 유효성을 평가해보라고 한다. 그들 은 보통 자기 자신에게 후한 점수를 준다. 그다음에는 마지막으 로 피영향자였을 때를 떠올리고 자신을 도운 지지자의 기술을 평 가해보라고 한다. 여기서 점수가 내려가는 경향이 있는데, 이는 많은 지지자가 백금률을 실천하는 데 어려움을 겪고 있음을 의미 한다. 가장 낮은 점수는 우리가 마지막 질문을 던질 때 발생한다. "당신이 마지막으로 비포용적 행동의 발원자(피해 유발자)였을 때 를 떠올려보세요. 당신이 실수를 극복하고 성장할 수 있도록 도와준 지지자가 있었나요?" 여기서 점수는 곤두박질친다. 피영향자였을 때는 지지자가 있었던 사람도 발원자였을 때는 지지자가 없었다고 말한다. 실수한 사람들은 혼자서 극복하도록 방치된다. 다른 사람들이 그들을 돕고 싶어 하지 않아서인지, 방법을 몰라서인지는 알 수 없지만.

우리는 그 간극을 메우고 싶다. 당신은 이미 백금률을 적용함으로써 피영향자에게까지 공감대를 확대했다. 지지 여정을 완성하기 위해서는 마지막 하나 남은 놀라운 방향으로 공감대를 확대해야 한다. 우리는 당신에게, 편견의 피해를 입은 사람뿐 아니라 피해를 가한 사람에게도 도움을 제공하라고 요청한다.

- 더 적극적 형태의 지지(편견에 영향받는 사람을 돕는 등)를 하고 싶을 때는 백금률을 적용해서 당신이 돕고 싶은 방식이 아니라 상대방이 도움받고 싶은 방식으로 도와라.

- 동기에 주의해라. 지지에는 '구세주 콤플렉스'가 포함될 수 있다. 내적 동기를 함양하려고 노력해라. 즉 칭찬받기 위해서가 아니라 옳은 일을 하기 위해 지지자가 되어라.

- 피영향자의 필요를 고려하거나 직접 물어봄으로써 그들이 정말로 도움을 원하는지 파악해라. 그들이 거절하면 그 의사를 존중해라. 상대방이 도움을 거절하더라도 당신이 지지자임을 알렸으므로 성공이라 할 수 있다.

- 피영향자가 당신이 제안한 형태의 도움을 원하는지 고려해라. 어떤 도움은 모욕적이거나, 문제를 과소평가하거나, 공허하거나, 비생산적일 수 있다. 확신이 안 선다면 당신이 속한 공동체의 다른 지지자들에게 묻거나 조사하거나 피영향자에게 확인해라.

- 구조적 해결책을 고려해라. 그리고 조심해라. 잘 설계되었다면 시스템은 대규모로 사람들을 돕는다. 잘못 설계되었다면 시스템은 어떤 개별적 실수보다도 널리 피해를 확산시킨다.

일곱 번째 원칙

발원자에게 관용을 베풀어라

7th Keypoint

정체성 대화를 잘하기 위해 마지막으로 필요한 것은 '관용'이다. 이때 관용은 평범한 호의가 아니다. 나와 정체성 대화 중인 상대방을 (본의든 실수든) 공격하고, 상황을 망치는 발원자(피해 유발자)까지 관대하게 대하는 성숙한 태도다. 이러한 관용은 발원자에게도 성장할 기회를 제공하는 소중한 계기가 될 수 있다.

우리 학생 멀리사와 그의 파트너 폴은 처음에는 다른 사람이 폴의 젠더를 틀리게 말했을 때 어떻게 대응해야 할지를 놓고 갈등했다. 사람들은 트랜스젠더 남성인 폴을 주기적으로 '부인'이나 '그녀'로 지칭하곤 했다. 그러다가 뒤늦게 자신의 실수를 깨달으면 대개 발언을 철회하거나 쭈뼛거리며 사과해서 폴을 오히려 당황하게 했다.

그래서 멀리사와 폴은 간단한 시스템을 만들었다. 모르는 사람이 젠더를 틀리게 말하면 그냥 넘어갔다. 아마 다시는 만날 일이 없을 사람의 잘못을 정정해서 득 볼 것이 없었기 때문이다. 그러나 친구와 가족은 전혀 다른 경우였다. 그것이 말실수처럼 보일 때는 멀리사가 아무렇지 않게 폴을 '그'로 지칭한 뒤에 상대방이 스스로 알아차리길 바랐다. 하지만 그 사람이 트랜스젠더가 무엇인지 이해를 못 하는 것 같을 때는 폴이 다른 데로 갈 때까지 기다렸다가 멀리사가 폴을 왜 '그'로 지칭해야 하는지에 관한 정중한 대화를 시작했다. 이 규칙은 모두를 행복하게 했다. 젠더를 잘못 말한 사람과 폴 모두, 남들 앞에서 충돌하는 어색한 상황을 피할 수 있었기 때문이다. 물론 그만큼 멀리사가 수고해야 한다는 뜻이긴 했다. 하지만 폴의 파트너이자 지지자로서 그는 기꺼이 그 역할을 맡았다.

그런데 멀리사가 추수감사절을 맞아 폴을 집에 데려갔을 때 이 모든 계획이 산산조각 났다. 그날은 멀리사가 처음으로 친척들에게 폴을 소개하는 자리였다. 그들은 멀리사의 할아버지 해럴드와 직설적 진보주의자인 오빠 벤 근처에 앉았다. 그때 그 일이 일어났다. 해럴드가 새 손님에 대해 이야기하다가 폴을 가리키는 대명사를 잘못 사용한 것이다. 그래서 멀리사가 막 개입하려고 하는데 벤이 다짜고짜 소리치기 시작했다. "할아버지는 트랜스젠더 혐오자예요! 아까 멀리사가 폴을 소개할 때 분명히 '그녀'가 아니라 '그'라고 했잖아요. 변명의 여지가 없어요! 할아버지는 항상 그런 식이에요. 절대 지지하는 법이 없죠!" 멋쩍어진 폴은 어색하게 한 번 웃고는 말문이 막혀 가만있었고 멀리사는 어쩔 줄 몰랐다. 벤이 계속해서 고래고래 소리를 지르자 해럴드는 씩씩대며 방을 나가버렸다. 그 후로는 해가 바뀌어도 멀리사와 폴은 가족 모임에서 절대 해럴드 옆에 앉지 않았다. 해럴드는 이제 그들을 잘 피해 다니는 듯하다.

+ + +

비포용적 행동을 목격했을 때의 본능적인 반응은, 약자에게 상처를 입혔다며 벤처럼 가해자를 거세게 비난하는 것일지 모른다. 사실 반사적으로 비난하기는 꽤 유혹적이다. 감정을 조절하거나 신중하게 말할 필요 없이 잘못된 행동에 정면으로 부딪치면 되기 때문이다.

그러나 벤의 접근법은 효과가 없었다. 우선 그는 백금률을 위반했기 때문에 명확히 폴을 실망시켰다. 그리고 그보다는 덜 명확할 수 있지만 한 가지 더 알아야 할 사실은 벤의 행동이 해럴드도 실망시켰다는 것이다.

편견의 가해자에 대한 의무도 지지에 포함된다는 말은 충격적으로 들릴 수 있다. 대부분의 사람은 지지가 지지자(벤)와 피영향자(폴) 사이에 성립하는 양자관계라고 생각한다. 그러나 많은 경우에 피해를 유발한 삼자, 즉 비포용적 행동의 발원자(해럴드)가 포함된다. 앞으로는 줄여서 '발원자'라고 부르겠다. 이 셋을 합치면 지지자("내가 그 일을 목격했다"), 피영향자("나에게 그 일이 일어났다"), 발원자("내가 그 일을 했다")가 된다.

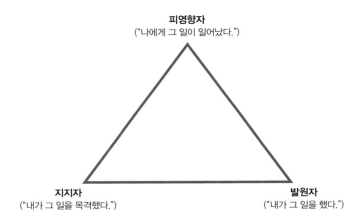

피영향자
("나에게 그 일이 일어났다.")

지지자
("내가 그 일을 목격했다.")

발원자
("내가 그 일을 했다.")

엔지니어들을 대상으로 한 수업에서 다음 삼각형을 보여줬더니 한 여성이 화를 내며 일어나 말했다. "왜 비포용적 행동의 발원자를 걱정하느라 우리 에너지를 낭비하나요? 이 상황에서는 그가 악당인데. 그는 처벌받거나 배척되어야 해요!" 말이 끝나자 몇몇 사람이 박수를 보냈다. 당시 우리는 그 여성의 고용주인 대형 IT 기업과 협업하에 지지 훈련을 개발 중이었는데, 이 개념을 설명할 때마다 똑같은 비판을 들었다. 발원자의 지지자가 되라고? 그것은 선을 넘는 행위였다.

우리는 이 반대 의견에 대한 명쾌한 답변을 준비해야 한다는 것을 알았다. 그래서 몇 주간의 회의 끝에 다음과 같은 답변을 생각해냈다. **"당신이 발원자를 지지해야 하는 이유는 언젠가 당신도 발원자가 될 것이기 때문입니다."** 반대는 사라졌다. 피영향자만이 아니라 발원자에게도 지지자가 되어주라는 사풍은 이 회사가 어떤 식으로 지지에 접근하는지를 알려주는 특징이 되었다.

이 경험을 통해 우리는 사람들이 지지에 대해 생각할 때 대개 자신은 영원히 지지자 역할에 머물 거라고 여긴다는 사실을 깨달았다. 그러나 지지란 의자 뺏기 게임과 비슷하다. 어떤 날은 지지자가, 어떤 날은 피영향자가, 어떤 날은 발원자가 되는 것이다. 사실 하루에 세 가지 역할을 다 경험할 수도 있다.

앞의 삼각형을 한 바퀴 돌아보면서 당신이 지지자였을 때, 피영향자였을 때, 발원자였을 때를 떠올려봐라. 우리는 아직까지 세 역할을 모두 경험해보지 않은 사람을 만난 적이 없다.

관대해라, 또 관대해라

자신은 절대 발원자가 되지 않을 거라고 생각한다면 다른 사람을 캔슬하기가 훨씬 쉽다. 그러나 때로는 발원자가 될 수도 있다는 생각으로 세상을 바라본다면 발원자를 어떻게 대해야 하는지에 대해 근본적으로 다른 관점을 갖게 될 것이다. 미셸이라는 여성 리더는 미투운동 당시 직장의 남자 동료들이 자기가 말실수할까봐 여직원들과의 접촉을 줄였을 때 화가 머리끝까지 났다고 회상했다. 미셸은 속으로 이렇게 생각했다. '그건 책임 회피지. 그냥 문제가 될 말을 안 하려고 해보는 건 어때, 이 멍청이들아?' 그러던 어느 날 미셸 본인이 동료의 논바이너리 자녀의 젠더를 잘못 말하는 일이 벌어졌다. 그 일을 10대 딸에게 고백하자, 딸은 대명사를 "이해" 못 하는 사람은 "늙은이들"뿐이라며 비웃었다. 미셸은 이 경험을 계기로 "시류에 뒤처지지 않는 것의 중요성"뿐 아니라 "다른 사람을 망신 주기보다는 이해하고 가르치는 것의 중요성"에 대해 딸과 대화했다. 그리고 결정적으로, 자신의 두 경험을 서로 연결했다. 이번 의자 뺏기 게임을 통해 미셸은 개입하길 두려워했던 남자들에게 "약간의 동정심"을 느끼게 되었다. 그래도 더 잘하라고 남자들을 독려하는 것은 계속할 예정이지만.

자신의 이익을 위해 그렇게 하라는 주장("당신도 언젠가 발원자가 될 것이다")은 IT 회사의 회의주의자들을 설득하기 위한 최선의 방법이었던 것 같다. 하지만 보다 이타적인 이유로도 발원자의 지지자가 되어야 한다. 당신이 지지자일 때는 당연히 발원자의 직접적인 목표물이 아니다. 따라서 더 관대해질 수 있을 만큼 사건에서 충분히 떨어져 있다. 만약 당신이 발원자를 교육하고 재활시키는 역할을 거부한다면, 그 부담을 피영향자에게 지우거나 발원자를 아무런 도움도 못 받는 상태로 방치하는 셈이 된다.

관대해야 할 또 하나의 이유는 발원자가 악의가 있다기보다는 무지한 경우가 많다는 것이다. 우리 지인 중에도 나이 지긋한 이성애자 백인 남성 동지가 있는데, 그는 우리와 대화할 때 '성적 지향' 대신 '성적 기호'라는 용어를 주기적으로 사용하곤 했다. 그는 확고한 친동성애자지만 '성적 기호'는 사람의 섹슈얼리티가 선택임을 암시해서 더는 쓰이지 않는다는 사실을 알지 못했다. 심지어 다양성 및 포용성 전문가들도 이런 실수를 한다. 우리 분야의 한 전문가는 최근 대화에서 처음에는 "장애가 있는"이라고 표현하다가 갑자기 "다른 능력을 가진"이라고 정정해서 말하기 시작했다. 그는 "다른 능력을 가진"이라는 말이 장애인 사회에서 짐짓 위하는 척하는 표현으로 인식된다는 걸 모르는 게 분명했다.[1] 우리 자신도 폐기된 용어인 '선호 대명사'를 계속 사용하다가 젠더 대명사는 개인 취향의 문제가 아니기 때문에 트랜스젠더들은 그냥 '대명사'라고 표현한다는 이야기를 듣고 고쳤다. 이런 예에서 보듯, 성급한 비난은 발원자가 배움을 얻을 수도 있었을 순간을, 부당하게 공격당했다는 생각에 피드백을 무시하기 시작한 순간으로 바꿀 수 있다. 그런 일만 없었다면 포용성 프로젝트에 호의적이었을 사람들이 가혹한 비난 때문에 완전 반대파로 돌아서기도 한다. 벤과 해럴드의 추수감사절 풍경 같은 장면이 악당의 기원 이야기가 될 수도 있는 것이다.

마지막으로 당신이 발원자의 지지자가 되어야 하는 이유는 정체성 대화에 참여하는 사람들의 시작점이 각자 다르기 때문이다. 뉴스 아나운서 크리스 헤이스Chris Hayes는 이렇게 조언한다. "만약 당신이 코미디의 한 장면을 보고 있다면 당신이 응원해야 하는 사람은 만찬회에서 어느 포크를 써야 할지 모르는 사람이다."[2] 그런데 헤이스의 지적처럼, 불행히도 많은 사람이 "사회정의와 평등을 위해 투쟁"하는 것에 "선민의식"을 품게 되었다. 이러한 풍조는 부분적으로 대화에서 엉뚱한 포크를 집어 드는 사람을 무조건 폄하하는 비판적 지지자들에게서 시작되었다. 정체성 대화와 관련된 습관은, 다른 모든 습관과 마찬가지로, 어렸을 때부터 접하면 습득하기 쉽다. 모든 상황에서 적절한 어휘를 선택할 수 있게 해주는 성장 배경을 갖지 못했다는 이유로 누군가를 편견쟁이로 모는 것은 포용성의 원칙에 어긋나는 일이다.

궁극적으로 우리는 페미니스트 학자 벨 훅스의 말에 동의한다. "어떤 사람들에게 달라질 수 있는 능력이 있다고 믿을 만큼 그들과 인간적인 소통"을 하고 있다면 "그들이 저지른 잘못에 대한 책임을 묻는 것"도 가능하다.[3] 물론 부적절한 행동을 하는 모든 사람에게 무조건적이고 무한한 관대함을 보이라는 뜻은 아니다. 나중에 설명하겠지만 몇 가지 상황에서는 발원자의 지지자가 되지 않아도 된다. 그러나 만약 특정한 경우에 한해 관대해지기로 마음먹었다면 몇 가지 방식을 제안하고 싶다.

행위와 사람을 분리해라

에머리대학교 법학전문대학원 교수 사샤 볼록Sasha Volokh은 어느 날 '스나이더 대 펠프스'라는 기념비적인 연방대법원 판결을 가르치고 있었다. 이 사건의 피고는 "미국은 망할 것이다", "너희는 지옥에 갈 것이다", "하느님은 호모를 싫어하신다" 같은 선동적인 문구가 적힌 현수막으로 악명 높은, 열렬한 동성애 혐오 집단인 웨스트버러침례교회였다. 이 교회 신도들이 스나이더의 장례식에서 이런 현수막을 흔들어대며 시위하자 유족은 "의도적으로 정서적 고통을 가하는 행위"라며 소를 제기했다. 그러나 대법원은 해당 교회의 행위가 헌법이 보장하는 언론의 자유에 해당한다며 원고 패소 판결을 내렸다.[4]

볼록은 1학년 학생들에게 이 사건을 소개하면서 "웨스트버러침례교회, 즉 '하느님은 호모를 싫어하신다'라고 주장하는 그 교회"가 관련되어 있다고 말했다. 그리고 무언가가 잘못되었다는 인식 없이 수업을 계속했다. 그러나 다음 날 한 학생이 그에게, 다른 학생들이 '호모'라는 표현을 쓴 것에 대해 항의할 계획이라고 귀띔해주었다.

이 일은 큰 화제를 불러일으켰다. 어떤 학생들은 볼록의 발언을 비난하며 전 캠퍼스적인 시위를 조직했고 수업 중에 깜둥이라는 단어를 사용했던 다른 교수 두 명까지 끌어들였다. 또 볼록의 행동이 타당하다고 강력히 옹호하는 학생들이 있는가 하면, 발언 자체에는 비판적이지만 볼록에게는 언론의 자유가 있다고 변호하는 학생들도 있었다.

이 사건만 따로 떼어놓고 본다면 볼록의 행동은 옹호할 수 있다고 생각한다. 우리가 해당 사건을 가르쳤다면 그 단어는 쓰지 않았을 것 같긴 하지만 말이다. 그러나 우리의 관심은 볼록의 발언 내용이 아니라 일부 비판자가 뭐라고 말했는지에 있다. 법학전문대학원 학생의 증언에 따르면, 한 교수는 수업 중에 자신은 볼록의 발언이 "언론의 자유를 이용한 쇼"라고 "100퍼센트 확신"한다며, 그가 "어디까지 처벌받지 않는지 보려는" 것이라고 주장했다. 우리가 이 일로 볼록을 만났을 때 그는 한 동료에게서 "나는 당신이 우리 학교를 떠나야 한다고 생각해요. 왜냐하면 당신은 우리를 전혀 신경 쓰지 않기 때문입니다"라는 말을 들었다고 토로했다. 이런 말들은 볼록이 일부러 도발적이거나 냉담하게 행동한다는 가정하에, 그에게 부정적인 의도가 있었다고 단언한다.

그러나 우리는 이런 접근법에 반대한다. 누군가의 행위가 명백히 잘못되었다고 하더라도 그의 행위와 인격 사이의 구분을 유지하는 것은 중요하다. 누군가가 의도적으로 나쁜 행동을 했다거나 남들을 신경 쓰지 않는다고 말하는 것은 그 구분을 흐릿하게

한다. 애초에 어떤 유의 인간이 일부러 남들에게 피해를 주려고
하겠는가?

죄책감과 수치심을 구분해라

사형수를 변호하는 저명한 법학자이자 운동가인 뉴욕대 동
료 교수 브라이언 스티븐슨Bryan Stevenson은 주기적으로 이렇게 선
언한다. "나는 누구나 자신이 한 최악의 행동보다는 나은 사람이
라고 믿는다."[5] 그의 설명에 따르면 "나는 누가 거짓말했다고 해
서 그가 거짓말쟁이에 불과하다고 생각하지 않는다. 뭔가를 훔쳤
다고 해서 도둑에 불과하다고 생각하지 않는다. 심지어 누군가를
죽였다고 해도 살인자에 불과하다고 생각하지 않는다".[6] 많은 진
보주의자가 범죄자에게는 이 원칙을 알맞게 적용하면서 정체성
대화에서는 잊어버린다.

그것은 놓친 기회다. 사회복지학과 교수 브러네이 브라운
Brené Brown은 죄책감과 수치심을 구분한다. 죄책감은 "내가 나쁜
짓을 했다"라고 말할 때 느끼는 것이고, 수치심은 "나는 나쁜 인
간이다"라고 말할 때 느끼는 것이다.[7] 브라운은 죄책감은 불편하
지만 건설적이라고, 자신의 행위와 인격이 일치하지 않을 때가
언제인지 볼 수 있게 해준다고 설명한다. 그러나 수치심은 파괴
적이다. "(그것은) 내가 달라질 수 있다고, 더 잘할 수 있다고 믿는

내 안의 일부를 좀먹는다." 캐럴 드웩의 고착형/성장형 사고방식과 이 분석 사이에는 깊은 연관성이 있다. "나는 나쁜 인간이다"는 자신의 능력이 고착되어 있음을 암시하지만 "내가 나쁜 짓을 했다"는 자신에게 성장할 능력이 있음을 암시한다.

의도와 결과를 구분해라

행위와 사람을 분리하는 첫 번째 기법은 의도와 결과를 분리하는 것이다. 우리는 첫 번째 원칙("대화의 네 가지 함정을 주의해라")과 다섯 번째 원칙("진심으로 사과해라")에서, 정체성 대화에서 실수했을 때 좋은 의도로 굴절해선 안 된다고 강조했다. 의도하지 않았어도 당신의 행위는 여전히 해로울 수 있기 때문이다. 비슷한 맥락에서 우리는, 부정적 결과에서 나쁜 의도를 유추해서도 안 된다고 생각한다. 그것은 마치 누군가가 남의 발을 밟을 때마다 일부러 그랬다고 추측하는 것과 같다. 아울러 발원자에게 좋은 의도를 언급할 기회는 주지 않은 채 나쁜 의도를 이유로 비난하는 것 또한 부당하다.

발원자의 의도와 그가 한 행동의 결과를 분리하는 것은 원칙적인 동시에 전략적이다. 그것이 원칙적인 이유는 다른 사람의 의도를 아는 경우가 매우 드물기 때문이고, 전략적인 이유는 의도에 대해 뭐라고 말하든 발원자가 반박할 수 있기 때문이다. 반대로 결과에 대해서는 뭐라고 말하든 발원자가 반박하기 어렵다. 만약 발원자에게 "당신의 발언은 악의적이었어요"라고 말한다면 "아니요, 안 그랬는데요"라고 반박하라고 유도하는 것이나 다름없다. 거기에 뭐라고 대꾸할 수 있겠는가? "나는 당신의 의도를 당신보다 더 잘 알아요"라고? 그러나 발원자에게 "나는 당신의 발언에 기분이 상했어요"라고 말한다면 보다 확실한 근거가 있는 셈이다. 발원자가 "그것은 내가 당신에게 미친 영향이 아니에요"라고 반박하는 것은 논리적으로 불가능하기 때문이다. 발원자가 자기 말 뒤에 숨은 의도의 전문가이듯, 당신은 그 말이 당신에게 미친 영향의 전문가다.[8]

이때 중요한 것은, 발원자가 좋은 의도로 그랬다고 추측해서도 안 된다는 것이다. 그 평가에 자신 있을 만큼 발원자를 잘 아는 것이 아니라면 말이다. 모든 사람의 행동을 그들에게 유리하게 해석해야 할 의무는 없다. 의도와 결과를 분리하는 것은 좋은 쪽으로도, 나쁜 쪽으로도 유추하지 않는 것이다.

발원자의 본심에 호소해라

행위와 사람의 분리에서 핵심 전략은 발원자의 행동에 대한 피드백을 주는 동안 그도 한 사람의 인간임을 명심하는 것이다. 경찰이 비무장 상태의 흑인 시민 테런스 크러처Terence Crutcher를 사살했을 때 오클라호마주 털사의 백인 시장인 G. T. 바이넘G. T. Bynum은 스스로를 정치적 분란에 빠뜨렸다. 크러처는 사건 당시 환각제를 복용한 상태였다. 한 기자가 바이넘에게 물었다. "많은 사람이 크러처에게 일어난 일을 보고 '그가 백인이었다면 이런 일은 일어나지 않았을 것이다'라고 말합니다. 그 말이 사실이라고 생각하시나요?" 시장은 딱 잘라 대답했다. "아뇨, 그렇지 않습니다. (…) 제 생각에 이 사건의 원인은 인종보다는 은밀한 약물 사용과 관련이 있습니다." 이 발언은 크러처의 유족을 포함한 많은 털사 주민을 화나게 했다.[9] 며칠 후 바이넘은 사과문을 발표했다. "친구들이 자꾸 전화해서 '난 네 본심을 안다'라고 말하기 시작하면 제가 대형 사고를 쳤다는 뜻입니다."[10]

심리학자 스콧 플라우스Scott Plous에 따르면, 바이넘의 친구들이 사용한 기법이 매우 효과적이었던 이유는 '화자의 평등주의자적 자아상'을 부각해서 그의 인격과 행위 사이에 부조화를 만들었기 때문이다.[11] 플라우스가 이런 발언의 예를 제시한다. "당신이 그런 말을 하다니 놀랐어요. 나는 항상 당신이 개방적인 사람이라고 생각했거든요." 만약 발원자와 가까운 사이라면 더 구체적으로 말해봐라. "나는 당신이 고객들과 어떻게 대화하는지를 봐왔고 당신이 모든 사람을 존중한다는 것을 알기 때문에 최근에 있었던 일이 상당히 의외였어요."

발원자가 앞뒤 꽉 막힌 편견쟁이가 아닌 이상, 이미 자신이 비난당하고 있다고 느끼거나 죽도록 자책하고 있을 가능성이 크다. 두 번째 원칙("탄력성을 길러라")에서 이야기했던 것처럼 사람들은 피드백을 부풀려서 받아들이는 경향이 있고 그 결과 과도한 공포, 분노, 죄책감, 좌절감을 느낄 수 있다. 따라서 행위와 사람을 분리하지 못한다면 발원자가 이미 느끼고 있는 부정적인 감정만 증폭할 뿐이다.

당신도 배우는 중임을 보여줘라

사회심리학자 돌리 축은 우리가 고안한 지도력, 다양성, 포용성에 관한 수업에서 때때로 초청 강연을 하곤 한다. 이 수업은 우리 둘이, 그리고 우리 동료 제시카 몰도번이 함께 가르쳐왔다. 어느 날 축은 정체성과 관련된 여러 가지 실수를 저지른 한 교수에 관한 이야기로 강연을 시작했다. 이 교수는 (학생들이 그 자리에서 고쳐줬는데도) 학생들의 이름을 학기 내내 틀리게 발음했고, 같은 사회 정체성을 가진 학생들을 서로 혼동했으며, 여학생보다 남학생에게 발언 기회를 더 많이 줬고, 남학생보다 여학생의 말을 더 많이 끊었으며, 주인공이 백인 남성인 작품들로 강의계획서를 채웠고, 성차별적인 읽을거리를 배정해줬다.

그러고 나서 축은 문제의 교수가 바로 자신이라고 밝혔다. 안도의 한숨이 장내에 퍼져나갔다. 우리가 아는 가장 포용적인 사람이자 학자 중 한 명인 축조차 완전무결할 수 없음을 알자 굉장한 안도감이 느껴졌다. 이러한 자기 폭로는 "자신의 성장을 남에게 보여라"라는 축 자신의 충고에 따른 것이었다.[12] 이 전략은 지도력 및 경영 전공 학자인 에이미 에드먼드슨Amy Edmondson이 '심리적 안전성'이라 칭하는 것을 조성하도록 도와준다. 심리적 안전성이란 사람들이 모욕이나 처벌을 받을 걱정 없이 실수할 수 있는 분위기를 말한다.[13]

우리도 축과 같은 접근법을 쓰려고 노력한다. 예전에 저지른 우리의 실수 중에는 같은 인종의 학생들 혼동하기, 백인 남성 학자의 이름으로 도배된 강의계획서 만들기, 장애인들이 접근하기 어려운 자료나 행사 준비하기, 젠더 틀리게 말하기, 무례한 농담에 웃기, 칭찬받으려고 지지 무용담 늘어놓기, 비포용적 행동 묵인하기 등이 있다. 이런 실수를 공유할 때마다 관객들은 어깨에서 힘을 빼고 팔짱을 푼다. 우리도 그들과 다름없음을 알 때 마음을 열고 자신의 다양성 및 포용성 실수에 대해 배우려고 한다. 우리가 그들이 어떤 사람인지뿐 아니라 배우는 과정에서 지금 어디에 있는지를 가지고서도 수치심을 주지 않을 것임을 깨달았기 때문이다.

당신이 자신도 배우는 중이라는 사실을 공유하면 지지자가 발원자와 충돌할 때 발생할 수 있는 불행한 역학 관계가 단절된다. 지지자들은 당연히 도덕적 행동을 함으로써 자신과 남들을 구분하는데, 사회심리학자 브누아 모냉Benoît Monin은 〈나보다 더 고결해?〉라는 논문에서, 사람들은 자기 자신과 그런 도덕적 귀감을 비교할 때 둘 중 하나를 선택한다고 지적한다.[14] 귀감을 존경하며 모방하려 할 수도 있고, 아니면 분개하며 망신 주려 할 수도 있다는 것이다.

이 선택은 도덕적 귀감이 자신을 비난한다고 느끼는지에 따라 달라진다. 모냉은 다른 논문에서, 육식하는 사람들에게 채식주의자를 평가해달라고 한 실험을 소개했다.[15] 그런데 채식주의자가 그들에 대해 어떻게 생각할 것 같냐고 물은 후에 이 평가를 하게 했더니, 묻지 않았을 경우보다 부정적인 결과가 나왔다. 채식주의자가 자신들을 부정적으로 평가하리라고 생각했기 때문에 선수를 친 것이다.

또 다른 실험에서 피험자들은 '경찰 결정 과제'를 완성해야 했다.[16] 피험자들은 범인을 찾는 데 필요한 정보와 함께 절도 용의자 세 명의 사진과 그들에 대한 설명을 제공받았다. 용의자 중 둘은 백인이고 한 명은 흑인이었다. 연구자들은 일부러 흑인 용의자가 범인으로 보이도록 실험을 설계했다. 그에게는 전과가 있었고, 직업과 알리바이가 없었으며, 체포되었을 때 현금과 무기를 갖고 있었다. 예상대로 대부분의 피험자가 흑인 용의자를 절도범으로 선택했다.

아마 예상했겠지만, 이 실험은 피험자들의 추리력을 테스트하기 위한 것이 아니었다. 연구자들은 피험자들에게 그들과 똑같은 과제를 마친 어떤 사람의 인성을 평가해달라고 부탁했다. 이 사람은 연구자들이 창조한 가짜 인물이었는데, 그의 답변은 이랬다. "나는 선택을 거부합니다. 이 과제는 명백히 편향되어 있어요. (…) 흑인을 명백한 용의자로 만들다니 불쾌하군요. 나는 이 게임을 거부하겠습니다."

피험자들은 이 양심적 거부자를 어떻게 생각했을까? 결과는 그들이 양심적 거부자, 즉 지지자의 답변을 읽기 전에 자신의 답변을 썼느냐, 이후에 썼느냐에 따라 달랐다. 지지자의 답변을 먼저 읽은 피험자들은 그가 "강인하"고, "독립적"이며, "사회적 의식이 있다"라고 대답했다. 그러나 흑인 용의자가 범인이라고 선택한 후에 지지자의 답변을 읽은 피험자들은 그가 "독선적"이고, "고집스러"우며, "쉽게 화낸다"라고 대답했다.

도덕적인 사람에 대한 이 반사적 반응, 흔한 말로 '공상적 박애주의자 폄하'는 당신이 발원자의 지지자일 때 위험 요소가 된다. 당신의 도덕적 행동이 당신을 발원자보다 우월한 자리에 놓기 때문이다. 다행히 모냉의 연구는 이 문제를 극복하는 데 필요한 전략을 함께 제안한다. 발원자를 비난하거나 부족한 사람이라고 생각한다는 느낌을 주지 말라는 것이다.

당신이 자신도 배우는 중이라는 사실을 보여주면 발원자는 비난당한다는 느낌을 덜 받을 것이다. 그가 당신을 잘난 체하는 도덕주의자라고 생각할 때보다 흠 있는 동료라고 생각할 때 당신의 말을 경청하고 피드백을 받아들일 가능성이 훨씬 크다. 당신이 직장에서 방금 저지른 실수 때문에 휴게실에 앉아서 조바심치고 있다고 가정해보자. 한 동료가 다가와서 이렇게 말한다. "저런, 당신이 방금 한 행동은 정말 성차별적이었어요. 당신이 가진 편견적인 억측들은 버리는 게 좋을 거예요." 이번에는 또 다른 동료가 와서 이렇게 말한다. "당신이 방금 한 행동은 에스터에게 부정적인 영향을 미쳤을 거라고 생각해요. 하지만 저도 지난달에 비슷한 행동을 했는데 이렇게 극복했어요. 저는 다음 달에도 분명 또 실수를 하겠지만 그때는 당신이 내게 와서 이야기해줬으면 좋겠네요." 모냉의 공상적 박애주의자 폄하 연구는 당신이 두 번째 동료의 말을 들을 가능성이 더 크다고 알려준다. 만약 그것이 사실이라면 다음번에 발원자와 대치할 때 당신도 배우는 중임을 보여줘라.

몇 가지 답을 준비해놔라

동성애 및 양성애 혐오와 관련된 한 연구에 따르면, 피설문자들은 대부분 편견에 맞서는 것이 중요하다는 데 동의하면서도 효과적인 방법을 모르겠다고 토로했다.[17] 그중 한 명인 니콜은 자신이 겪었던 일을 이렇게 설명했다. "가끔 '오, 이건 좋은 기회다'라고 생각이 드는 대화를 했던 적이 있어요." 그러나 그는 적절한 말이 떠오르지 않아 그 순간을 놓치고 말았고, 속으로만 젠장! 망했네. 무슨 말이든 했어야 했는데라고 생각했다는 것이다. 연구자들은 피설문자들이 바로 이 자신감 결여 때문에 "나서고 싶은 상황에서도 상대방과 맞서지 못하는 경우가 많음"을 발견했다.

"행위와 사람을 분리해라"와 "당신도 배우는 중임을 보여줘라"라는 충고를 잘 흡수했어도 여전히 니콜처럼 정확히 뭐라고 말해야 할지 모를 수 있다. 우리는 원래 대본을 제공하는 것을 좋아하지 않는다. 왜냐하면 사람 간의 미묘한 상호작용이 딱딱한 연기가 되어버리기 때문이다. 그러나 여기서는 특별히 우려되는 점들이 있으므로 그 규칙을 잠시 내려놓겠다. 발원자와 맞서는 상황은 보통 적대적인 데다가 그 순간에 바로 대꾸해야 하는 경우가 많기 때문에 지지자들은 자주 얼어붙는다. 그리고 그 순간이 지난 후에야 적절한 말을 떠올린다.[18]

우리는 당신이 더 자신감 있게 발원자와 맞설 수 있도록 여러 선택지가 담긴 표를 준비했다. 일부는 우리가 만든 것이고, 일부는 다른 데서 가져온 것이다.[19]

전략	예시
짧고 날카롭게 말할 때	"뭐라고요?" "어이쿠!"
당신에게 미친 영향을 강조할 때	"그 말은 잘 와닿지 않네요. 왜냐하면……." "당신이 방금 한 말은 불편하네요. 왜냐하면……."
당신의 의견이 어떻게 바뀌었는지 보여줄 때	"제가 최근에 ~를 읽고 / 듣고 생각이 바뀐 이유는 ……." "저도 예전에는 당신과 같은 생각이었는데, ~를 하고 ~를 납득했어요."
상대방의 가치관을 확인할 때	"당신이 ~를 중시한다는 걸 압니다. 방금 한 말은 거기에 맞지 않아요." "당신이 방금 한 말이 진심은 아닐 거라고 생각해요."
상대방의 의도를 확인할 때	"농담인 건 알지만 불쾌하네요. 왜냐하면……." "그런 의도로 한 말이 아닌 건 알지만 모욕적이네요."
주제를 특정 인물과 결부할 때	"그 정체성을 가진 친구가 있어서 아는데 제 경험은 당신이 한 말과 다르네요." "누가 당신의 배우자에게 그런 식으로 말한다면 기분이 어떨 것 같나요?"
조직의 가치관에 호소할 때	"우리는 그런 행동은 하지 않아요." "팀 리더로서 저는 포용적인 문화를 유지할 책임이 있어요. 따라서 당신이 방금 한 말은……."

교육할 때	"저는 그 문제에 대해 다르게 생각해요. 제 의견을 말해도 될까요?" "얼마 전에 이 주제에 관한 굉장한 기사를 읽었는데 당신에게 보내도 될까요?"
상대방이 했어야 할 말을 가르쳐 줄 때	(젠더를 잘못 말했을 때) "그 고객은 그녀라고 불리는 편을 좋아할 것 같아요." ("그는 그의 나이치고는 믿을 수 없을 만큼 예리하다"라는 발언에 대해) "그는 믿을 수 없을 만큼 예리하다, 끝."
상대방에게 본인의 의견을 설명해 달라고 부탁할 때	"어떻게 해서 그런 의견을 갖게 되었는지 제가 이해하도록 도와주시겠어요?" "저는 그 농담을 이해 못 했는데 무슨 뜻인지 설명해 주시겠어요?"
상대방이 한 말을 바꿔 말하거나 똑같이 말할 때	"제가 제대로 들었는지 확인하려고 하는데 방금 ~라고 하셨나요?" "그러니까 당신은 ~하다는 말이죠, 맞나요?

이 표는 물론 완전하지 않다. 당신이 자신에게 가장 자연스럽게 느껴지는 것을 고를 수 있도록 선택지를 제시하기 위한 것일 뿐이다. 예를 들어, 우리는 둘 다 분석적인 평화주의자이기 때문에 상냥하게 질문하거나 피드백을 건넨다. 그래서 "어이쿠!" 같은 감탄사는 자연스럽게 느껴지지 않는다. 켄지가 자주 쓰는 표현 중 하나는 "포용적인 문화를 신봉하는 사람으로서, 저는 당신이 그 발언에 대해 다시 한번 생각해보면 좋겠습니다"이고, 데이비드가 자주 쓰는 표현은 "당신이 ~라고 말했을 때 저는 ~하게 느꼈습니다"이다.

물론 양쪽 다 완벽하진 않다. 한 학생은 이미 켄지에게 저 말이 구제 불능일 정도로 경건하게 들린다고 지적했다. 그래도 켄지가 여전히 저 표현을 좋아하는 이유는, 스스로 목소리를 높이라고 상기시킴으로써 피영향자들을 불필요하게 대화에 끌어들이는 버릇을 고쳐주기 때문이다. 그리고 데이비드가 자신의 표현을 좋아하는 이유는 그가 발원자의 의도를 전혀 유추하지 않고 자신의 감정 반응에 대한 대화에만 집중하게 해주기 때문이다. 우리는 당신도 자신에게 가장 자연스럽게 느껴지는 표현을 찾아볼 것을 요청한다. 단골 표현을 한두 개 가지고 있으면 나중에 집에 갈 때가 아니라 그 자리에서 바로 개입하는 데 도움이 된다.

발원자를 지지하지 않아도 되는 경우

어느 봄날 이른 아침, 뉴욕 센트럴파크의 '램블'이라는 구역에서 흑인 남성 탐조객 크리스천 쿠퍼는 한 백인 여성에게 그곳 규칙에 따라 개에게 목줄을 채워달라고 부탁했다. 나중에 에이미 쿠퍼(크리스천 쿠퍼와 친척은 아니다)로 밝혀진 이 여성이 그 부탁을 거절하자 크리스천은 개에게 환심을 사서 물리지 않으려고 주머니에서 간식을 꺼내며 휘파람을 불었다. (크리스천의 주장에 따르면) 다음 순간 에이미가 갑자기 자기 개를 만지지 말라고 버럭 소리치기에 크리스천은 휴대전화로 촬영하기 시작했다.

영상은 에이미가 크리스천에게 자신을 찍지 말라고 요구하는 장면으로 시작된다.[20] 하지만 크리스천이 촬영을 멈추지 않자 에이미는 "경찰을 부르겠어요"라고 경고한다. 이에 크리스천은 "제발 부르세요"라고 대꾸한다. 에이미는 휴대전화에 번호를 찍으면서 이렇게 덧붙인다. "경찰한테 내 목숨을 위협하는 아프리카계 미국인 남자가 있다고 말할 거예요." 이 말에 크리스천이 대꾸한다. "마음대로 하세요." 그러자 에이미가 휴대전화를 귀에 갖다 대고 말한다. "남자가 있어요, 아프리카계 미국인 남자. 자전거 헬멧을 썼고, 휴대전화로 저를 찍으면서 저랑 제 개를 위협하고 있어요." 그러고는 잠시 멈췄다가 반복한다. "아프리카계 미국인 남자가 있어요. 저는 센트럴파크에 있고요. 그 남자가 저를 찍으면서 저랑 제 개를 위협하고 있다고요." 그러나 영상 속에서 크리스천은 멀찍이 떨어져 있다. 이때 에이미가 목소리를 높인다. "죄송해요, 저도 그쪽 말소리가 안 들려요. 램블에서 어떤 남자에게 위협당하고 있거든요. 빨리 경찰을 보내주세요!" 크리스천의 누이가 이 영상을 인터넷에 올리자 그것은 크리스천에게 심각한 결과를 초래할 수도 있었을 일상적인 인종차별의 예로 화제가 되었다. 그리고 그 결과 에이미는 직장에서 해고되었다.[21]

발원자가 모르는 사람이거나 도움을 거부할 때

우리가 사람들에게 발원자를 지지하라고 종용하면 으레 다음과 비슷한 질문을 받는다. "에이미 쿠퍼도 지지해야 하나요?" 우리의 대답은 "절대 아니다"이다. 물론 당신이 원한다면 에이미의 지지자가 될 수 있지만 꼭 그래야만 한다고 느낄 필요는 없다. 당신이 발원자와 가까운 관계일 때, 예를 들어 가족 또는 친구이거나 학교 또는 직장에서 함께 어울리는 사이일 때 그의 지지자가 되어야 한다는 의무감이 가장 강할 것이다. 또 이런 관계일 때 발원자가 실수를 극복하고 성장할 수 있도록 돕는 것이 더욱 실현 가능하고 효과적이기도 하다. 반대로 발원자가 에이미처럼 전혀 모르는 사람이라면 굳이 도움을 제공하려 애쓰지 않아도 된다.

또 발원자에게 도움받을 의사가 없을 때도 지지자가 될 필요는 없다. 돌리 축은 세계적 변화 컨설턴트인 수전 루치아 아눈치오 Susan Lucia Annunzio의 연구를 바탕으로 한 '20/60/20 규칙'을 제시한다.[22] 축도 숫자가 아리송하다는 건 인정하지만 인간의 약 20퍼센트는 '쉬운 20'으로, 다양성과 포용성에 열정적이며 더 나아지고 싶어 하는 사람들이다. 또 다른 20퍼센트는 변화에 개방적이지 않은 '꿈쩍 않는 20'이다. 그들은 다양성 및 포용성 문제에 관한 노력에 열렬히 반대하거나, 지지자로 포섭하기 위한 시도에 퇴짜 놓은 적이 있을 수 있다. 심지어 성희롱이나 공공연한 편견 표현 등의 지독한 행동을 저질렀을지도 모른다. 마지막 범주는 '중간 60'으로, 이 방면에서 대단히 수동적이고 어느 쪽으로든 끌어당길 수 있는 사람들이다. 대부분의 사람이, 설득 가능한 중간 60에 집중해야 할 때 꿈쩍 않는 20을 설득하느라 너무 많은 에너지를 소비한다고 축은 지적한다.[23] 만약 당신이 인터넷에서 사람들과 말싸움해본 적이 있다면 공감할 수 있을 것이다.

하지만 누군가를 꿈쩍 않는 20으로 분류하기 전에 조심해라. 사람들은 당신을 놀라게 할 수 있다. 심지어 스나이더 대 펠프스 사건의 피고였던 웨스트버러침례교회의 전 대변인인 메건 펠프스로퍼조차 "오랫동안 지속 중인 대화"를 통해 자신의 세계관을 완전히 뒤집었다.[24] 이제 그는 포용성의 거침없는 옹호자다. 그러나 일단 누군가가 움직이지 않는 사람이라고 결론을 내렸다면 우리는 축의 냉철한 충고에 귀 기울일 것을 추천한다. 관심 없는 사람과 대화를 시도하느라 시간과 에너지를 낭비하지 마라.

당신이 정치활동을 하고 있을 때

마지막으로, 당신이 정치활동을 하고 있다면 발원자의 지지자가 되지 않아도 된다. 때로는, 대화를 통해 발원자를 갱생시킨다는 선택지가 있을 때조차, 구조적 변화 만들기 같은 더 우선적인 목표가 있을 수 있다. 그리고 만약 발원자가 권력자의 위치(가령 정부 관료나 단체의 장)에 있다면 연좌 농성이나 비난 성명, 항의 퇴장 같은 전술로 일부러 갈등을 더 부추기는 것도 방법이다. 따라서 당신이 발원자의 지지자가 되어야 하는 이유와 비교했을 때 정치적으로 대응하는 것이 더 중요하다고 결정했다면 우리는 당연히 그 판단을 존중한다.

노조 조직책인 한 친구가 대학 당국에 새 노조를 승인받으려고 하는데 담당 학장이 여러 번의 대화 후에도 단호하게 그의 의견에 반대했다. 노련한 운동가인 그는 파업을 통해 전투태세에 들어갈 준비를 시작했지만 곧 뜻밖의 장애물을 맞닥뜨리게 되었다. 지원군이었어야 할 사람들이 학장을 너무 좋아해서 그의 심기를 거스르고 싶지 않아 했던 것이다. "수십 년간 운동가로 살아오면서 동료 운동가들이 경영진을 울릴까 봐 밤새도록 걱정한 적은 처음이었어요." 결국 그는 노조 승인을 받는 것이 학장과 점잖은 대화를 나누는 것보다 더 중요하다고 동료들을 설득했다.

여기서 추수감사절 저녁 식사 때의 벤에게로 돌아가보자. 앞서 얘기했던 것처럼 우리는 그가 할아버지 해럴드의 지지자가 되었어야 한다고 생각한다. 해럴드는 가족이기 때문에 주위 사람에 속한다. 게다가 꿈쩍 않는 20에 속하지도 않는다. 멀리사의 설명에 따르면, 해럴드는 사회 변화에 적응할 시간이 필요할 뿐이지 편견이 있거나 성장을 거부하는 사람은 아니다. 마지막으로, 가족 모임은 정치활동을 위한 자리가 아니다. 더 관대한 마음으로 접근했다면 해럴드는 배움을 얻었을 것이고 멀리사와 폴에게서 멀어지지도 않았을 것이다.

+ + +

로레타 로스Loretta Ross는 인권운동가이자 학자다. 그는 스미스칼리지 수업과 TED 강연에서 사람들에게 "불러내"기보다는 "불러들이"라고 종용한다. 우리가 쓰는 말로 바꾸면 비포용적 행동의 발원자를 캔슬하기보다는 지지하라는 뜻이다.[25]

　로스도 멀리사와 폴이 추수감사절 저녁 식사 자리에서 겪은 일과 비슷한 경험을 한 적이 있다.[26] 화기애애한 대화가 오가던 저녁 식사 자리에서 친척 프랭크가 "멕시코계 미국인들이 일자리를 훔치고 있어"라고 주장하며 좌중을 침묵시켰던 것이다. 로스는 대부분의 친척이 "접시에 코를 처박고 있는" 모습을 보았지만 자신의 '불러들이기' 기법을 사용하기로 결정했다. 그는 프랭크를 쳐다보며 말했다. "프랭크 삼촌, 저는 삼촌을 알아요. 삼촌을 사랑하고 존경해요. 제가 삼촌에 대해 아는 건, 삼촌이 할 수만 있다면 불타는 건물에 뛰어들어서 남을 구할 사람이라는 거예요. 그 사람이 어떤 인종이든, 동성애자든 이민자든 신경 쓰지 않고 말이에요. 프랭크 삼촌, 제가 사랑하고 존경하는 삼촌은 그런 사람이에요. 그러니까 말씀해주세요. 어떻게 해야 제가 아는 선량한 프랭크 삼촌과 방금 삼촌이 하신 말을 조화할 수 있죠?"

로스는 그 순간만큼은 프랭크의 지지자가 되기로 결심했다. 그래서 그가 나쁜 의도를 품었다고 비난하거나 나쁜 사람이라고 암시하지 않았다. 그 대신 그가 한 인간임을 인정하고, 그에게 자신의 인격과 행동 사이의 부조화에 대해 생각해보라고 조언했다. 이 발언은 프랭크의 편견에 제동을 걸었지만, 로스의 표현에 따르면, "미움, 말다툼, 밥상 엎기"로 이어지진 않았다. 그저 프랭크에게, 그의 이상에 못 미치는 삶에서 이상에 부합하는 삶으로 옮아가라고 요청했을 뿐이다. 그럼으로써 그에게 성장할 기회를 준 것이다.

- 누군가가 비포용적 행동을 하면 그의 지지자가 될 것인지 생각해라. 발원자가 전혀 모르는 사람이거나, 도움받을 의사가 없거나, 당신이 정치활동을 하고 있다면 굳이 지지자가 될 필요는 없다.
- 행위와 사람을 분리해라. 해로운 결과에서 부정적 의도를 추측하지 마라. 발원자의 행동에 대한 피드백을 건넬 때 그를 한 사람의 인간으로 인정해라.
- 당신도 배우는 중임을 보여줘라. 잘난 체하는 도덕주의자라고 외면당하지 않도록 흠 있는 동료로서 발원자에게 다가가고 비슷한 실수를 저질렀던 경험을 공유해라.
- 편견에 맞설 때 자주 쓸 만한, 자연스럽게 느껴지는 표현을 한두 개 골라둬라.

꼭 필요한 대화

다음의 실제 상황 네 가지를 살펴보자.

▶ 백인 남성 리더가 직원들과 함께 인종 불의에 관한 행사를 개최한다. 행사의 첫머리에 그는 얼마 전까지만 해도 자신의 삶을 노동계급 출신이 대기업 사장에 오르는 자수성가 이야기로만 생각했으나, 지금은 특권자의 삶으로도 생각하게 되었다고 고백한다. 왜냐하면 자신이 인종 편견이라는 역풍에 맞서 싸워야 했다면 지금과 같은 수준의 성공을 얻을 수 있었으리라고 상상하기 어렵기 때문이다. 그는 이 산업부문에서만이라도 편견을 뿌리 뽑기 위해 노력하겠다고 맹세한다. 그리고 마지막으로 자신은 여전히 배우는 중이며 오늘 행사의 대부분은 경청하면서 보내겠다고 끝맺는다. 모든 인종의 직원들은 대체로 그의 발언에 만족한다.

▶ 한 여자가 어린 자녀와 산책하러 나갔다가 휠체어 탄 남자와 우연히 마주친다. 아이가 큰 소리로 묻는다. "저 아저씨는 왜 저 의자에 앉아 있어?" 엄마가 대답한다. "아마 아저씨 다리에 도움이 조금 필요한가 봐. 할머니 췌장에 도움이 필요한 것처럼." 남자는 여자가 장애를 터부시하거나 그런 질문을 했다고 아이를 야단치지 않아서 안심한다.

▶ 한 대학교수는 카리스마와 전문성 때문에 강의가 늘 문전성시를 이룬다. 그런데 일부 여학생이 이 교수가 여학생만 '귀염둥이'나 '꼬마 아가씨' 같은 애칭으로 부른다고 대학 당국에 항의한다. 당국은 그에게 그만하라고 말하기 위해 다른 교수를 보낸다. 그의 연구실을 찾아간 동료 교수는 자신을 포함한 모든 교수가 학생을 대할 때 실수한 적이 있기 때문에 선뜻 말을 꺼내기가 어렵다고 입을 뗀다. 문제의 교수는 그의 행동이 부적절하다는 동료 교수의 발언에 동의하지 않으며 자신은 다정하고 친근한 느낌을 주기 위해 애칭을 사용했을 뿐이라고 주장한다. 동료 교수는 그가 학생들의 안위에 대단히 신경 쓰는 사람이라는 데 동의한다고, 그래서 그가 학생들에게 부정적인 영향을 주는 행동을 했다는 이야기를 듣고 깜짝 놀랐다고 말한다. 문제의 교수는 자신의 행동이 여학생들에게 미치는 영향에 대한 동료 교수의 피드백을 유심히 듣다가 스스로를 변

호하길 그만두고 결국 자신의 행동을 고친다.

▶ 한 동성애자 인권운동가가 트랜스젠더 인권에 관한 대규모 교육
  프로젝트를 맡는다. 그는 동성애자 인권운동가로서 트랜스젠더 옹
  호 활동에 주기적으로 참여해왔기 때문에 자신이 이 주제에 대해
  이야기할 자격이 충분하다고 생각한다. 그러던 어느 날 그가 트랜
  스젠더 동료인 줄리아의 젠더를 잘못 말한다. 그는 즉시 사과하고
  넘어간다. 또 어떤 날은 그가 '성전환수술'이라고 말하자 줄리아가
  올바른 용어는 '성 확정 수술'이라고 정정해준다. 자신의 실수를 되
  짚어보면서 그는 자신이 이 프로젝트를 완성할 수 있을 만큼 트랜
  스젠더 정체성에 대해 잘 알지 못한다는 사실을 깨닫는다. 그래서
  일부 관계자의 반대에도 불구하고 지식을 더 쌓기 위해 일정을 연
  기한다. 또 줄리아에게 유급 컨설턴트로서 프로젝트에 참여할 의
  향이 있냐고 묻고, 수락을 얻어낸다.

  물론 이 상황들은 얼마든지 다른 방향으로 전개될 수 있었다.
행사의 대부분을 경청하면서 보내겠다는 사장의 말을 유색인 직
원들이 책략이라고 생각하거나, 동성애자 인권운동가의 트랜스
젠더 동료가 자신이 직접 프로젝트를 이끌어야 한다고 생각했다
면, 상황은 완전히 달라졌을 것이다. 이렇듯 우리의 원칙이 모든

경우에 성공을 보장하진 않지만, 적어도 이 책에서 다룬 수많은 실수를 피하는 데는 도움이 되길 바란다.

이 책의 서두에서 우리는 당신에게 실용적인 충고를 제공하고, 수치심을 주지 않고, 당신을 행동에 나서게 하겠다고 약속했다. 우리가 이 세 가지 약속을 제대로 이행했는지는 우리가 아니라 당신이 판단할 일이다. 이제 책을 마무리하면서 각각의 약속과 관련해 당신에 대한 우리의 희망을 여기에 적는다.

첫째, 우리는 당신이 연습을 통해 현실적이 되길 바란다. 우리가 일을 제대로 했다면 당신은 정체성 대화에 필요한 도구를 가득 얻었다는 안도감을 느낄지 모른다. 그러나 시간이 흐를수록 원칙을 실행에 옮길 때마다 난관을 만날 가능성이 크다. 때로는 뭘 해야 하는지 기억이 안 나거나 원칙을 제대로 실천하지 못할 때도 있을 것이다. 그럴 경우에는 이 책을 다시 펼쳐 기억을 되살리거나, 아니면 문제가 생각보다 더 심각하다는 사실을 깨닫게 될 수도 있다.

당신은 우리가 개괄적으로 소개한 수많은 지침과 예외 가운데 일부가 상충하는 것처럼 보인다는 사실을 눈치챘을지 모른다.

· 주의 깊게 경청하되, 침묵 속으로 위축되지는 마라.

· 의도와 결과를 분리하되, 때로는 의도를 공유함으로써 결과를

약화해라.

- 집단 정체성을 무시하지 말되, 집단 정체성만으로 사람을 판단 하지 마라.
- 더 많이 사과하는 것을 주저하지 말되, 지나치게 사과하진 마라.
- 어떻게 해야 할지 확신이 안 설 때는 피영향자들에게 물어보되, 그들이 당신을 교육해주리라고 기대하지는 마라.

이 긴장 상태는 모순은 아니지만 각각 판단을 요구한다. 그래서 왜 이것들이 불안을 유발할 수 있는지 우리도 이해한다. 특히 이 목록이 불완전하기 때문에 더욱 그렇다.

이 긴장 상태를 헤쳐나가면서 당신은 정체성 대화가, 다른 모든 진정한 인간 상호작용이 그렇듯이, 아무 생각 없이 시키는 대로만 하면 되는 것이 절대 아님을 깨닫게 될 것이다. 우리가 이 책을 쓰는 동안 많은 사람이 말했다. "그냥 뭐라고 말해야 할지 가르쳐주면 그렇게 말할게!" 그러나 앞에서 보았듯이 이런저런 예를 제공하는 것은 분명 가능하지만, 토씨까지 그대로 따라 하기만 하면 되는 대본은 쓸 수 없다. 본질적으로 정체성 대화에는 간단한 해결책이 있을 수 없기 때문이다. 사실 대화의 힘은 미묘하면서도 유연하게 인생의 복잡성에 대응할 수 있다는 데 있다. 모순에 대처해야 할 때 어떤 대본, 어떤 정책, 어떤 규정집도 대화만큼 도움이 되지는 않는다.

여기서 우리가 당신에게 바라는 것은 한마디로 요약할 수 있다. **연습, 연습, 또 연습해라!** 정체성 대화에 통달하기란 새로운 언어를 배우는 것과 같다. 원어민 수준에는 영원히 도달하지 못할지도 모르지만 연습하면 나아질 수 있다. 그리고 당신은 연습할 것이다. 다음 정체성 대화가 늘 지척에서 기다리고 있기 때문이다. 만약 당신이 성장형 사고방식을 채택한다면 우리의 원칙을 적용하는 것이 제2의 천성이 되리라고 자신한다.

우리가 두 번째로 했던 약속은 당신에게 수치심을 주지 않겠다는 것이었다. 많은 사람이 그 반대일 것이다. 우리의 경험으로 미뤄보면, 그들이 그러는 이유는 대개 이해가 간다. 이를테면 모든 걸 시도해봤지만 소용없었으므로, 이제는 우악스러운 방법밖에 남지 않았다는 생각 때문인 것이다. 그들은 자기가 상냥하게 가르치면 비포용적 행동의 대상이 고통받는 동안 정작 잘못을 저지른 지지자는 아무런 벌도 받지 않고 빠져나갈까 봐 우려한다.

우리는 지금껏 지지자들을 코치할 때 '어디까지 동정할 수 있는가'라는 문제와 씨름해왔다. 아울러 이 책의 서두에 우리가 다양성 및 포용성 문제를 중간 다리 관점에서 본다는 이야기도 했다. 우리는 기질적으로 모든 사람의 입장을 이해하려 애쓰고, 문제를 흑백으로 보기보다는 회색으로 보려는 경향이 강하다. 그런데도 정체성, 다양성, 정의 문제에 관해서는 중립과는 거리가 멀다. 우리는 항상 지배적 집단의 공포보다는 주변화된 사람들의 역경에 더 많이 공감할 것이다.

이런 관점을 가지고 있을 때는 지지자들에게 엄한 신병훈련소 교관처럼 다가가는 것이 솔깃할 수 있다. 그들이 한 실수를 가지고 위협하고, 이 일이 어렵고 힘든 것이 아니라 그들이 약해 빠졌다고 윽박지르는 것이다. 그러나 우리는 그것이 쓸모없는 방침이라고 믿으며, 동정과 책임은 서로 밀접한 관계에 있다고 생각한다. 만약 당신이 단 한 번의 실수로 나쁜 사람이라는 낙인이 찍히리라고 믿는다면 자신의 행동을 정당화하려 할 것이다. 그러나 실수를 인정해도 존엄성을 지킬 수 있다면 긴장을 풀고 이렇게 말할 가능성이 크다. "당신 말이 맞아요. 내가 잘못했고 미안해요. 알려줘서 고마워요."

여기서 우리의 희망은 당신이 우리가 틀렸음을 증명하지 않는 것이다. 우리는 당신이 지지자로서 성장하는 동안 스스로에게 동정적이길 바란다. 그러나 거기서 그치지 않기를 바라기도 한다. 우리는 스스로에게 기회를 주는 사람은 자신의 행동에 더 엄격하다는 생각에 모든 걸 걸었다. 당신이 자신의 행동을 스스로 책임질 거라고 믿는다.

당신에 대한 우리의 마지막 희망은 당신이 행동에 나서게 하겠다는 약속과 관련된다. 우리가 오랫동안 대화의 힘을 믿어오긴 했지만 주 관심사는 늘 사회정의였다. 따라서 당신이 우리에게서 배운 것을 현실에 적용하길 바란다. 달변으로 사람들을 매혹하기 위해서가 아니라 당신이 속한 사회에서 변화를 만들기 위해. 다음 학교 이사회 회의나 시 공회당에서 목소리를 내라. 직장에서 행사를 기획해라. 시민권 단체에 들어가서 임무를 완수하는 데 당신의 목소리를 사용해라.

때로는 지지 활동이 힘들어서 그만두고 싶을 때도 있을 것이다. 그런 일이 일어난다면 당신이 하고 있는 일의 중요성을 계속 상기하기 바란다. 우리는 모든 사람이 동등한 존엄성을 쟁취하는 데 필요한 강력한 도구가 법이라고 믿었기 때문에 둘 다 변호사가 되었다. 우리는 여전히 법의 힘을 믿고 입법부와 법정에서 시민권을 위해 싸우는 법률가들을 숭배한다. 그러나 시민권운동은 입법부와 법정만큼이나 교실, 휴게실, 거실 같은 공간에서도 일어나고 있다고 믿는다. 우리는 당신이 정체성 대화를, 자신이 영향력을 가진 분야에서 도덕력을 사용할 기회로 생각하길 바란다. 그것은 오직 당신만이 할 수 있는 시민권운동이다.

따라서 다음에 목소리를 낼지 말지 정해야 할 때는 자신이 왜 이 바람 잘 날 없는 일을 하는지 떠올려보길 바란다. 당신의 가장 훌륭한 자아가 말하게 하기 위해, 그래서 다른 사람들도 따라 하게 만들기 위해 이 일을 하는 것이다. 인간다운 인간이 되기 위한 수많은 유효한 방법을 기리기 위해 이 일을 하는 것이다. 그리고 무엇보다도 정의를 갈망하고 그것을 위해 기꺼이 싸울 수 있기 때문에 이 일을 하는 것이다. 부디 당신이 그 투쟁에서 기쁨을 찾길 바란다.

감사의 말

이 책의 가치를 믿고 열매를 맺도록 도와준 사람이 정말 많다.

우선 멜처 다양성·포용성·소속감 연구 센터를 설립하고 우리의 연구가 성공하는 데 필요한 재원과 지원을 마련해준 뉴욕대학교 법학전문대학원 전 원장 트레버 모리슨에게 감사한다. 또한 이 책이 완성되기까지 다방면에서 도움을 주고 이 주제들에 대한 우리의 생각에 영향을 미친 우리 센터의 전현직 동료들과 파트너들, 코리 콘리, 셜리 당, 게이브리얼 덜라브라, 아이린 도주박, 캐스린 존스, 제시카 몰도번, 에이드리아나 오글, 셸리 윌리엄스, 앤마리 젤에게 감사한다. 이토록 헌신적이고 통찰력 있는 협력자들이 있다는 사실이 믿을 수 없을 만큼 감사하다.

집필 초기에 우리는 법학전문대학원 1학년생을 대상으로, 정체성 대화를 주제로 하는 독서 모임을 만들었다. 우리의 귀중한 아이디어 테스트 그룹이 되어준 대니엘 알칠러, 엘로이자 클리블

랜드, 비코 포티에이, 데이비드 햄버거, 에밀리 허츠펠드, 일라이자 홉킨스, 청하우 키, 브리트니 리, 대니엘라 퍼푸로, 리디아 세이페셀라시에, 티나 슈피첵, 조애나 울프그램에게 감사한다.

이 중 두 학생, 데이비드 햄버거와 일라이자 홉킨스는 나중에 우리 센터의 연구 학생이 되어 그들과 마찬가지로 뛰어난 동료들과 함께 근무했다. 다음 학생 중 다수가 한 학기 이상 우리와 함께 일했다. 일라이 아셰나피, 매슈 브렘, 에밀리 챙, 드냐네슈와리 친촐리카르, 게이브리얼 딜라브라, 알마 다이아몬드, 드미트리 도브로볼스키, 조이 파카스, 섬너 필즈, 아빌라샤 고쿨란, 앤드리아 그린, 마이라 하이더, 치히로 이소자키, 슈루티 카난, 멜로디 카마나, 에린 김, 데버라 러펠, 마리아나 무네라, 사키코 니시다, 대니얼 퍼트넘, 브리트니 샤, 웨니 선, 조이 스미스, 에바 비베로, 하디야 윌리엄스, 미케일라 윌슨. 이 학생들은 우리의 아이디어를 다듬었고, 낯선 연구를 소개했으며, 초고를 날카롭게 비판해줬다. 우리는 그들 모두에게서 배움을 얻는 특권을 누렸다.

바쁜 시간을 쪼개어 초고를 읽고 논평해준 모든 지인에게 감사한다. 킴 챌러너, 조티 초프라, 돌리 축, 샤리 코츠, 스티브 코츠, 애비 프라이라이크, 로이 저마노, 앤드루 글래스고, 킴 글래스고, 밀라나 호건, 린지 켄드릭, 키라 라우어선, 벳시 러너, 게리 로, 조지 로닝, 린지레이 매킨타이어, 브렛 밀라, 클라이브 멀릿, 줄리

네스팅겐, 러네이 노엘, 베서니 데이비스 놀, 에린 오브라이언, 로우르데스 올베라마셜, 미셸 펜저, 빈센트 서덜랜드, 도나 스토넘, 론 스토넘, 조지 워커, 마크 와인시어, 라라 버벌로프, 앤디 윌리엄스의 피드백 덕에 이 책이 처음보다 얼마나 좋아졌는지 헤아릴 수 없을 정도다.

우리의 에이전트 벳시 러너에게 무한한 감사를 표한다. 그는 우리가 최고의 출간 제안서를 쓸 수 있도록 수개월 동안 코치했고 결국 아트리아 출판사에 둥지를 틀게 해줬다. 이 과정 내내 벳시는 신뢰할 수 있는 조언자였으며 원고에 대한 실질적인 피드백을 제공함으로써 에이전트 이상의 역할까지 해주었다. 이보다 더 훌륭한 아군은 바랄 수 없을 것이다.

담당 편집자 스테퍼니 히치콕은 세간의 훌륭한 평판 그대로인 사람이다. 그는 처음부터 어투, 구성, 이야기 방식에 대해 현명한 조언을 제공했고, 이 책의 목적(배제되고 주변화된 사람들을 위한 더 큰 포용과 소속감)을 항상 뚜렷하게 드러내라고 종용했다. 그의 명확한 도덕관과 편집자로서의 지도 편달에 감사한다. 또한 편집 보조 알레한드라 로차, 에리카 시우진스키를 비롯한 교열부, 미술부, 홍보부, 영업부, 마케팅부 등 아트리아 출판사의 담당 팀 전체에 감사하고 싶다.

그리고 훌륭한 홍보 담당자 앤절라 바제타에게 감사한다. 앤절라는 홍보 담당자에게 바랄 수 있는 모든 것을 갖춘 사람이다. 현명하고, 신속하며, 친절하다. 처음 만난 순간부터 그가 이 책의 독자층을 최대한으로 넓히는 데 필요한 파트너임을 알았다. 그와 함께 일하는 기회를 갖게 된 것은 행운이다.

마지막으로 DLA 파이퍼 로펌의 명예 회장이자 뉴욕대학교 법학전문대학원 이사인 로저 멜처에게 감사한다. 센터 이름을 그의 이름에서 따왔을 만큼 로저는 우리 센터의 가장 큰 은인이다. 그는 기관들과 사회들을 더 포용적으로 만들겠다는 우리 목표의 진정한 신봉자다. 우리의 생각을 발전시키고 정체성 대화 연구를 추진하는 데 드는 시간과 재원은 대부분 로저의 지칠 줄 모르는 후원 덕분이다.

켄지의 추가적 감사의 말

제일 먼저 감사할 사람은 공저자 데이비드다. 지금껏 공저에 대해 미심쩍은 마음을 품고 있었던 나에게 이 협동 작업은 기쁨이었다. 당신의 연민, 지성, 근면성은 드물다기보다는 오히려 독특하다.

뉴욕대학교 법학전문대학원의 필로먼 다고스티노·맥스 E. 그린버그 교수 연구 기금의 후원에 감사한다.

부모님 마이클 요시노와 치요코 요시노에게 감사한다. 그들은 평생 그래왔듯이 팬데믹 동안에도 탄력성의 모범을 보였다. 부모님은 과거에도 내 롤 모델이었고 앞으로도 그럴 것이다.

나의 아이들 소피아와 루크에게, 내 삶에 가져다주는 순전한 기쁨에 감사한다. 나는 처음부터 너희가 내 인생의 가장 큰 선물이 되리라는 걸 알았단다. 매일 너희에게 감사한다.

우리 가족의 개인 비서 마샤 롱먼에게, 배가 정시에 출항할 수 있게 해줌에 감사한다.

이 원고를 쓰는 동안 많은 시간을 내 발치에서 보낸 우리 집 그레이트데인 루시는 가족 중 누구에게 지금 위로가 필요한지를 항상 본능적으로 안다. 바로 그 본능이 루시에게, 녀석이 우리 가족 모두에게 얼마나 소중한 존재인지 가르쳐주길 바란다.

마지막으로 이 책은 남편 론에게 정말 깊은 감사를 담아 보내는 세 번째 책이다. 우리가 함께한 해가 지나갈 때마다 나는 매번 더 자신 있게, 이보다 더 훌륭한 사람은 만난 적이 없다고 말할 수 있다.

데이비드의 추가적 감사의 말

우선 공저자 켄지에게 감사하는 것으로 시작하고 싶다. 당신의 지식, 경험, 관대함, 유머 감각 덕분에 이 책을 쓰는 과정이 정말로 즐거웠다. 이 일을 함에 있어서 켄지보다 나은 파트너는 상상할 수 없었다.

부모님 킴 글래스고와 클라이브 멀릿의 변함없는 응원에 감사한다. 그들은 어렸을 때부터 나에게 다양성, 포용성, 소속감이라는 가치를 가르쳤고 내가 학업과 직업에서 무엇을 추구하든 항상 격려해줬다. 그들의 아들로 태어난 것은 행운이었다.

두 아들 휴고와 시어도어는 가장 중요한 것이 무엇인지를 항상 상기시킨다. 아무리 피곤하거나 스트레스받아도 아이들의 얼굴을 보면 미소가 멈추지 않는다. 너희의 장난기, 호기심, 소파에서의 포옹에 늘 감사하고 있단다. 아직 아가들이지만 너희는 항상 다른 사람의 감정을 살피고 모든 생물에게 연민과 친절을 보이는구나. 너희가 자라면 세상을 더 포용적인 곳으로 바꾸리라고 확신한다.

집필 과정 내내 우리 아이들을 돌봐준 보모 클로이 화이트에게 감사한다. 돌보미는 맞벌이 부부의 직업적 성공에 필수 불가결한 존재지만 눈에 보이지 않고 제대로 인정받지 못하는 경우가 너무 많다. 당신이 매일 우리 아이들에게 보이는 사랑, 관심, 친절에 감사한다.

마지막으로 내 남편이자 제일 좋아하는 대화 상대인 앤드루 글래스고에게 감사한다. 나의 무한한 감사는 어떤 말로도 표현할 수 없다. 우리는 힘든 시기에 이 프로젝트를 시작했다. 유아와 영아를 키우면서 팬데믹까지 견뎌야 했으니까. 그렇게 스트레스로 점철된 최근 몇 년 동안에도 당신은 매 순간 나를 응원하고 격려했다. 나보다 아이들도 많이 돌봤고, 나의 불안과 공포와 희망을 경청했으며, 이 책의 모든 면에 조언해줬다. 이렇게 상냥하고 어진 사람과 결혼한 나는 엄청나게 운 좋은 사내다. 사랑한다.

다음 질문들은 이 책의 내용과 관련된 소그룹 토론을 열고자 하는 독서 모임, 교육기관, 직장을 위해 작성된 것이다.

1   머리말의 도입부에서 저자들은 정체성 대화의 네 가지 예를 제시한다. 인종에 관한 포럼에서 공감을 표시하려는 백인 남성 리더, 슈퍼마켓에서 마주친 아기의 질병에 대해 이야기하는 어린 아들을 입 다물게 하는 여자, 여성의 외모에 대한 품평을 멈추라는 말을 듣자 자기변명을 늘어놓는 베이비부머 삼촌, 트렌스젠더 급우를 가리킬 때 잘못된 젠더 대명사를 사용한 데 대해 지나치게 사과하는 학생. 당신은 이와 같은 상황에 처한 자신을 상상할 수 있는가? 만약 그렇다면, 그 상황에서 당신은 어떻게 대처하겠는가?

2 저자들은 사람들이 정체성 대화에 접근하는 방식에서 '세대 차'가 나타난다고 주장한다. 당신은 다양한 세대의 사람들과 이야기할 때 정체성 대화가 이뤄지는 방식에서 차이를 느낀 적이 있는가? 만약 그렇다면, 어떤 차이였는가?

3 첫 번째 원칙("대화의 네 가지 함정을 주의해라")에서 저자들은 아미르의 예를 소개한다. 친구 아미르가 당신이 매년 여는 파티에 참석하지 않는 이유는 본인을 제외한 대부분의 손님이 백인이기 때문이라고 한다. 당신은 이런 대화에서 자신이 (인종 또는 그 밖의 기준에서) 특권층인 경우를 상상할 수 있는가? 만약 그렇다면, 아미르의 발언과 같은 말을 들었을 때 당신은 어떻게 대답하겠는가?

4 첫 번째 원칙("대화의 네 가지 함정을 주의해라")에서 제시된, 정체성 대화를 어렵게 하는 네 가지 함정(회피, 굴절, 부인, 공격)에 지지자로서 바람직하지 않은 주요 행동 유형이 모두 포함된다고 생각하는가? 저자들이 주제별로 제시한 사례 가운데 특별히 공감 가는 (또는 공감 가지 않는) 것이 있는가?

5 두 번째 원칙("탄력성을 길러라")에서 저자들은 정체성 대화가

극도의 감정적 불편을 유발할 수 있다고 말한다. 그것은 대개 공포, 분노, 죄책감 또는 좌절감의 형태를 띤다. 당신이 일상 생활에서 정체성 대화를 할 때 대체로 느끼는 감정은 무엇인가? 그 감정 때문에 대화 중에 특정한 방식으로 행동하는 경우도 있는가?

6   두 번째 원칙("탄력성을 길러라")에서 저자들은 감정적 불편을 해소하기 위한 다섯 가지 전략을 제시한다. ① 성장형 사고방식을 채택해라. ② 자기 가치를 확인해라. ③ 피드백을 실제 크기로 들어라. ④ 불편한 감정에 이름을 붙이고 다른 감정으로 변환해라. ⑤ '원 이론'에 따라 적절한 도움을 구해라. 정체성 대화 이전, 도중, 이후에 이 전략 중 하나를 사용하는 자신을 상상할 수 있는가? 당신이라면 어떻게 실행하겠는가?

7   세 번째 원칙("호기심을 키워라")에서 저자들은 정체성 이슈에 대해 공부하라고 권장한다. 당신은 현재 정체성의 어떤 영역 (예를 들면 인종, 민족, 젠더, 성적 지향, 성정체성, 장애, 나이, 종교)에서 자신의 지식이 부족하다고 느끼는가? 그리고 그 지식의 구멍을 어떻게 메울 생각인가?

8 정체성 이슈에 대한 누군가의 의견에 동의하지 않았을 때 당신은 어떤(좋은 또는 나쁜) 경험을 했는가? 네 번째 원칙("존중하는 태도로 부동의해라")에서 저자들이 제시한 부동의 분류법(녹색, 노란색, 빨간색)은 당신의 부동의를 다른 사람에게 언제, 어떻게 전달할 것인지를 결정하는 데 도움이 되는가?

9 정체성 이슈와 관련해 사과를 하거나 받아본 적이 있는가? 그 사과는 어떻게 이뤄졌는가? 당신은 (또는 상대방은) 다섯 번째 원칙("진심으로 사과해라")에서 제시된 인정, 책임, 참회, 보상이라는 네 가지 요소를 따랐는가?

10 여섯 번째 원칙("백금률을 실천해라")에서 저자들은 비포용적 행동을 목격했을 때 개입하거나 개입하지 않은 지지자들의 사례를 소개한다. 식당에서 다른 손님에게 인종차별적 욕설을 퍼붓는 남자에게 맞선 제니카 코크런. 가족 모임에서 누군가가 코로나바이러스를 '중국 바이러스'라고 지칭했을 때 개입하지 않은 사람들 등등. 당신이 비포용적 행동을 목격했을 때를 떠올려봐라. 당신은 어떻게 반응했는가? 개입하지 않았다면, 왜 하지 않는가? 개입했다면, 당신은 뭐라고 말했고 그 뒤의 대화는 어떻게 이어졌는가?

11 일곱 번째 원칙("발원자에게 관용을 베풀어라")에서 저자들은 비포용적 행동의 발원자와 맞서고 싶을 때 사용할 수 있는 '단골 표현'을 골라둘 것을 장려한다. 당신은 지금 단골 표현을 갖고 있는가? 만약 없다면, 지금 머릿속에 떠오르는 자연스러운 표현은 무엇인가?

12 저자들은 이 책 전반에 걸쳐 자신의 경험이나 널리 알려진 일화를 활용한다. 이 사례들에 대한 저자들의 생각에 당신이 동의하지 않은 경우가 있는가? 만약 그렇다면, 당신은 그것을 어떻게 해석했는가?

13 어떤 비판자들은 정체성 대화에서 해야 하는 말(과 해서는 안 되는 말)을 가르치면 더 큰 불안이 생기고 자연스러운 상호작용은 지뢰밭이 되리라고 주장한다. 이 비판에 대해 당신은 어떻게 생각하는가? 이 책을 읽고 난 후에 정체성 대화에 대한 걱정이 늘어나거나 줄어들었는가? 만약 늘어났다면, 그것이 반드시 나쁜 결과라고 할 수 있는가?

14 이 책을 읽고 난 지금 정체성과 다양성, 정의에 관해 대화할 때 당신이 전과 다르게 할 것이 한 가지 있다면 무엇인가?

주

머리말: 난감한 대화

1 Jennifer Richeson, "The Psychology Behind a Divided America," *Innovation Lab* podcast, February 13, 2018, 22:59 at 20:12, https://soundcloud.com/innovationhub/the-psychology-behind-a-divided-america.

2 Jon Favreau, "Chimamanda Ngozi Adichie Talks Her viral Essay and vitriol on Social Media | Offline Podcast," *Crooked Media*, January 16, 2022, YouTube video, 56:59 at 16:42, https://www.youtube.com/watch?v=urOJKvCy79Q.

3 Emily Yoffe, *Intent Matters—The Good Fight with Yascha Mounk* (*Emily Yoffe*), March 8, 2021, YouTube video, 1:07:05 at 3:37, https://www.youtube.com/watch?v=Rp0SuhEOiI0.

4 Yascha Mounk, *Intent Matters—The Good Fight with Yascha Mounk* (*Emily Yoffe*), March 8, 2021, YouTube video, 1:07:05 at 4:24.

5 Amy Harmon, "BIPOC or POC? Equity or Equality? The Debate Over Language on the Left," *New York Times*, November 1, 2021, https://www.nytimes.com/2021/11/01/us/terminology-language-politics.html.

6 Jeffrey Jones, "U.S. Church Membership Falls Below Majority for First Time," Gallup, March 29, 2021, https://news.gallup.com/poll/341963/church-membership-falls-below-majority-first-time.aspx; "In U.S., Decline of Christianity Continues at Rapid Pace," Pew Research Center, October 17, 2019, https://www.pewforum.org/2019/10/17/in-u-s-decline-of-christianity-continues-at-rapid-pace/; Dudley Poston and Rogelio Sáenz, "Demographic Trends Spell the End of the White Majority in 2044," AP News, May 25, 2019, https://apnews.com/article/4a60c86e938045fa80dad97f67ce9120; Noor Wazwaz, "It's Official: The

U.S. Is Becoming a Minority-Majority Nation," *U.S. News*, July 6, 2015, https://www.usnews.com/news/articles/2015/07/06/its-official-the-us-is-becoming-a-minority-majority-nation; Carter Sherman, "Gen Z Says It's America's Queerest Generation Yet," *Vice*, February 24, 2021, https://www.vice.com/en/article/m7an8a/gen-z-says-its-americas-queerest-generation-yet; Jeffrey Jones, "LGBT Identification Rises to 5.6% in Latest U.S. Estimate," Gallup, February 24, 2021, https://news.gallup.com/poll/329708/lgbt-identification-rises-latest-estimate.aspx.

7 Emma Goldberg, "The 37-Year-Olds Are Afraid of the 23-Year-Olds Who Work for Them," *New York Times*, October 28, 2021, https://www.nytimes.com/2021/10/28/business/gen-z-workplace-culture.html.

8 Gloria Steinem, "The Progression of Feminism: Where Are We Going," *C-Span Talk*, March 26, 2007, 1:14:52 at 13:37, https://www.c-span.org/video/?197336-1/progression-feminism.

9 Alia Wong, "Kids Develop views on Race When They're Young. Here's How Some Preschools Are Responding," *USA Today*, September 23, 2021, https://www.usatoday.com/story/news/education/2021/09/23/race-theory-preschool-how-to-teach-kids-about-racism/5796892001/; "Diversity, Equity, and Inclusion at KinderCare," KinderCare, accessed January 13, 2022, https://www.kindercare.com/resources/diversity-equity-inclusion.

10 "Diversity Fatigue," *Economist*, February 13, 2016, https://www.economist.com/business/2016/02/11/diversity-fatigue (edited to conform to American spelling); Joanne Lipman, *That's What She Said: What Men and Women Need to Know About Working Together* (New York: William Morrow, 2018), 68-88.

11 Chris Weller, "Apple's vP of Diversity Says '12 White, Blue-eyed, Blonde Men in a Room' Can Be a Diverse Group," *Insider*, October 11, 2017, https://www.businessinsider.com/apples-vp-diversity-12-white-men-can-be-diverse-group-2017-10.

12 Tema Okun, "White Supremacy Culture," accessed January 13, 2022, https://cdn.ymaws.com/www.wpha.org/resource/resmgr/health_&_racial_equity/

whitesupremacyculture inorgan.pdf.

13 Julie L. Earles, Laura L. vernon, and Jeanne P. Yetz, "Equine-Assisted Therapy for Anxiety and Posttraumatic Stress Symptoms," *Journal of Traumatic Stress* 28, no. 2 (April 2015): 149, https://doi.org/10.1002/jts.21990; Sudha M. Srinivasan, David T. Cavagnino, and Anjana N. Bhat, "Effects of Equine Therapy on Individuals with Autism Spectrum Disorder: A Systematic Review," *Review Journal of Autism and Developmental Disorders* 5 (June 2018): 156, https://doi.org/10.1007/s40489-018-0130-z.

14 Eileen E. Morrison, *Ethics in Health Administration: A Practical Approach for Decision-Makers*, 4th ed. (Burlington, MA: Jones and Bartlett Learning, 2020), chap. 3.

첫 번째 원칙: 대화의 네 가지 함정을 주의해라

1 Robin DiAngelo, *White Fragility: Why It's So Hard for White People to Talk About Racism* (Boston: Beacon Press, 2018), 9; Reni Eddo-Lodge, *Why I'm No Longer Talking to White People About Race* (New York: Bloomsbury Publishing, 2017), 91.

2 Eric Bolling, "Eric Bolling Walks Off During Heated Live BBC Debate on Georgia Election Law," vicmar Arquiza, April 8, 2021, YouTube video, 6:48, https://www.youtube.com/watch?v=MiDhQmwuyM8.

3 Diane J. Goodman, *Promoting Diversity and Social Justice: Educating People from Privileged Groups* (New York: Routledge, 2011), 89.

4 Christina Capatides, "White Silence on Social Media: Why Not Saying Anything Is Actually Saying a Lot," CBS News, June 3, 2020, https://www.cbsnews.com/news/white-silence-on-social-media-why-not-saying-anything-is-actually-saying-a-lot/.

5 Melissa Block and Jerome Socolovsky, "Antisemitism Spikes, and Many Jews Wonder: Where Are Our Allies?," NPR, June 7, 2021, https://www.npr.org/2021/06/07/1003411933/antisemitism-spikes-and-many-jews-wonder-where-are-our-allies.

6   Alexandra Tsuneta, "Your Silence About Antisemitism Is Deafening," *An Injustice!* , May 27, 2021, https://aninjusticemag.com/your-silence-about-anti-semitism-is-deafening-41bd4e41ffef (accessed January 24, 2022; site inactive on October 19, 2022).

7   Robin J. Ely and David A. Thomas, "Getting Serious About Diversity: Enough Already with the Business Case," *Harvard Business Review*, November-December 2020, https://hbr.org/2020/11/getting-serious-about-diversity-enough-already-with-the-business-case.

8   Carly Findlay, "This Is How It Feels When You Say 'I Don't See Your Disability,'" *Carly Findlay* (blog), July 18, 2016, https://carlyfindlay.com.au/2016/07/18/this-is-how-it-feels-when-you-say-i-dont-see-your-disability/.

9   Melissa A. Fabello, "4 Things Men Are Really Doing When They 'Play Devil's Advocate' Against Feminism," *Everyday Feminism*, September 6, 2015, https://everydayfeminism.com/2015/09/playing-devils-advocate/.

10 Layla F. Saad, *Me and White Supremacy: Combat Racism, Change the World, and Become a Good Ancestor* (Naperville, IL: Sourcebooks, 2020), 51.

11 Hanna Park, "He Shot at 'Everyone He Saw': Atlanta Spa Workers Recount Horrors of Shooting," NBC News, April 2, 2021, https://www.nbcnews.com/news/asian-america/he-shot-everyone-he-saw-atlanta-spa-workers-recount-horrors-n1262928.

12 Roslyn Talusan, "Blaming the Atlanta Shooting on 'Temptation' Glosses Over Its Racism," *Vice Magazine*, March 23, 2021, https://www.vice.com/en/article/xgzndw/blaming-the-atlanta-shooting-on-temptation-glosses-over-its-racism; Jiayang Fan, "The Atlanta Shooting and the Dehumanizing of Asian Women," *New Yorker*, March 19, 2021, https://www.newyorker.com/news/daily-comment/the-atlanta-shooting-and-the-dehumanizing-of-asian-women.

13 Marc Ramirez, "Stop Asian Hate, Stop Black Hate, Stop All Hate: Many Americans Call for Unity Against Racism," *USA Today*, March 20, 2021, https://www.usatoday.com/story/news/nation/2021/03/20/atlanta-shootings-see-asian-black-americans-

take-white-supremacy/4769268001/; Seren Morris, "Should We Say 'Asian Lives Matter'? Atlanta Shootings Spark Debate," *Newsweek*, March 17, 2021, https://www.newsweek.com/should-we-say-asian-lives-matter-atlanta-shootings-spark-debate-1576764.

14 Kimberlé Crenshaw, "Demarginalizing the Intersection of Race and Sex: A Black Feminist Critique of Antidiscrimination Doctrine, Feminist Theory, and Antiracist Policies," *University of Chicago Legal Forum* 1, no. 8 (1989): 139-67.

15 DiAngelo, *White Fragility*, 135.

16 Ed Livingston and Mitch Katz, "Structural Racism for Doctors—What Is It?," *JAMA Podcast*, February 23, 2021, https://canvas.emory.edu/courses/86982/pages/jama-podcast-transcript.

17 이러한 유형의 편향에 대한 좀 더 자세한 내용은 다음을 참고할 것. Nancy Leong, *Identity Capitalists: The Powerful Insiders Who Exploit Diversity to Maintain Inequality* (Stanford: Stanford University Press, 2021).

18 L. Taylor Phillips and Brian S. Lowery, "The Hard-Knock Life? Whites Claim Hardships in Response to Racial Inequity," *Journal of Experimental Social Psychology* 61 (November 2015): 12-19, https://doi.org/10.1016/j.jesp.2015.06.008.

19 L. Taylor Phillips and Brian S. Lowery, "I Ain't No Fortunate One: On the Motivated Denial of Class Privilege," *Journal of Personality and Social Psychology* 119, no. 6 (December 2020): 1403-22, https://doi.org/10.1037/pspi0000240.

20 Kelly Osbourne, "The view—Kelly Osborne [sic] 'Who is going to be cleaning your toilet, Donald Trump?,'" Francisco The Mage, YouTube video, August 5, 2015, 0:58, https://www.youtube.com/watch?v=NJC_MNjw4E0.

21 Tonja Jacobi and Dylan Schweers, "Justice, Interrupted: The Effect of Gender, Ideology, and Seniority at Supreme Court Oral Arguments," *Virginia Law Review* 103 (2017): 1379-496.

22 Ibid., 1466.

23 Valerie Loftus, "Megyn Kelly Says It's a 'verifiable Fact' That Santa Is White," *Business Insider*, December 12, 2013, https://www.businessinsider.com/fox-news-

santa-is-white-2013-12.

24 Jose Delreal, "Scholar: Santa Race Claim Nonsense," *Politico*, December 13, 2013, https://www.politico.com/story/2013/12/santa-claus-race-claim-megyn-kelly-101152.

25 THR Staff, "Trevor Noah Criticized as Anti-Semitic Due to Twitter History," *Hollywood Reporter*, March 31, 2015, https://www.hollywoodreporter.com/tv/tv-news/trevor-noah-criticized-as-anti-785447/; Lauren Gambino, "Daily Show's Trevor Noah Under Fire for Twitter Jokes About Jews and Women," *Guardian*, March 31, 2015, https://www.theguardian.com/culture/2015/mar/31/trevor-noah-backlash-highlights-jokes-jews-women.

26 Jim Norton, "Jim Norton: Trevor Noah Isn't the Problem. You Are," *Time*, April 1, 2015, https://time.com/3766915/trevor-noah-tweets-outrage/.

27 Lisa de Moraes, "Trevor Noah Dismisses Controversial Tweets as Jokes That 'Didn't Land'—Update," *Deadline*, March 31, 2015, https://deadline.com/2015/03/trevor-noah-controversy-twitter-comedy-central-1201402001/.

28 Bill Keveney, "'The Simpsons' Exclusive: Matt Groening (Mostly) Remembers the Show's Record 636 Episodes," *USA Today*, April 27, 2018, https://www.usatoday.com/story/life/tv/2018/04/27/thesimpsons-matt-groening-new-record-fox-animated-series/524581002/.

29 Michael Blackmon, "Kevin Hart Is Deleting Old Anti-Gay Tweets After Being Announced as Oscars Host," *BuzzFeed News*, December 6, 2018, https://www.buzzfeednews.com/article/michaelblackmon/kevin-hart-homophobic-tweets-gay-oscars.

30 Jared Richards, "Sia Is Fighting with Fans on Twitter over Casting Maddie Ziegler as Autistic Teen in New Film," *Junkee*, November 23, 2020, https://junkee.com/sia-music-autism-criticism/279474; Chris Willman, "Sia Engages in Fiery Twitter Debate with Disability Activists over Autism-Themed Film," *Variety*, November 20, 2020, https://variety.com/2020/music/news/sia-debate-twitter-disabled-film-autism-music-1234837013/; Rachelle Hampton, "Why Is Sia Cursing Out Autistic

Critics on Twitter?," *Slate*, November 20, 2020, https://slate.com/culture/2020/11/sia-autism-twitter-controversy-music-movie-album.html.

31 Ijeoma Oluo, *So You Want to Talk About Race* (New York: Seal Press, 2019), 214.

32 Laurence Fox, "Row Breaks Out Over Harry & Meghan Royal Finances Question!," BBC, January 17, 2020, YouTube video, 13:00, https://www.youtube.com/watch?v=re7K2S GMmHU.

33 Kayleigh Dray, "Meghan Markle Receives Front Page Apology from the Mail on Sunday, Here's a History of the Sh t She's Taken from the British Press and Public," *Stylist*, December 27, 2021, https://www.stylist.co.uk/people/meghan-markle-racist-bullying-tabloids-prince-harry-wardrobe-malfunction-duchess-difficult-examples/342213.

34 Ellie Hall, "Here Are 20 Headlines Comparing Meghan Markle to Kate Middleton That May Show Why She and Prince Harry Left Royal Life," *BuzzFeed*, January 13, 2020, https://www.buzzfeednews.com/article/ellievhall/meghan-markle-kate-middleton-double-standards-royal; Maya Goodfellow, "Yes, the UK Media's Coverage of Meghan Markle Really Is Racist," *Vox*, January 17, 2020, https://www.vox.com/first-person/2020/1/17/21070351/meghan-markle-prince-harry-leaving-royal-family-uk-racism.

35 '미세 공격(microaggression)'이라고도 하는, 사소해 보이는 행동의 누적된 영향에 대한 좀 더 자세한 내용은 다음을 참고할 것. Derald Wing Sue and Lisa Beth Spanierman, *Microaggressions in Everyday Life*, 2nd ed. (Hoboken: John Wiley & Sons, 2020).

두 번째 원칙: 탄력성을 길러라

1 Joanne Lipman, *That's What She Said: What Men and Women Need to Know About Working Together* (New York: William Morrow, 2018), x.

2 Angela DiTerlizzi, *The Magical Yet* (New York: Little, Brown & Company, 2020).

3 Carol Dweck, *Mindset: The New Psychology of Success* (New York: Ballantine Books, 2007).

4 Dolly Chugh, *The Person You Mean to Be: How Good People Fight Bias* (New York: HarperCollins, 2018), 23-35.

5 Ibid., 7-9.

6 Priyanka B. Carr et al., "'Prejudiced' Behavior Without Prejudice? Beliefs About the Malleability of Prejudice Affect Interracial Interactions," *Journal of Personality and Social Psychology* 103, no. 3 (September 2012): 452-71, https://doi.org/10.1037/a0028849.

7 Dweck, *Mindset*, 36.

8 "10 Strategies for Talking to Students About Growth Mindsets," The Education Hub, accessed January 14, 2022, https://theeducationhub.org.nz/wp-content/uploads/2018/06/10-strategies-for-talking-to-students-about-growth-mindsets.pdf.

9 Chai Feldblum, "Seizing the #MeToo Moment: Converting Awareness into Action," NYU School of Law, September 24, 2018, YouTube video, 1:01:31 at 57:10, https://www.youtube.com/watch?v=UHUk9Xx0fvU.

10 Geoffrey L. Cohen and David K. Sherman, "The Psychology of Change: Self-Affirmation and Social Psychological Intervention," *Annual Review of Psychology* 65 (January 2014): 333, 343, 347, 352-53, https://doi.org/10.1146/annurev-psych-010213-115137.

11 Ibid., 338-39.

12 Robert Livingston, *The Conversation: How Seeking and Speaking the Truth About Racism Can Radically Transform Individuals and Organizations* (New York: Currency Press, 2021), 231.

13 Ibid., 229.

14 Douglas Stone and Sheila Heen, *Thanks for the Feedback: The Science and Art of Receiving Feedback Well* (New York: viking, 2014), 165.

15 Reni Eddo-Lodge, *Why I'm No Longer Talking to White People About Race* (New York: Bloomsbury Publishing, 2017), 87.

16 Britney Grover, "Jenn Gates: Learning from Life, Riding, and Medical School,"

Sidelines Magazine, July 17, 2020, https://sidelinesmagazine.com/sidelines-feature/jenn-gates-learning-from-life-riding-and-medical-school.html.

17 Matt Walsh (@MattWalshBlog), "Consider a white child living in a trailer in Clay County, Kentucky. He lives in one of the poorest parts of the country, with perhaps the worst quality of life, and one of the highest suicide, overdose, and drop-out rates. Where does 'white privilege' come into play for him?," Twitter, June 19, 2020, https://twitter.com/mattwalshblog/status/1273959513184501760.

18 Tal Fortgang, "Why I'll Never Apologize for My White Male Privilege," *Time*, May 2, 2014, https://time.com/85933/why-ill-never-apologize-for-my-white-male-privilege/.

19 또한 다음을 참고할 것. Vernà A. Myers, *What If I Say the Wrong Thing? 25 Habits for Culturally Effective People* (Chicago: American Bar Association, 2013), 41; Debby Irving, *Waking Up White, and Finding Myself in the Story of Race* (Cambridge, MA: Elephant Room Press, 2014), 54-60; Chugh, *The Person You Mean to Be*, 62-66.

20 Celeste Headlee, *Speaking of Race: Why Everybody Needs to Talk About Racism—and How to Do It* (New York: Harper Wave, 2021), 31.

21 Josephine Harvey, "GOP Senator Skewered for Griping About How Much It Hurts to Be Called a Racist," *HuffPost*, October 12, 2020, https://www.huffpost.com/entry/john-kennedy-racist-comment_n_5f84cfb7c5b6e5c320026ab2.

22 Headlee, *Speaking of Race*, 1.

23 Ijeoma Oluo, *So You Want to Talk About Race* (New York: Seal Press, 2019), 216-17.

24 "Interview with Beverly Daniel Tatum," PBS, 2003, https://www.pbs.org/race/000_About/002_04-background-03-04.htm.

25 Lily Zheng, "Enough with the Corporate Non-Apologies for DEI-Related Harm," *Harvard Business Review*, April 15, 2022, https://hbr.org/2022/04/enough-with-the-corporate-non-apologies-for-dei-related-harm.

26 Jared B. Torre and Matthew D. Lieberman, "Putting Feelings into Words: Affect Labeling as Implicit Emotion Regulation," *Emotion Review* 10, no. 2 (April 2018): 116-24, https://doi.org/10.1177/1754073917742706.

27 Marc Schoen, *Your Survival Instinct Is Killing You* (New York: Plume, 2013), 172.

28 Andrew J. vonasch et al., "Death Before Dishonor: Incurring Costs to Protect Moral Reputation," *Social Psychological and Personality Science* 9, no. 5 (July 2018): 604-13, https://doi.org/10.1177/1948550617720271.

29 Dana Kennedy, "Fed-Up Parents Plan to Troll Elite NYC Schools with Anti-Woke Billboards," *New York Post*, June 5, 2021, https://nypost.com/2021/06/05/parents-plan-to-troll-elite-nyc-schools-with-anti-woke-billboards/.

30 Lipman, *That's What She Said*, xv.

31 Hayes Hickman, "Fired University of Tennessee Lecturer Now Charged with Assault Against Student," *Knoxville News*, September 29, 2017, https://www.knoxnews.com/story/news/crime/2017/09/29/fired-ut-lecturer-now-charged-assault-against-student/715756001/; Renee Parker, "Beware of Wolves in Sheep's Clothing: The Tale of a Progressive Professor Who Forgot to Hide Her Racism and Got Her Ass Fired," *Student Voices*, June 6, 2017, https://mystudentvoices.com/beware-of-wolves-in-sheeps-clothing-the-tale-of-a-progressive-professor-who-forgot-to-hide-her-7efe21b1fc5d.

32 Myers, *What If I Say the Wrong Thing?* , 53-54.

33 Kristin Neff, *Self-Compassion: The Proven Power of Being Kind to Yourself* (New York: William Morrow, 2011), 91.

34 Ibid.

35 Susan Silk and Barry Goldman, "How Not to Say the Wrong Thing," *Los Angeles Times*, April 7, 2013, https:// www.latimes.com/opinion/op-ed/la-xpm-2013-apr-07-la-oe-0407-silk-ring-theory-20130407-story.html.

36 Ruby Hamad, "How White Women Use Strategic Tears to Silence Women of Colour," *Guardian*, May 7, 2018, https://www.theguardian.com/commentisfree/2018/may/08/how-white-women-use-strategic-tears-to-avoid-accountability (edited to conform to American spelling).

37 Adiba Jaigirdar, "The Unsafe Space," in *Allies: Real Talk About Showing Up, Screwing Up, and Trying Again*, ed. Shakirah Bourne and Dana Alison Levy (New York: DK

Publishing, 2021), 120-29.

38 Jennifer Loubriel, "4 Ways White People Can Process Their Emotions Without Bringing the White Tears," *Everyday Feminism*, February 16, 2016, https:// everydayfeminism.com/2016/02/white-people-emotions-tears/.

39 Robin DiAngelo, *White Fragility: Why It's So Hard for White People to Talk About Racism* (Boston: Beacon Press, 2018), 136.

40 Adam W. Fingerhut and Emma R. Hardy, "Applying a Model of volunteerism to Better Understand the Experiences of White Ally Activists," *Group Processes & Intergroup Relations* 23 no. 4 (April 2020): 344-60, https://doi. org/10.1177/1368430219837345.

세 번째 원칙: 호기심을 키워라

1 Maureen Shaw, "The 8 Worst Mansplainers of 2014," *Mic*, December 3, 2014, https://www.mic.com/articles/105172/an-unscientific-ranking-of-the-year-s-worst-mansplainers.

2 Shai Davidai and Thomas Gilovich, "The Headwinds/Tailwinds Asymmetry: An Availability Bias in Assessments of Barriers and Blessings," *Journal of Personality and Social Psychology* 111, no. 6 (December 2016): 835-51, https://doi.org/10.1037/pspa0000066.

3 Barbara Gray et al., "Identity Work by First-Generation College Students to Counteract Class-Based Microaggressions," *Organization Studies* 39, vol. 9 (September 2018): 1227-50, https://doi.org/10.1177/0170840617736935.

4 "Sikhism: An Educator's Guide," the Sikh Coalition, accessed January 14, 2022, https://www.sikhcoalition.org/wp-content/uploads/2018/08/Sikhism-educator-guide.pdf.

5 "Intersex Campaign for Equality," Intersex Campaign for Equality, accessed January 14, 2022, https:// www.intersexequality.com/.

6 Brian Tashman, "Barton: Schools 'Force' Students 'To Be Homosexual,'" *Right Wing Watch*, August 5, 2011, https://www.rightwingwatch.org/post/barton-schools-

force-students-to-be-homosexual/; "American College of Pediatricians Say 'Gender Ideology' Is Child Abuse," CBN News, March 20, 2016, https://www1.cbn.com/cbnnews/us/2016/March/American-College-of-Pediatricians-Say-Gender-Ideology-Is-Child-Abuse.

7   "American College of Pediatricians," Southern Poverty Law Center, accessed January 14, 2022, https://www.splcenter.org/fighting-hate/extremist-files/group/american-college-pediatricians.

8   Ijeoma Oluo, "Welcome to the Anti-Racism Movement—Here's What You've Missed," *Medium*, March 16, 2017, https://medium.com/the-establishment/welcome-to-the-anti-racism-movement-heres-what-you-ve-missed-711089cb7d34.

9   Uma Narayan, *Dislocating Cultures: Identities, Traditions, and Third World Feminism* (New York: Routledge, 1997), 132-33.

10 Damon Young, "Yeah, Let's Not Talk About Race," *New York Times*, July 10, 2020, https://www.nytimes.com/2020/07/10/opinion/george-floyd-racism.html.

11 "Educate Your White Friends with Blacklexa," *The Daily Show*, June 27, 2020, YouTube video, 1:45, https://www.youtube.com/watch?v=v6S3tjXxh40.

12 Perry Zurn, *Curiosity and Power: The Politics of Inquiry* (Minneapolis: University of Minnesota Press, 2021), 164, 182; Nik Moreno, "25 Ridiculous Questions and Comments I've Heard About My Disability," *Wear Your Voice*, May 17, 2016, https://www.wearyourvoicemag.com/25-ridiculous-questions-comments-ive-heard-disability/.

13 Emily Kirkpatrick, "Zendaya Says Giuliana Rancic's Infamous Comment About Her Oscars Dreadlocks Made Her Think About How She Could 'Have a Lasting Impact,'" *Vanity Fair*, March 19, 2021, https://www.vanityfair.com/style/2021/03/zendaya-giuliana-rancic-dreadlocks-comment-oscars-2015-w-magazine.

14 "Zendaya Revisits Giuliana Rancic Dreadlocks Incident 6 Years Later," *TooFab*, March 17, 2021, https://toofab.com/2021/03/17/zendaya-revists-giuliana-rancic-infamous-remarks-about-her-dreadlocks/.

15 Jack Linshi, "Giuliana Rancic Issues On-Air Apology for Comments on Zendaya's Hair," *Time*, February 24, 2015, https://time.com/3721516/giuliana-rancic-zendaya-hair/.

16 Janelle Griffith, "New York Is Second State to Ban Discrimination Based on Natural Hairstyles," NBC News, July 15, 2019, https://www.nbcnews.com/news/nbcblk/new-york-second-state-ban-discrimination-based-natural-hairstyles-n1029931.

17 *The Big Bang Theory*, season 3, episode 2, "The Jiminy Conjecture," directed by Mark Cendrowski, aired September 28, 2009, on CBS.

18 Dan Zak, "'Nothing Ever Ends': Sorting Through Rumsfeld's Knowns and Unknowns," *Washington Post*, July 1, 2021, https://www.washingtonpost.com/lifestyle/style/rumsfeld-dead-words-known-unknowns/2021/07/01/831175c2-d9df-11eb-bb9e-70fda8c37057_story.html.

19 Daniel Kahneman, *Thinking, Fast and Slow* (New York: Farrar, Straus and Giroux, 2011), 201.

20 Robert Livingston, *The Conversation: How Seeking and Speaking the Truth About Racism Can Radically Transform Individuals and Organizations* (New York: Currency Press, 2021), 5-6.

21 Carmen Sanchez and David Dunning, "Overconfidence Among Beginners: Is a Little Learning a Dangerous Thing?," *Journal of Personality and Social Psychology* 114, no. 1 (January 2018): 10-28, https://doi.org/10.1037/pspa0000102.

22 With just "a little learning" Ibid., 25.

23 Kristie Dotson, "Tracking Epistemic violence, Tracking Practices of Silencing," *Hypatia* 26, no. 2 (Spring 2011): 236-57, http://www.jstor.org/stable/23016544.

24 Michael W. Kraus and Dacher Keltner, "Signs of Socioeconomic Status: A Thin-Slicing Approach," *Psychological Science* 20, no. 1 (January 2009): 99-106, https://doi.org/10.1111/j.1467-9280.2008.02251.x.

25 Riana Duncan cartoon, reproduced in Mary Beard, *Women and Power* (New York: Liveright Publishing, 2017), 7.

26 Susan Chira, "The Universal Phenomenon of Men Interrupting Women," *New York*

Times, June 14, 2017, https://www.nytimes.com/2017/06/14/business/women-sexism-work-huffington-kamala-harris.html.

27 Miranda Fricker, *Epistemic Injustice: Power and the Ethics of Knowing* (New York: Oxford University Press, 2007), 1.

28 Ibid., 48.

29 Linda Martín Alcoff, "On Judging Epistemic Credibility: Is Social Identity Relevant?," in *Women of Color and Philosophy*, ed. Naomi Zack (Oxford: Blackwell Publishers, 2000), 247-48.

30 Esther H. Chen et al., "Gender Disparity in Analgesic Treatment of Emergency Department Patients with Acute Abdominal Pain," *Academic Emergency Medicine* 15, no. 5 (May 2008): 414-18, doi: 10.1111/j.1553-2712.2008.00100.x; Kelly M. Hoffman et al., "Racial Bias in Pain Assessment and Treatment Recommendations, and False Beliefs About Biological Differences Between Blacks and Whites," *Proceedings of the National Academy of Sciences* 113, no. 16 (April 2016): 4296-301, doi: 10.1073/pnas.1516047113; Paulyne Lee et al., "Racial and Ethnic Disparities in the Management of Acute Pain in US Emergency Departments: Meta-Analysis and Systematic Review," *American Journal of Emergency Medicine* 37, no. 9 (September 2019): 1770-77, doi: 10.1016/j.ajem.2019.06.014.

31 Alison Wood Brooks et al., "Investors Prefer Entrepreneurial ventures Pitched by Attractive Men," *Proceedings of the National Academy of Sceinces* 111, no. 12 (March 2014): 4427-31, https://doi.org/10.1073/pnas.1321202111.

32 Michael Castleman, "The Continuing Controversy Over Bisexuality," *Psychology Today*, March 15, 2016, https://www.psychologytoday.com/us/blog/all-about-sex/201603/the-continuing-controversy-over-bisexuality; Benoit Denizet-Lewis, "The Scientific Quest to Prove Bisexuality Exists," *New York Times Magazine*, March 20, 2014, https://www.nytimes.com/2014/03/23/magazine/the-scientific-quest-to-prove-bisexuality-exists.html.

33 German Lopez, "Myth #1: Transgender People Are Confused or Tricking Others," *Vox*, November 14, 2018, https://www.vox.com/identities/2016/5/13/17938090/

transgender-people-tricks-confused; Shayla Love, "The WHO Says Being Transgender Is a Mental Illness. But That's About to Change," *Washington Post*, July 28, 2016, https://www.washingtonpost.com/news/morning-mix/wp/2016/07/28/the-w-h-o-says-being-transgender-is-a-mental-illness-but-thats-about-to-change/.

34 Fricker, *Epistemic Injustice*, 17.

35 Upton Sinclair, *I, Candidate for Governor: And How I Got Licked* (Berkeley: University of California Press, 1994), 109.

36 Jerome Rabow et al., *Ending Racism in America: One Microaggression at a Time* (Dubuque, IA: Kendall Hunt Publishing Company, 2014), 189. 또한 다음을 참고할 것. Derald Wing Sue, *Race Talk and the Conspiracy of Silence: Understanding and Facilitating Difficult Dialogues on Race* (Hoboken: John Wiley & Sons, 2015), 131-32.

37 Reni Eddo-Lodge, "Why I'm No Longer Talking to White People About Race," accessed January 14, 2022, https://renieddolodge.co.uk/why-im-no-longer-talking-to-white-people-about-race/. Paradoxically, the success of Eddo-Lodge's blog post caused her to have many more conversations about race, culminating in a bestselling book of the same title: Reni Eddo-Lodge, *Why I'm No Longer Talking to White People About Race* (New York: Bloomsbury Publishing, 2017).

38 Fricker, *Epistemic Injustice*, 91.

39 Louise Antony, "Sisters, Please, I'd Rather Do It Myself: A Defense of Individualism in Feminist Epistemology," *Philosophical Topics* 23, no. 2 (Fall 1995): 59, 89, https://www.jstor.org/stable/43154208.

네 번째 원칙: 존중하는 태도로 부동의해라

1 Sherif Girgis, Ryan T. Anderson, and Robert P. George, *What Is Marriage? Man and Woman: A Defense* (New York: Encounter Books, 2012), 10.

2 CNN, "Orman and Anderson on Same-Sex Marriage," March 27, 2013, video, 3:21, https://www.cnn.com/videos/bestoftv/2013/03/27/pmt-ryan-anderson-suze-

orman-same-sex-marriage.cnn.

3   Richard J. Herrnstein and Charles Murray, *The Bell Curve: Intelligence and Class Structure in American Life* (New York: Free Press, 1994), chaps. 13-15.

4   Daniel C. Dennett, *Intuition Pumps and Other Tools for Thinking* (London: Penguin Books, 2013), 34.

5   "A Letter on Justice and Open Debate," *Harper's Magazine*, July 7, 2020, https://harpers.org/a-letter-on-justice-and-open-debate/.

6   Douglas Stone, Bruce Patton, and Sheila Heen, *Difficult Conversations: How to Discuss What Matters Most*, 10th anniversary ed. (New York: Penguin Books, 2010), 94-103.

7   Xuan Zhao et al., "How to Disagree Productively and Find Common Ground? The Power of Expressing Gratitude," Chicago Booth Center for Decision Research—Experiment Debriefing, May 4, 2019, https://www.xuan-zhao.com/uploads/5/6/1/6/5616522/tyb_debriefing_sheet.pdf; Xuan Zhao, Heather Caruso, and Jane Risen, "'Thank You, Because···': Discussing Differences While Finding Common Ground" (conference paper, 2020), https://www.xuan-zhao.com/uploads/5/6/1/6/5616522/thank_you_because_aom2020_submission.pdf.

8   Silke Eschert and Bernd Simon, "Respect and Political Disagreement: Can Intergroup Respect Reduce the Biased Evaluation of Outgroup Arguments?," *PLOS ONE* 14, no. 3 (March 2019), https://doi.org/10.1371/journal.pone.0211556.

9   Norah O'Donnell, "Bridging America's Political Divide with Conversations, 'One Small Step' at a Time," CBS News, January 9, 2022, https://www.cbsnews.com/news/one-small-step-storycorps-60-minutes-2022-01-10/.

10   Andy Pierrotti, "These Parents Questioned Critical Race Theory and DEI Programs in Public Schools. They Interviewed Experts and Here's What They Found," 11Alive, October 4, 2021, https://www.11alive.com/article/news/investigations/drawing-conclusions/cherokee-county-ga-parents-skeptical-critical-race-theory-dei-speak-to-experts/85-8a198b32-ad58-45bc-956f-563b8b5dce90.

11   Carol Anderson, Bart Glasgow, and Coley Glasgow, "Parents Skeptical of Critical

Race Theory Talk to Experts: Drawing Conclusions PART 1 FULL INTv," 11Alive, October 4, 2021, YouTube video, 1:00:01, https://www.youtube.com/watch?v=mmRO3J6IJC8.

12 Moira Weigel, "Reasonable Men Calming You Down with Moira Weigel," October 13, 2018, in *The Dig*, podcast, 46:06 at 16:30, https://www.thedigradio.com/podcast/reasonable-men-calming-you-down-with-moira-weigel/.

13 Randall Munroe, "Duty Calls," *xkcd*, accessed April 25, 2022, https://xkcd.com/386/.

14 Melanie M. Hughes et al., "Gender Quotas for Legislatures and Corporate Boards," *Annual Review of Sociology* 43 (July 2017): 331-52, https://doi.org/10.1146/annurev-soc-060116-053324.

15 Michael Edison Hayden, "Women Shouldn't Have the Right to vote, Says 'Alt-Right' Leader Richard Spencer," *Newsweek*, October 14, 2017, https://www.newsweek.com/alt-right-leader-richard-spencer-isnt-sure-if-women-should-be-allowed-vote-685048.

16 James Damore, "Google's Ideological Echo Chamber" (unpublished manuscript, July 2017), https://assets.documentcloud.org/documents/3914586/Googles-Ideological-Echo-Chamber.pdf.

17 Suzanne Nossel, *Dare to Speak: Defending Free Speech for All* (New York: Dey Street: 2020), 14.

다섯 번째 원칙: 진심으로 사과해라

1 V (formerly known as Eve Ensler), *The Apology* (New York: Bloomsbury Publishing, 2019), 58-59.

2 Ibid., 50.

3 Ibid., 64

4 Ibid., 108.

5 Ibid., 112.

6 V (formerly known as Eve Ensler), "The Profound Power of an Authentic Apology," TED, January 7, 2020, YouTube video, 8:23, https://www.youtube.

com/watch?v=gQ-0oR3C1UM. While this apology met V's own standards for a successful apology, we recognize that not all survivors would necessarily appreciate this form of apology and might prefer other kinds of amends.

7   Aaron Lazare, *On Apology* (New York: Oxford University Press, 2004), 255-56.

8   V, *The Apology*, 9.

9   Molly Howes, *A Good Apology: Four Steps to Make Things Right* (New York: Grand Central Publishing, 2020), 42.

10 Harriet Lerner, *Why Won't You Apologize? Healing Big Betrayals and Everyday Hurts* (New York: Simon & Schuster, 2017), 175.

11 John Kador, *Effective Apology: Mending Fences, Building Bridges, and Restoring Trust* (San Francisco: Berrett-Koehler, 2009), 3.

12 Ibid., 30.

13 Krystie Lee Yandoli, "Former Employees Say Ellen's 'Be Kind' Talk Show Mantra Masks a Toxic Work Culture," *BuzzFeed*, July 16, 2020, https://www.buzzfeednews.com/article/krystieyandoli/ellen-employees-allege-toxic-workplace-culture; Krystie Lee Yandoli, "Dozens of Former 'Ellen Show' Employees Say Executive Producers Engaged in Rampant Sexual Misconduct and Harassment," *BuzzFeed*, July 30, 2020, https://www.buzzfeednews.com/article/krystieyandoli/ex-ellen-show-employees-sexual-misconduct-allegations.

14 John Koblin, "Ellen DeGeneres Returns to Show with Apology for Toxic Workplace," *New York Times*, May 12, 2021, https://www.nytimes.com/2020/09/21/business/media/ellen-degeneres-show.html.

15 Winston Gieseke, "In California: A Huge Backlog of Unemployment Claims, and Ellen Says She's Sorry," *USA Today*, September 21, 2020, https://www.usatoday.com/story/news/nation/2020/09/21/snow-fire-ellen-degeneres-emmy-awards-schitts-creek-ruth-bader-ginsburg/5855951002/.

16 Kevin Fallon, "Ellen's Strange 'Apology' Won't Satisfy Anybody," *Daily Beast*, September 21, 2020, https://www.thedailybeast.com/ellen-degeneres-strange-apology-for-toxic-behavior-wont-satisfy-anybody; Annabelle Spranklen, "Ellen

DeGeneres Might Have Just Given the Worst Apology of All Time Making Us Question, Is She Really That Sorry?," *Glamour*, September 22, 2020, https://www. glamourmagazine.co.uk/article/ellen-degeneres-show-apology.

17 Annie Finch, "How to Apologize in a Way That Actually Works," *Medium*, March 12, 2019, https:// medium.com/@AnnieFinch/how-to-apologize-in-a-way-that-actually-works-b863f6487a70.

18 V, "The Profound Power of an Authentic Apology," TED, January 7, 2020, YouTube video, 8:23, https://www.youtube.com/watch?v=gQ-0oR3C1UM.

19 "Woman Hedges Apology in Tense Interview on Hotel Attack," AP News, January 12, 2021, https://apnews.com/article/miya-ponsetto-hedges-apology-ec4aed79268 9d22aeedc4e369b298474.

20 Tamar Lapin, "'Soho Karen' Miya Ponsetto Wishes She 'Apologized Differently' to Keyon Harrold Jr.," *New York Post*, November 8, 2021, https://nypost. com/2021/11/08/soho-karen-miya-ponsetto-wishes-she-apologized-differently/.

21 Lerner, *Why Won't You Apologize?* , 106-7.

22 Marianne Garvey, "Anne Hathaway Apologizes to Disability Community amid 'The Witches' Backlash," *CNN Entertainment*, November 6, 2020, https://www.cnn. com/2020/11/06/entertainment/anne-hathaway-apologizes-witches-trnd/index. html.

23 Lesley Messer, "Sara Gilbert Rips Roseanne Barr's 'Abhorrent' Tweets," *ABC News*, May 29, 2018, https://abcnews.go.com/US/sara-gilbert-rips-roseanne-barrs-abhorrent-tweets/story?id=55509934.

24 Sam Wolfson, "Sorry, Not Sorry: A Timeline of Roseanne Barr's Responses to Her Firing," *Guardian*, July 27, 2018, https://www.theguardian.com/culture/2018/jul/27/ roseanne-barr-apology-timeline.

25 Leslie Turk, "Racist Remarks Captured in video of Lafayette Judge's Family Cheering Footage of Foiled Burglary," *Current*, December 13, 2021, https:// thecurrentla.com/2021/racist-remarks-captured-in-video-of-lafayette-judges-family-cheering-footage-of-foiled-burglary/.

26 Maria Cramer, "Announcer Caught on Open Mic Using Racial Slur at Basketball Game," *New York Times*, March 13, 2021, https://www.nytimes.com/2021/03/13/us/norman-oklahoma-announcer-matt-rowan.html.

27 Franchesca Ramsey, "Getting Called Out: How to Apologize," chescaleigh, September 6, 2013, YouTube video, 8:36, https://www.youtube.com/watch?v=C8xJXKYL8pU.

28 Jamie Utt, "Intent vs. Impact: Why Your Intentions Don't Really Matter," *Everyday Feminism*, July 30, 2013, https://everydayfeminism.com/2013/07/intentions-dont-really-matter/.

29 Oliver Wendell Holmes Jr., *The Common Law*, American Bar Association Edition (Chicago: ABA, 2009), 2.

30 Elizabeth Doran, "Oneida County Teacher Apologizes for Saying 'All Lives Matter' at High School Ceremony," Syracuse.com, June 16, 2020, https://www.syracuse.com/schools/2020/06/oneida-county-teacher-apologizes-for-saying-all-lives-matter-at-high-school-ceremony.html.

31 German Lopez, "Why You Should Stop Saying 'All Lives Matter,' Explained in 9 Different Ways," *Vox*, July 11, 2016, https://www.vox.com/2016/7/11/12136140/black-all-lives-matter.

32 Todd Martens, "Madonna Issues Apology for Using N-Word on Instagram," *Chicago Tribune*, January 18, 2014, https://www.chicagotribune.com/entertainment/chi-madonna-nword-instagram-20140118-story.html.

33 "I Am Not a Sexist, Says England Women's Coach Neville," Reuters, January 29, 2018, https://www.reuters.com/article/uk-soccer-england-women-neville/i-am-not-a-sexist-says-england-womens-coach-neville-idUKKBN1FI1Q2 (edited to conform to American spelling).

34 Alex Bollinger, "Hockey Commentator Makes Non-Apology for Homophobic Kiss Cam 'Joke,'" *LGBTQ Nation*, March 9, 2017, https://www.lgbtqnation.com/2017/03/hockey-executive-makes-non-apology-homophobic-joke/.

35 "Hannah Brown Used the N-Word on Instagram Live and *Bachelorette* Fans Are

Furious," *Glamour*, May 17, 2020, https://www.glamour.com/story/hannah-brown-n-word-instagram-live-twitter-reactions.

36 Hannah Brown, "Hannah Brown Full Instagram Live Apology," Sarah B, May 30, 2020, YouTube video, 14:15, https://www.youtube.com/watch?v=Rq-Z4lPO9r4.

37 Laura Bradley, "SNL Hire Shane Gillis Doesn't Quite Apologize for Racist, Homophobic Remarks," *Vanity Fair*, September 13, 2019, https://www.vanityfair.com/hollywood/2019/09/snl-shane-gillis-racist-homophobic-remarks-response.

38 Jamie DuCharme, "Mario Batali's Sexual Misconduct Apology Came with a Cinnamon Roll Recipe," *Time*, December 16, 2017, https://time.com/5067633/mario-batali-cinnamon-rolls-apology/.

39 Rebecca Knight, "You've Been Called Out for a Microaggression. What Do You Do?," *Harvard Business Review*, July 24, 2020, https://hbr.org/2020/07/youve-been-called-out-for-a-microaggression-what-do-you-do.

40 Dave Itzkoff, "Why Hank Azaria Won't Play Apu on 'The Simpsons' Anymore," *New York Times*, February 25, 2020, https://www.nytimes.com/2020/02/25/arts/television/hank-azaria-simpsons-apu.html.

41 Hank Azaria, "Hank Azaria," April 12, 2021, in *Armchair Expert with Dax Shepard*, podcast, 1:41:41 at 45:04 to 56:05, https://armchairexpertpod.com/pods/hank-azaria.

42 vi Lyles, "Charlotte Mayor vi Lyles Apologizes for Past Discrimination," Qcitymetro, August 12, 2020, YouTube video, 5:33, https://www.youtube.com/watch?v=1GrkjpkSJao.

43 Danielle Chemtob, "Racial Equity Talks in Charlotte: Not Deep. Not Justice. Not Enough, Advocates Say," *Charlotte Observer*, February 17, 2021, https://www.charlotte observer.com/news/local/article248797480.html.

44 Tom Fox, "Stephen M. R. Covey's Guide to Building Trust," *Washington Post*, July 18, 2013, https://www.washingtonpost.com/news/on-leadership/wp/2013/07/18/stephen-m-r-coveys-guide-to-building-trust/.

45 Robert D. Carlisle et al., "Do Actions Speak Louder Than Words? Differential

어른의 대화 공부

Effects of Apology and Restitution on Behavioral and Self-Report Measures of Forgiveness," *Journal of Positive Psychology* 7, no. 4 (May 2012): 294-305, https://doi.org/10.1080/17439760.2012.690444.

46 Howes, *A Good Apology*, 100-101.

47 Seth Cohen, "Nick Cannon's YouTube Show Causes Waves," *Forbes*, July 13, 2020, https://www.forbes.com/sites/sethcohen/2020/07/13/nick-cannon-spreads-anti-jewish-theories-criticizing-rothschilds-and-zionists/.

48 Abel Shifferaw, "Nick Cannon Issues Apology to Jewish Community for His 'Hurtful and Divisive Words,'" *Complex*, July 15, 2020, https://www.complex.com/pop-culture/2020/07/nick-cannon-apologizes-to-jewish-community-for-hurtful-anti-semitic-comments.

49 Trace William Cowen, "Nick Cannon and Rabbi Abraham Cooper Sit Down for Extended Interview on Dangers of Anti-Semitism," *Complex*, July 21, 2020, https://www.complex.com/pop-culture/2020/07/nick-cannon-rabbi-abraham-cooper-sit-down-for-extended-interview-on-anti-semitism.

50 Nick Cannon, "[FULL SESSION] Rabbi Abraham Cooper on Cannon's Class," Nick Cannon, July 21, 2020, YouTube video, 1:19:30 at 4:14, https://www.youtube.com/watch?v=xdJ2yO7HFMM&t=1634s.

51 Rabbi Noam E. Marans, "I Spoke to Nick Cannon About Anti-Semitism. This Is What I Learned," *Jewish Telegraphic Agency*, August 17, 2020, https://www.jta.org/2020/08/17/opinion/i-spoke-to-nick-cannon-about-anti-semitism-this-is-what-i-learned.

52 Nick Cannon, "Nick Cannon on Making Amends After Anti-Semitic Comments," ABC News, March 16, 2021, YouTube video, 7:34 at 2:07, https://www.youtube.com/watch?v=6_bITYsrWSg.

53 Jordan Moreau, "'The Good Place' Producer Megan Amram vows to 'Invoke Change' in Social Media Return," *Variety*, October 27, 2020, https://variety.com/2020/tv/news/megan-amram-good-place-twitter-1234816773/.

54 "'Unbreakable Kimmy Schmidt' Has Two Native American Actors. It Needed

Three," *Indian Country Today*, March 12, 2015, https://indiancountrytoday.com/archive/unbreakable-kimmy-schmidt-has-two-native-american-actors-it-needed-three.

55 Jackson McHenry, "Tina Fey Is 'Opting Out' of Apologizing for Controversies: 'My New Goal Is Not to Explain Jokes,'" *Vulture*, December 20, 2015, https://www.vulture.com/2015/12/tina-fey-is-opting-out-of-explaining-her-jokes.html.

56 Cole Delbyck, "Tina Fey Agrees She 'Screwed Up' 'SNL' Sketch About Charlottesville," *HuffPost*, May 5, 2018, https:// www.huffpost.com/entry/tina-fey-says-she-screwed-up-snl-sketch-about-charlottesville_n_5aec7cd6e4b0c4f193221323.

57 Will Thorne, "'30 Rock' Blackface Episodes Pulled from Streaming, Syndication at Tina Fey and NBCU's Request," *Variety*, June 22, 2020, https://variety.com/2020/tv/news/30-rock-blackface-episodes-removed-tina-fey-1234645607/.

여섯 번째 원칙: 백금률을 실천해라

1 Matt Novak, "Racist Tech CEO Harasses Family at Dinner: 'Trump's Gonna Fuck You,'" *Gizmodo*, July 8, 2020, https://gizmodo.com/racist-tech-ceo-harasses-family-at-dinner-trumps-gonna-1844303275; "Solid8 CEO Michael Lofthouse Goes Off on Racist Rant at Asian American Family in Carmel valley|ABC7," ABC7, July 7, 2020, YouTube video, 0:51, https:// www.youtube.com/watch?v=FaSMvJ4opAE.

2 Melanie Woodrow, "EXCLUSIvE: Waitress Who Stopped SF Tech CEO's Racist Rant at Carmel valley Restaurant Shares What Happened," ABC7 News, July 8, 2020, https:// abc7news.com/tech-ceo-racist-rant-solid8-michael-lofthouse-in-carmel-gennica-cochran/6307544/.

3 Will Weissert, "Warren's Outreach to Black voters Could Help vP Standing," AP News, June 16, 2020, https://apnews.com/article/deae262c0c22217cadc446affa4f4705.

4 "Solidarity Week," NYU, accessed November 4, 2021, https://www.nyu.edu/life/events-traditions/solidarity-week.html.

어른의 대화 공부

5 Ada Tseng, "What Solidarity Is and How You Can Practice It," *Los Angeles Times*, August 11, 2021, https://www.latimes.com/lifestyle/story/2021-08-11/what-is-definition-solidarity-how-can-practice-it.

6 Michael S. Kimmel and Abby L. Ferber, *Privilege: A Reader* (Boulder: Westview Press, 2016), 291-92.

7 Kwame Anthony Appiah, "Stonewall and the Myth of Self-Deliverance," *New York Times*, June 22, 2019, https:// www.nytimes.com/2019/06/22/opinion/sunday/ stonewall-myth.html.

8 Dave Kerpen, *The Art of People: 11 Simple People Skills That Will Get You Everything You Want* (New York: Portfolio Penguin, 2016), 95-98.

9 Harper Lee, *To Kill a Mockingbird*, 1st Perennial Classics ed. (New York: Perennial, 2002), 241; *To Kill a Mockingbird*, directed by Robert Mulligan (Universal Pictures, 1962), https://www.amazon.com/Kill-Mockingbird-Gregory-Peck/dp/ B000I9vOO4.

10 Matthew Hughey, *The White Savior Film: Content, Critics, and Consumption* (Philadelphia: Temple University Press, 2014), 13.

11 Ibid., 1.

12 Ibid., 41, 48.

13 Ibid., 41.

14 "White Savior: The Movie Trailer," *Late Night with Seth Meyers*, February 21, 2019, YouTube video, 5:51, https:// www.youtube.com/watch?v=T_RTnuJvg6U.

15 Andrew Pulrang, "3 Ways Disability Allyship Can Go Off Track," *Forbes*, April 14, 2021, https://www.forbes.com/sites/andrewpulrang/2021/04/14/3-ways-disability-allyship-can-go-off-track/.

16 W. Brad Johnson and David G. Smith, "How Men Can Become Better Allies to Women," *Harvard Business Review*, October 12, 2018, https://hbr.org/2018/10/how-men-can-become-better-allies-to-women.

17 Casira Copes, "How to Make Sure Your Activism Is More Than Just virtue Signaling," *An Injustice!* , February 17, 2021, https://aninjusticemag.com/

how-to-make-sure-your-activism-is-more-than-just-virtue-signaling-7bc9df3f1ae0; The Angry Black Woman, "Things You Need To Understand #9—You Don't Get a Cookie," *The Angry Black Woman* (blog), April 29, 2008, http://theangryblackwoman.com/2008/04/29/no-cookie/.

18   Nova Reid, *The Good Ally: A Guided Anti-Racism Journey from Bystander to Changemaker* (London: HQ, 2021), 50.

19   Charles Chu, "Target Perceptions of Prejudice Confrontations: The Effect of Confronter Group Membership on Perceptions of Confrontation Motive and Target Empowerment" (master's thesis, Purdue University, 2017), https://scholarworks.iupui.edu/handle/1805/12347. See also Mason D. Burns and Erica L. Granz, "'Sincere White People, Work in Conjunction with Us': Racial Minorities' Perceptions of White Ally Sincerity and Perceptions of Ally Efforts," *Group Processes and Intergroup Relations* (January 2022), https://doi.org/10.1177/13684302211059699.

20   Joan M. Ostrove and Kendrick T. Brown, "Are Allies Who We Think They Are? A Comparative Analysis," *Journal of Applied Social Psychology* 48, no. 4 (April 2018): 195-204, https://doi.org/10.1111/jasp.12502.

21   Charles McNulty, "Aaron Sorkin Talks 'To Kill a Mockingbird' and Disavowing the White Savior Role," *Los Angeles Times*, April 30, 2019, https://www.latimes.com/entertainment/arts/la-et-cm-aaron-sorkin-kill-mockingbird-20190430-story.html.

22   Monica E. Schneider et al., "Social Stigma and the Potential Costs of Assumptive Help," *Personality and Social Psychology Bulletin* 22, no. 2 (1996): 201-9.

23   Samer Halabi, Arie Nadler, and John Dovidio, "Reactions to Receiving Assumptive Help: The Moderating Effects of Group Membership and Perceived Need for Help," *Journal of Applied Social Psychology* 41, no. 12 (December 2011): 2793-815, https://doi.org/10.1111/j.1559-1816.2011.00859.x.

24   Anthony Abraham Jack, *The Privileged Poor: How Elite Colleges Are Failing Disadvantaged Students* (Massachusetts: Harvard University Press, 2019), 93-95.

어른의 대화 공부

25 Sonia Sotomayor, "Sonia Sotomayor—'Just Ask' & Life as a Supreme Court Justice," *The Daily Show*, September 23, 2019, YouTube video, 22:51, https://www.youtube.com/watch?v=Nztz3yuF3lY.

26 Katie Wang et al., "Independent or Ungrateful? Consequences of Confronting Patronizing Help for People with Disabilities," *Group Processes and Intergroup Relations* 18, no. 4 (July 2015): 489-503, https://doi.org/10.1177/1368430214550345.

27 Kristine N. Williams et al., "Elderspeak Communication: Impact on Dementia Care," *American Journal of Alzheimer's Disease and Other Dementias* 24, no. 1 (February- March 2009): 11-20.

28 Daniel victor, "Pepsi Pulls Ad Accused of Trivializing Black Lives Matter," *New York Times*, April 5, 2017, https://www.nytimes.com/2017/04/05/business/kendall-jenner-pepsi-ad.html.

29 Jenna Amatulli, "Lili Reinhart Apologizes for Her Sideboob Photo Demanding Justice for Breonna Taylor," *HuffPost*, June 30, 2020, https://www.huffpost.com/entry/lili-reinhart-breonna-taylor-justice_n_5efb9341c5b612083c53ec2c.

30 Charles Bramesco (@intothecrevasse), "We have entered a thrilling transitional phase in which the celebs have resumed thirst posting but have not yet stopped social justice posting, resulting in wondrous juxtapositions like this one from Tv's Hot Betty yesterday," Twitter, June 29, 2020, https://twitter.com/intothecrevasse/status/1277699281890222080?lang=en.

31 Graham Gremore, "Straight White Influencer Posts Sexy Gay Pride Selfie to Support Black Lives Matter⋯ Wait, What?," *Queerty*, June 4, 2020, https://www.queerty.com/straight-white-influencer-posts-sexy-gay-pride-selfie-support-black-lives-matter-wait-20200604.

32 Jenny Singer, "White Women: Stop Treating Protests as Instagram Photo Shoots," Glamour, June 9, 2020, https://www.glamour.com/story/white-women-stop-treating-protests-as-instagram-photoshoots.

33 Natasha Noman, "'Blackout Tuesday' on Instagram Was a Teachable Moment for

Allies Like Me," *NBC News*, June 6, 2020, https://www.nbcnews.com/think/opinion/ blackout-tuesday-instagram-was-teachable-moment-allies-me-ncna1225961; Nicole Rovine, "Engage in Non-Optical Allyship for Black Lives Matter," *Cornell Daily Sun*, June 7, 2020, https://cornellsun.com/2020/06/07/engage-in-non-optical-allyship-for-black-lives-matter/.

34   *The Premise*, season 1, episode 1, "Social Justice Sex Tape," directed by B. J. Novak, aired September 16, 2021, on FX.

35   "Spain's New Postage Stamps Were Meant to Call Out Racism. Instead They Drew Outrage," NPR, May 28, 2021, https://www.npr.org/2021/05/28/1001228126/ spains-new-postage-stamps-were-meant-to-call-out-racism-instead-they-drew-outrage.

36   Raphael Minder, "Spain Issued 'Equality Stamps' in Skin Tones. The Darker Ones Were Worth Less," *New York Times*, May 28, 2021, https://www.nytimes.com/2021/05/28/world/europe/spain-stamps-racism.html.

37   Mahzarin Banaji and Anthony Greenwald, *Blindspot: Hidden Biases of Good People* (New York: Bantam Books, 2013), 152.

38   Bohnet Iris Bohnet, *What Works: Gender Equality by Design* (Cambridge: Harvard University Press, 2016), 1-2.

39   "11 Harmful Types of Unconscious Bias and How to Interrupt Them (Blog Post)," *Catalyst*, January 2, 2020, https://www.catalyst.org/2020/01/02/interrupt-unconscious-bias/.

40   Bohnet, *What Works*, 123-45.

41   Charles Duhigg, *Smarter, Faster, Better: The Transformative Power of Real Productivity* (New York: Random House, 2016), 70.

42   Bohnet, *What Works*, 179.

43   Jack, *The Privileged Poor*, 173.

44   Ibid., 178.

일곱 번째 원칙: 발원자에게 관용을 베풀어라

1   Devrupa Rakshit, "Why Disability Activists Argue Against Labels Like 'Differently Abled,'" *Swaddle*, June 17, 2021, https://theswaddle.com/why-people-with-disabilities-often-prefer-to-be-called-disabled-over-differently-abled/.

2   Sean Illing, "Chris Hayes on Escaping the 'Doom Loop' of Trump's Presidency," *Vox*, April 19, 2017, https://www.vox.com/2017/4/19/15356534/chris-hayes-donald-trump-media-elections-2016-criminal-justice.

3   Bell Hooks, interview by Maya Angelou, *Shambhala Sun*, January 1998, http://www.hartford-hwp.com/archives/45a/249.html.

4   *Snyder v. Phelps*, 562 U.S. 443 (2011).

5   Francesca Trianni, "Bryan Stevenson: 'Believe Things You Haven't Seen,'" *Time*, June 19, 2015, https://time.com/collection-post/3928285/bryan-stevenson-interview-time-100/.

6   Bryan Stevenson, "Bryan Stevenson on the Legacy of Enslavement," in *Vox Conversations*, podcast, October 7, 2021, 1:03:44 at 27:23, https://pod.link/voxconversations/episode/77c27191729412ee63fda359cdcc2a69.

7   Brené Brown, *Dare to Lead* (New York: Random House, 2018), 128-29.

8   Douglas Stone, Bruce Patton, and Sheila Heen, *Difficult Conversations: How to Discuss What Matters Most*, 10th anniversary ed. (New York: Penguin Books, 2010), 53-54.

9   Abby Phillip, "Tulsa's Black Residents Grapple with the City's Racist History and Police Brutality Ahead of Trump's Rally," CNN, June 16, 2020, https://www.cnn.com/2020/06/16/politics/tulsa-oklahoma-history-race/index.html.

10 Andrea Eger, "Tulsa Mayor Apologizes for His 'Dumb and Overly-Simplistic' Comment on Terence Crutcher Killing," *Tulsa World*, June 11, 2020, https://tulsaworld.com/news/local/government-and-politics/tulsa-mayor-apologizes-for-his-dumb-and-overly-simplistic-comment-on-terence-crutcher-killing/article_f369969c-bdce-5b64-9127-6c0efb3647db.html.

11 S. Plous, "Responding to Overt Displays of Prejudice: A Role-Playing Exercise,"

Teaching of Psychology 27, no. 3 (August 2000): 198-200, https://doi.org/10.1207/
S15328023 TOP2703_07.

12 Dolly Chugh, *The Person You Mean to Be: How Good People Fight Bias* (New York:
HarperCollins, 2018), 212.

13 Amy C. Edmondson, *The Fearless Organization: Creating Psychological Safety in the
Workplace for Learning, Innovation, and Growth* (Hoboken: John Wiley & Sons,
2019), xvi.

14 Benoît Monin, "Holier Than Me? Threatening Social Comparison in the Moral
Domain," *Revue Internationale de Psychologie Sociale* 50, no. 1 (2007): 53-68.

15 Julia A. Minson and Benoît Monin, "Do-Gooder Derogation: Disparaging
Morally Motivated Minorities to Defuse Anticipated Reproach," *Social
Psychological and Personality Science* 3, no. 2 (March 2012): 200-207, https://doi.
org/10.1177/1948550611415695.

16 Benoît Monin et al., "The Rejection of Moral Rebels: Resenting Those Who Do
the Right Thing," *Journal of Personality and Social Psychology* 95, no. 1 (July 2008):
76-93, doi: 10.1037/0022-3514.95.1.76.

17 Larry R. Martinez et al., "Standing Up and Speaking Out Against Prejudice
Toward Gay Men in the Workplace," *Journal of Vocational Behavior* 103(A), no. 71
(December 2017): 71-85, https://doi.org/10.1016/j.jvb.2017.08.001.

18 The more formal term for this phenomenon is the French expression *l'esprit de
l'escalier*. See Camille Chevalier-Karfis, "Meaning of the French Expression *Avoir
L'Esprit D'Escalier*," ThoughtCo, April 5, 2017, https://www.thoughtco.com/
meaning-french-expression-avoir-lesprit-descalier-1368730.

19 Shakirah Bourne and Dana Alison Levy, eds., *Allies: Real Talk About Showing Up,
Screwing Up, and Trying Again* (New York: DK Publishing, 2021), 229; Karen
Catlin, *Better Allies: Everyday Actions to Create Inclusive, Engaging Workplaces* (USA:
Better Allies Press, 2019), 83-84; Chugh, *The Person You Mean to Be*, 205-24; Diane
J. Goodman, *Promoting Diversity and Social Justice: Educating People from Privileged
Groups*, 2nd ed. (New York: Routledge, 2011), 166-70; David G. Smith and W.

Brad Johnson, *Good Guys: How Men Can Be Better Allies for Women in the Workplace* (Boston: Harvard Business Review Press, 2020), 109-36.

20 Sarah Maslin Nir, "White Woman Is Fired After Calling Police on Black Man in Central Park," *New York Times*, May 26, 2020, https://www.nytimes.com/2020/05/26/nyregion/amy-cooper-dog-central-park.html.

21 Heidi Stevens, "Column: George Floyd, Killed in Minneapolis, Is Why Amy Cooper's Central Park Call Was So Repugnant," *Chicago Tribune*, May 27, 2020, https://www.chicagotribune.com/columns/heidi-stevens/ct-heidi-stevens-amy-cooper-george-floyd-weaponized-whiteness-0527-20200527-voun4un4Szarte3zdayulr573m-story.html; Melody Cooper, "Chris Cooper Is My Brother. Here's Why I Posted His video," *New York Times*, May 31, 2020, https://www.nytimes.com/2020/05/31/opinion/chris-cooper-central-park.html.

22 Chugh, *The Person You Mean to Be*, 209-11.

23 Dolly Chugh, "Ally: Individual Strategies to Advance Diversity and Inclusion," NYU School of Law, March 19, 2020, YouTube video, 57:48 at 24:18, https://www.youtube.com/watch?v=o_4AB_JyHCg.

24 Megan Phelps-Roper, "Sarah Sits Down with an Ex-Member of the Westboro Baptist Church," *I Love You, America*, October 25, 2017, YouTube video, 7:18, https://www.youtube.com/watch?v=EmgZgHpv8Zs.

25 Jessica Bennett, "What If Instead of Calling People Out, We Called Them In?," *New York Times*, November 19, 2020, https://www.nytimes.com/2020/11/19/style/loretta-ross-smith-college-cancel-culture.html.

26 Loretta J. Ross, "Loretta J. Ross: Don't Call People Out—Call Them In," TED talk, August 4, 2021, YouTube video, 14:18, https://www.youtube.com/watch?v=xw_720iQDss.

서로의 차이를 넘어
품위 있게 공존하는
어른의 대화 공부

초판 1쇄 인쇄 2024년 4월 9일
초판 1쇄 발행 2024년 4월 17일

지은이 켄지 요시노, 데이비드 글래스고
옮긴이 황가한
펴낸이 최순영

출판2 본부장 박태근
지적인 독자 팀장 송두나
편집 김광연
디자인 윤정아

펴낸곳 ㈜위즈덤하우스   **출판등록** 2000년 5월 23일 제13-1071호
주소 서울특별시 마포구 양화로 19 합정오피스빌딩 17층
전화 02) 2179-5600   **홈페이지** www.wisdomhouse.co.kr

ISBN 979-11-7171-181-9 03180